朝日新書
Asahi Shinsho 961

成熟の喪失

庵野秀明と〝父〟の崩壊

佐々木　敦

朝日新聞出版

はじめに

本書は、庵野《あんの》秀明《ひであき》という映像作家についての長編評論です。

一九九五年に放映が開始され、社会現象とも言うべき大ヒットとなったTVアニメ『新世紀エヴァンゲリオン』の監督として世にその存在を知らしめた庵野は、その後も四半世紀以上にわたってリメイク／リブートを続けた「エヴァ」シリーズを軸として、実写映画を含む数々の話題作によって、作家としての人気と評価を高めてきました。庵野に対する世評は二〇二一年に公開されたシリーズ完結編『シン・エヴァンゲリオン劇場版』で頂点を極めたと言えると思います。もちろん、それ以前にも『シン・ゴジラ』（二〇一六年）があり、更にその前に『ラブ&ポップ』（一九九八年）があり、『シン・エヴァ』以後にも『シン・仮面ライダー』（二〇二三年）がありました。本文でもくどくどと書いていますが、筆者はアニメーションというジャンルには疎く、庵野秀明という存在にかんする興味も限定的です。代表作と呼べる作品についてはそれぞれじっくりと論じていますが、庵野の全作品、フィルモグラフィ全般を扱うものではないということは、あらかじめ述べておきたいと思います。

庵野秀明にかんしては、すでに夥《おびただ》しい数の評論や研究書、雑誌やテレビなどの特集が存在しています。アニメを専門とする書き手から、いわゆる「おたく（オタク）文化」にかかわる論者、庵野の人間性（？）に迫るルポルタージュまで、さまざまなアプローチによって、庵野は取り上げられ、論じられ、評されてきました。それは書物や記事や番組のかたちを取るものだけでなく、インターネットのSNS上の考察や言及、あるいは日々の雑談においても、庵野とその作品は膨大な言葉を費やされています。まちがいなく庵野は、現在最も「語る欲望」を喚起する特権的な表現者のひとりです。彼の作品には、ひとに何かを言いたくさせるような力があるのです。それは作品の魅力や、作家としての才能だけではない、一種の引力のようなものだと思います。アニメの専門家でもなければ、庵野秀明の大ファンというわけでもない筆者が、こうして一冊の本を書いてしまったことが、そのことを証明しています。

では、本書は、どのような「庵野秀明論」なのでしょうか？

ここで、もうひとつの固有名詞が登場します。本書は基本的に庵野論ですが、と同時に、江《え》藤淳《とうじゅん》という人物にかんしても、少なからぬ頁数を割いています。江藤は一九九九年に自死によって六十六歳で没した文芸評論家です。文学作品にとどまらず、歴史や政治といった分野でも多くの重要な仕事を残した、戦後を代表する批評家のひとりです。晩年の江藤は、文壇のみならず、保守論壇でも少なからぬ影響力を持っていましたが、死して四半世紀が経った現在もなお、彼の著作は続々と復刊、再刊されており、代表作は版を重ね、読まれ続けているだけでなく、江藤淳その人を論じた書物も数々出版されています。

本書はしかし、江藤淳という存在をトータルに論じているわけではありません。江藤の数ある著作の中でも特によく知られた、おそらく最も多く読まれているであろう『成熟と喪失―“母”の崩壊―』（一九六七年）についての論及がほとんどで、関連する他の文章にも多少触れていますが、本書における江藤淳の扱いは、ほぼ『成熟と喪失』論と言ってよいと思います。庵野秀明に比べると、江藤淳は、副次的な登場人物に過ぎません。

ならば、庵野秀明を論じた本に、なぜ直接的な接点がまったくないように見える江藤淳というひとが出てくるのでしょうか？　当然の疑問です。詳しくは本文を読んでもらいたいのですが、一言で述べると、本書は庵野秀明総監督の『シン・エヴァンゲリオン劇場版』を観た時に筆者が抱いた疑問を出発点に、庵野の作品世界を通底し、時間とともに変化してきたと考えられる重要なテーマである「成熟」を、江藤淳の『成熟と喪失』を重要な参照項にしながら、出来る限り現在形の視点から描き出そうとするものです。『成熟と喪失』は、複数の――文学史的に言うと「内向の世代」と呼ばれた――小説家の作品を読解しつつ（江藤淳にとっての）「成熟」を炙《あぶ》り出した本ですが、いわば本書は、庵野秀明の作品の読解を通して、江藤淳の『成熟と喪失』を書き換える野心を持っていると言えます。

つまり本書は、ひとつの「成熟」論であり、「成熟」とは何か、を論じた本です。

成熟とは、何でしょうか？　たとえば広辞苑には、こうあります（もちろん複数の意味があるのですが、本書にかかわる字義のみを引きます）。


人の心や体が十分に成長すること。また、上達すること。


他の辞書などでも、ほぼ同様の説明が記されています。心身が「十分」に「成長」すること。当然ながら次なる疑問は、では「成長」とは何か？　そして、何をもって「十分」だと言い得るのか、ということになります。ここでさしあたり問題になるのは「心」の方です。そもそも「心」が何であるのかも厄介ですが、それが「十分」に「成長」するとは、果たしてどういうことなのか？　よく考えてみようとすると、にわかによくわからなくなってきます。

そこで別の言葉を出してみましょう。心身が「十分」に「成長」すること、とは要するに「大人になること」ではないか。がしかし、当然ながら今度は「大人」とは何か、という疑問が生じてきます。「成人」は年齢で決められていますが、「大人」の方は曖昧《あいまい》です。けれども「大人」と「成人」は同じような意味で使用されることもしばしばあります。法律で定められた日本の成人年齢は、二〇二二年四月一日に二十歳から十八歳に引き下げられました。今から二年ほど前に突然、十八歳のひとは「まだ子ども」から「もう大人」にされてしまったわけです。

もちろん、それは制度的なことでしかありませんが（周知のように成人年齢は国によって違います）、ここには「年相応」という考え方が働いています。「大人げない」とか「大人の振る舞い」とか「カラダばかり大人になって」などといったよくある言葉遣いには、ある年齢（成人年齢の場合もあれば学校を卒業して仕事に就いた年のこともあります）以上の者を「大人」であるとして、「大人」としての言動や態度を、社会通念や「常識」などによって暗に規定して、そこに則しているか否かを問題にするという、いわば選別装置としての「年相応」が機能しています。

ざっくり言ってしまえば、「成熟」とは「大人」としての自覚を持ち、「大人」として振る舞い、また他者や社会からも「大人」として遇される、ということになるでしょうか。しかしおわかりのように、これでは「成熟＝大人」の必要十分条件を何も示したことになっていません。そして実際、ひとが何をもって「大人」として認められるかはケースバイケースです。それはもちろん、ひとはそれぞれに異なる環境や条件のもとに生きているからですが、しかしそれでも、何となく共通理解としての「成熟＝大人」のありさまと言えるものはあるように思います。

そしてそれもまた、国や地域などによって違いがあり、日本には日本の「成熟」した「大人」のイメージが存在しています。更に言えば、そのイメージもまた、時代とともに変化変容してきました。

繰り返しになりますが、本書は、庵野秀明と江藤淳という二つの固有名詞を足がかりに、日本社会における「成熟（大人）」のすがたを問い直そうとする長編論考です。筆者の目標はそこにあり、その意味で本書は庵野秀明論や江藤淳論として成立することをあらかじめ退けています。もちろん庵野の主だった作品にかんしては——時には「成熟」論とは無関係な要素についても——かなり詳しく論じていますし、江藤淳の『成熟と喪失』に対しても、既存の評価とは異なったアクチュアルな視座を与えるべく努めたつもりです。けれどもしかし、問題はあくまでも「成熟」、それも「日本的成熟」とは何なのか、ということであり、この点で本書はいわゆる作家論や作品論とは似て非なるものと言うべきかもしれません。

それゆえに、ということになりますが、本書を読まれるにあたって、庵野秀明、そして江藤淳にかんする事前の知識は、ほぼ必要ありません。両者に多少とも関心を持たない読者が本書を手に取るのかどうか、ということはありますが、筆者としては、極端に言えば庵野にも江藤にも特に興味がなかった方でも、この一冊を通読するだけで、少なくとも本書における読解や分析、そこから導出される主張を理解することはじゅうぶんに可能なように論述を組み立てたつもりです。本書で扱われる庵野秀明の作品や江藤淳の著作をまだ知らない読者も、読めるように書いてあります。もちろん、庵野秀明と江藤淳について一定以上の知識や認識を備えている読者にも、新たな気づきや理解が芽生えるように書かれているはずです。

このように、本書はいくぶん（いや、かなり？）変わった本です。しかし筆者は、これを広義の「文芸批評」として提示したいと思っています。詭弁《きべん》めいた言い方になりますが、文芸批評は「文芸」だけを相手取るものではありません。それは対象となる事物や事象を「読解」すなわち読み解くことによって、潜在的な可能性へと押し開くことです。そして、そのことを通して、世界や人生や自己や他者などといった大文字のテーマに、何かしら新たな発展性を帯びた意味を付与することです。筆者としては、本書によって、われわれが漠然とであれ抱いてしまっている「成熟」なるもののイメージが更新されることを願っています。なぜなら筆者には、それこそが、これからの日本社会に必要なことだと思われるからです。

成熟の喪失　庵野秀明と〝父〟の崩壊

目次

なぜなら「成熟」するとはなにかを獲得することではなくて、喪失を確認することだからである。

江藤淳『成熟と喪失―〝母〟の崩壊―』

序論　「母」の解体と「妻」の捏造
――『シン・エヴァンゲリオン』論

1　エヴァンゲリオンと私

最初に断っておくが、私はアニメファンではない。それどころか、嗜《たしな》み程度にアニメを観てきたとも言えないだろう。話題作やヒット作さえ見逃してしまうことがしばしばである。私はアニメーションというジャンルに、ほとんど興味がない。なにしろ宮崎駿《みやざきはやお》の監督作品さえ全部を観てはいないのだ。

にもかかわらず、これから『シン・エヴァンゲリオン劇場版』というアニメ作品について幾らかのことを述べてみたいと思うのは、庵野秀明という表現者に強い関心を抱いているからに他ならない。

言うまでもなく、アニメというジャンルを超えて、いや、実写映画を含む映像表現という分野に留まることなく、庵野秀明という存在は、一九九〇年代半ばに突如として巻き起こった『新世紀エヴァンゲリオン』の大ブーム以降、三十年にも及ぶ長きにわたって衆目を集めてきた。そしてそれは「新世紀エヴァンゲリオン」シリーズ（以下「エヴァ」）の完結編『シン・エヴァンゲリオン劇場版』（以下『シン・エヴァンゲリオン』）によって、より決定的なものとなったと言える。二〇二一年の公開時、アニメ内外の人々がこぞって『シン・エヴァンゲリオン』を話題にし、考察し、論じ、庵野秀明の作家性や人間性を語り、評し、実に多種多様な言説合戦を繰り広げた。それ以前もそれ以降も「エヴァ」論や庵野論のたぐいは多数出版されてきた。その末席に自分も加わろうというのである。

アニメにかんして素人未満でしかない私が、『シン・エヴァンゲリオン』について何が言えるのかと問われたら、むろん言えることがあると思うからこそこうして始めるのだと返したくはなるものの、あとでもう少し詳しく述べるように、私はいわゆる「謎解き」に属する作業をするつもりはほとんどない。まあ多少はするし、せざるを得ないだろうが、そういうことがやりたいわけではないということはあらかじめ言っておきたいと思う。だからこの先に続く文章を読んでも、謎と秘密に満ちた『シン・エヴァンゲリオン』という作品がわかりやすくなることはたぶんない。もしもわかりやすくなるとすれば、それは普通とはかなり異なった意味合いにおいて、になるはずである。

早くも先走ってしまった。まずはじめに「エヴァ」と自分のかかわりについて、少しばかり書いておきたいと思う。そんなのどうでもいいよと思う方もいるだろうが、論述の前提として、やはり必要だと思う。あらゆる批評は常に必ず、批評しようとする者が位置している時空間的な座標に何らかのかたちで拘束されている。その拘束を超えて機能し得る思考と、多少とも汎用性を持った言葉を編み出し、より広範な読者へと開かれてゆくことを目指すのであればこそ、まずそこをはっきりさせておく必要があると思うのだ。

最初のテレビシリーズ『新世紀エヴァンゲリオン』は、一九九五年十月四日から翌一九九六年三月二十七日まで、全二十六話が放映された。私はリアルタイムでは観ていない。はじめに述べたように私はアニメにまったくと言っていいほど関心がなく、しかもインターネットがまだ未発達の頃だったゆえ、放映期間中に噂を聞くことさえなかったのではないかと思う。私が『新世紀エヴァンゲリオン』のことを知ったのは、一九九七年三月に出版されることになる二冊の『エヴァ』関連本——『スキゾ・エヴァンゲリオン』と『パラノ・エヴァンゲリオン』——の装幀を当時私の事務所に所属していたブックデザイナーの佐々木《ささき》暁《あきら》が手掛けることになり、その仕事のために『新世紀エヴァンゲリオン』をまとめて観たアキラックス（私は彼をこう呼んでいる）がたいそう興奮して絶対に観たほうがいいと教えてくれたのだった。興味を引かれた私はアキラックスから全話分のビデオを借り受け、これはよく覚えているが一気観した。二クール丸々なので、かなりの時間が掛かったはずだが、体感的には一日くらい（実際には二、三日は掛かっただろう）だった。アニメのテレビシリーズを全話ぶっ続けで観たことは後にも先にもこの時限りである。『パラノ』『スキゾ』を筆頭に関連本や研究本もけっこう読み漁った。要するにハマったのだ。

だがしかし、私は『新世紀エヴァンゲリオン』にかんして何かを書いたりはしなかったと思う（短い言及くらいならあったかもしれないが）。たぶん特に依頼もなかったのだろうが、当時の私には門外漢の自分がアニメ作品について云々することを差し控える慎ましい気持ちがあったのだ（今はもうあまりないのでこうして書いてしまっている）。なのでもっぱら一視聴者というかにわかファンのひとりとして『エヴァ』周辺をあれこれ渉猟《しょうりょう》していたに過ぎなかったのである。

周知のように『新世紀エヴァンゲリオン』は社会現象と言ってよい空前のブームとなり、庵野秀明は一挙にアニメシーンの外部からも注目されるようになった。その流れで製作・公開された劇場版第一作『新世紀エヴァンゲリオン劇場版　シト新生』および第二作『新世紀エヴァンゲリオン劇場版　Ａｉｒ／まごころを、君に』（ともに一九九七年）は映画館に観に行った。庵野秀明の初の実写映画監督作で村上龍《むらかみりゅう》原作の『ラブ&ポップ』（一九九八年）も観た。庵野が脚本も自ら手掛けた実写映画第二作『式日《しきじつ》』（二〇〇〇年）も観た。その後の『キューティーハニー』（二〇〇四年）も、もちろんあの『シン・ゴジラ』（二〇一六年）も公開時に映画館で観たのだが、とりあえず話を「エヴァ」に戻そう。

「新劇場版」の第一作『ヱヴァンゲリヲン新劇場版：序』（二〇〇七年）と『同：破』（二〇〇九年）も私はいそいそと劇場に観に行った。だがこの頃になると私の「エヴァ」熱はかなり減退していた。正直に言えば「こんな仕切り直し、語り直しに何の意味があるのだろう、大人の事情で必勝法に頼ってるだけなんじゃないの？」という疑惑さえ抱いてしまった。そんなわけで私は次の『ヱヴァンゲリヲン新劇場版：Ｑ』（二〇一二年）を公開時には観に行かなかった。周囲の人間がどれだけ騒いでいても話を聞くだけに留まっていた。私は『Q』を『シン・エヴァンゲリオン』を観る直前にAmazonプライムビデオで初めて観たのである。『Q』と『シン・エヴァンゲリオン』のストーリーは（『序』と『破』がそうであるように）連続しているので、結果としてそれでよかったと思っている。

私は『Q』と『シン・エヴァンゲリオン』を、約九年という歳月を挟んだ、だがひと続きの、あたかも一本の作品であるかのようにして観た。そして観終わった時、何とも言えない感覚を抱いたのである。それはこれまで「エヴァ」や庵野の作品を観てきて一度も感じたことのないものだった。私は批評してみたくなったのだ。『シン・エヴァンゲリオン』は私の思考を刺激し、起動した。それからずっと考えてきて、こうしておもむろに筆を起こしたわけである。

最初のテレビシリーズの放映時、私はまだ三十代の前半だった。ちなみに先にも触れた自分の事務所ＨＥＡＤＺを立ち上げたのは偶然にも同じ一九九五年のことである。「新劇場版」の開始時には四十三歳。そして『シン・エヴァンゲリオン』を観た時は五十六歳だった。ここで記しておくと、庵野秀明は一九六〇年生まれ、私は彼の四歳年下である。

このことに何の意味があるのだろうか？　何かの意味があるのだろうか？

それはまだうまく説明できない。わかっていることは、私はこの後も何度か、何度も、この事実に立ち返ることになるだろうということだ。すなわち、庵野秀明と自分が同じく一九六〇年代前半の生まれで、同世代とまでは言えないが近接した年齢であり、九〇年代に三十代で自分の仕事をほぼ確立し、二〇〇〇年代＝ゼロ年代に四十代、二〇一〇年代＝テン年代に五十代、そして二〇二〇年代に入って向こうは六十代に突入、こちらは二〇二四年現在、還暦を目前にしている、という事実に。青年期の終わりから中年を経て初老と呼ばれる現在へ、私は庵野秀明と、そしてエヴァンゲリオンとともに歩んできたわけである。

私の『シン・エヴァンゲリオン』論、そして庵野秀明論は、かくのごとき条件のもとで立ち上げられる（しかない）。

というわけで、始めたいと思う。

2 〈考察〉の空虚な迷宮

本論に入る前に、あともうひとつだけ別の角度からの前提を記しておかねばならない。『シン・エヴァンゲリオン』を観て驚いたのは、いや、本当はたいして驚かなかったのだが、完結編なのに、まだ新たなワードが山ほど出てきたことだった。私が渋谷のTOHOシネマズに観に行った際、劇場入口で特典の冊子（見開き二ページ）が貰えたのだが、そこには六十四項目ものキーワードがずらずらと箇条書きに並べられていた。解説は一切ない。それらのすべてが作品の中で口にされたのか、以前の作品にすでに登場していたものも含まれていたのかは確認できていないが、いずれにせよ、どれもこれも極めて意味ありげでいわくありげなワードの数々は過去の「エヴァ」シリーズと同様、説明も注釈も碌《ろく》になされぬまま、矢継ぎ早に発話されてはあっさりと流れ去っていくのだった。

もちろんジャーゴンの氾濫は「SFアニメ」の常套《じょうとう》手段である。そのくらいは私にだってわかっている。だが、そうした趣向が「エヴァ」によって徹底的に突き詰められ加速されたという指摘に異議を差し挟む者はいないだろう。基本中の基本ワードである「人類補完計画」や「ATフィールド」を始めとして、このシリーズには重要度や発話される頻度の差はあれ膨大と言ってよい用語群が存在しており、それらのほとんどが作品内で十分な説明を与えられることがない（まったく説明がされないものもある）。作品の外で作り手側から何らかの補足や言及が為されることはあるが、それもあくまで散発的かつ限定的でしかなく、どこかに公式の「エヴァ事典」のようなものがあるわけではない。

つまり「エヴァ」におけるキーワードの意味や解釈は、基本的に観る側に委ねられている。ウィキペディアには「新世紀エヴァンゲリオンの用語一覧」という項目があり、そこでは基本用語が手際よく解説されている。集合知の産物なのでそれなりに客観的な記述になっており、私も適宜参考にさせていただくことになるだろう。だがそれは客観的たろうとするがゆえに却って不十分な説明にならざるを得ない面もある。というわけでネットを見回してみれば、有名無名の誰某による所謂《いわゆる》「考察」が大量に存在している。それらの信憑《しんぴょう》性《せい》や分析のレベルは当然ながらまちまちだが、しかし「エヴァ」が数多くのひとびとの「考察への欲望」を激しく喚起する作品であることは疑いない。要するに謎を解きたくさせるのだ。秘密を探り当てたくなるのである。

このことをより一般化して述べるなら、フィクションに何らかの「謎」や「秘密」が設けられている場合、そこには大きく言って二通りの方向性がある。すなわち、その物語の「作者」(それはひとりであるとは限らない)が「答え」や「正解」をちゃんと知っている/持っている場合と、実は「作者」もそれらを知らない、というか「答え」や「正解」などはなから存在していない、という場合である。そして問題は、作品の内でも外でも「答え」や「正解」が開示されないと、受け手には二つのパターンのどちらなのかという判別が困難になってしまうということなのである。

そうなると受け手は自力で「答え」や「正解」に(もしもそれを望むなら)辿り着くしかない。だがもちろん、答え合わせは誰もしてくれない。そしてそれゆえに、この手口はいわば終わりなき「考察」を惹《ひ》き起こし産出し続けることになる。アニメに限らずとも、このような「考察」や「解釈」の正解を欠いた謎かけのゴールなきゲームは、こんにちの——主にSNSを舞台とする——「話題消費」における最大の誘因のひとつである。

「エヴァ」は明らかに、この仕掛けを最大限に利用している。次から次へと出てくる用語群の「定義」、その「答え合わせ」の権利は本来「作者」にしかない。だから「作者」がそれをしないのなら、すべての用語に明確な意味や背景や設定が十全にありながらそれらがただ伏せられているだけなのか、そうではなく、そもそもそのワード自体が一種の撒き餌というか「考察」への誘惑の罠《わな》でしかなく、そこにはほんとうは（ほとんど）何もありはしないのか、私たちには確かめる術《すべ》がない。こうしてネットには大量の「解答」が溢れ返り、無数の「考察」が乱立し、SNSでは喧々諤々《けんけんがくがく》の議論が行われることになる。そしてそれこそが「作者」が狙った事態なのであり、現に「エヴァ」はそうなっている。

だからこそ私は、そんな誘惑に乗るつもりはない、と敢えて言っておきたい。私はこの文章の続きで、必要に応じて『シン・エヴァンゲリオン』に出てくる幾つものワードを取り上げもすれば時には自分なりの解読や推論を述べたりすることもあるだろうが、積極的に謎解きをやってみせる意志も欲望も持っていない。私は「考察」のゲームに参戦する気はない。それは愉しくはあるかもしれないが結局は不毛な作業でしかないと、『シン・エヴァンゲリオン』を、「エヴァ」を論じるにあたって、そちらに向かうのは明らかに得策ではないと考えているからである。なぜならば、繰り返しになるが、それらの魅惑的なワード群は、要するに私にそれをさせるために（だけ？）存在しているのだから。

私は「考察」の空虚な迷宮に迷い込むつもりは毛頭ない。そうではなくて、私がこれから考えてみたいのは、むしろそのような巧緻で狡智《こうち》にたけた策略が隠し持っているものは何なのかということ、『シン・エヴァンゲリオン』の、「エヴァ」の、強力に誘惑的なターミノロジーの鎧《よろい》の裏側で、「作者」が、庵野秀明が、いったい何を語ろうとしたのか、何を語ってみせたのか、そして、何を語ってしまったのか、ということなのである。

というわけで、今度こそ始めよう。

3 「成熟」の年齢

『ヱヴァンゲリヲン新劇場版：Q』には虚を衝《つ》かれた。前作『ヱヴァンゲリヲン新劇場版：破』から、いきなり物語上で十四年もの月日が流れ去っていたからである。

『破』の終わりで、紆余曲《うよきょく》折《せつ》あった末にエヴァンゲリオン初号機に乗ったシンジは「第10の使徒」を倒したが、覚醒した初号機自体がトリガーとなって「サードインパクト」が始まりそうになる。EVAパイロットで実は「使徒」でもあった渚《なぎさ》カヲル、そして「使徒」との戦いを統括する組織「NERV《ネルフ》」主席監察官の加持《かじ》リョウジの、それぞれに命と引き換えの働きもあって、それはギリギリで回避されたものの、結果として「ニアサードインパクト」は甚大な被害を齎《もたら》した。それから十四年間、シンジはEVA初号機の中で眠り続けていたのだ。その間に情勢は大きく変化しており、NERVに所属していた葛城《かつらぎ》ミサトや赤木《あかぎ》リツコ博士、そして式波《しきなみ》・アスカ・ラングレーと真希波《まきなみ》・マリ・イラストリアスの二名のEVAパイロットは、ゲンドウらNERVと敵対する組織「WILLE《ヴィレ》」として活動している。シンジが目覚めたのもWILLEの旗艦である空中戦艦「AAAヴンダー」の内部だった。だが『破』の結末でシンジが助けたはずの綾波《あやなみ》レイは発見されなかったという。

「ヱヴァンゲリヲン新劇場版」四部作は、二作目の『破』以降、最初のテレビシリーズとも、基本的にその総集編／再編集版だった「劇場版」ともかなり異なったストーリー展開になっていくのだが、とりわけ『Q』での十四年の経過は過去作にはまったくなかった設定であり、前述の通り『Q』と『シン・エヴァンゲリオン』は物語的に直接繋がっているので、まずはこの「十四年」をどう捉えるのか、ということが問題になるだろう。

なぜ、十四年なのか？

『新世紀エヴァンゲリオン』は、放映開始時の一九九五年から二十年後に当たる二〇一五年が物語上の現在時とされていた（したがって『Q』と『シン・エヴァンゲリオン』の間に現実の時間が物語の時間を超えてしまった）。主人公の碇《いかり》シンジは十四歳。なぜ、十四歳なのか？

「中二病」という語を思い出すひともいるだろう（当時はまだこの言葉は存在しなかったが）。楳《うめ》図《ず》かずおの名作『14歳』（『新世紀エヴァンゲリオン』放映開始時に雑誌連載中だった）との関連を指摘する方もいるかもしれない。だが、おそらくもっとシンプルな理由がある。それはなぜ最初のシリーズが『新世紀エヴァンゲリオン』と名付けられていたのかを考えてみればわかる。二〇一五年に十四歳ということは、碇シンジは二〇〇一年生まれ、すなわち新世紀＝二一世紀に入って最初の年に生まれた子のひとり、ということになるのだ。彼は新世紀の子ども、二一世紀を生きる新しい人間として誕生し、そして十四歳にして試練に曝《さら》されることになるのである。

『破』の終わりから『Q』の始まりまでに十四年が過ぎ去っており、しかもシンジはその間ずっと眠っていた。しかし彼だけではなく、EVAパイロットたちは全員、容貌に経年変化がまったくない（「エヴァの呪い」とされる）。だが、失神して目覚めてみたら十四年後になっていたシンジと、その間もずっと闘ってきたアスカたちとでは当然ながら内面的な成長に大きな違いがある。実際、『シン・エヴァンゲリオン』でアスカは「私が先に大人になっちゃった」とシンジに告げるだろう。つまり『Q』の始まりの時点で見た目も心も「十四歳」のままなのは、シンジだけなのである。

ここには二重の含意があると思われる。ひとつは、この壮大かつ複雑で混乱したサーガのスタート時点で十四歳だった碇シンジは、『破』と『Q』を隔てる十四年の間、ひたすら眠り続けていたことで、もう一度、最初の段階へとリセットされた、いわば初期化されたのだということである。だからこれはもう何度目かとなる「やり直し」なのであり、シンジはこれまで直面してきたさまざまな困難や問題にまたもや対峙させられ、そして以前とは違う選択や判断を求められることになる。

もうひとつは、と同時に、やはり現実には十四年が過ぎているのであり、したがってシンジは『Q』の時点で、ほんとうは二十八歳なのだ、ということである。彼自身はまったく意識し得ていないが、もうすっかり大人なのだ。それは他のEVAパイロットも同じであり、先のアスカの発言はそのことを意味している。この点はあとでもっと重要になってくる。

『序』から『破』にかけて起こった出来事、いや、それ以前の「エヴァ」で起こったあらゆる出来事を強引にキャンセルし、むりやり初期化したところからもう一度すべてを語り直すこと。考えてみれば、これは「劇場版」がテレビシリーズに対して有していた立ち位置であり、また「新劇場版」が「劇場版」に対して有していた立ち位置でもある。「エヴァ」の「作者」たちは、庵野秀明は、「新劇場版」の中途で、またもや同じことをやろうとしたのである。だが今回ばかりはこれまでとは違い、物語を冒頭からやり直すことは許されておらず、しかもすべての結末に向かってゆかなくてはならない。逆に言えば、今回のリセットは、この長い長い物語を今度こそほんとうに終わらせるためにこそ要請されたのだと言っていい。そして実際、そうなるのである。

碇シンジは、二度目の、あるいは何度目かの「十四歳」、実は「二十八歳」でもある「十四歳」として、「エヴァ」の最終章である『Q』と『シン・エヴァンゲリオン』の物語を生きてゆく。言い換えればそれは、シンジが仮初《かりそ》めの「十四歳」から、本当の年齢である「二十八歳」へと変身（！）を遂げる物語ということである。要するに、シンジは遂に「大人」になるのである。

だが、ならばもちろん問われるべきは、それはどのような意味で「大人」なのか、ということであり、「大人」になることにどんな意味があるのかということであり、そしてそのような意味で「大人」になることは、ほんとうに望ましいことなのか、ということである。「十四歳」という年齢が、ひとりの人間が（ひとりの「男性」が？）「成熟」への階梯《かいてい》を歩み始める時期であり、そして「二十八歳」という年齢が、そのプロセスがおおよそ完了する時期なのだと考えるならば、シンジはいわば早回しで「成熟の年齢」に至ることになるのだが、それは果たして正しいのか？

4 「人類補完計画」とは何だったのか？

『シン・エヴァンゲリオン』を最初に（というのは何度か観に行ったからだが）観終わった時、私がまず思ったのは「エヴァンゲリオンって度を超した愛妻家の話だったんだな」ということだった。愛妻家とはもちろんシンジの父、碇ゲンドウのことである。

『新世紀エヴァンゲリオン』で登場した時から、ゲンドウの実の息子シンジへの冷淡さ、残酷さには目に余るものがあった。確かに、このキャラクタライゼーションは、「エヴァ」以前のロボットアニメでも何度となく繰り返されてきた「(自らの意志とは無関係に)ロボットに乗らざるを得なくなる主人公」と「ロボットに乗ることを強いる者」という対立軸——端的に言ってそれは「大人になること=成熟」の隠喩であり、したがってこのような設定のアニメはどれも一種のビルドゥングスロマンである——の反復なのだが、それにしてもゲンドウはあまりにもひどい。なるほど後で触れるように、『シン・エヴァンゲリオン』ではゲンドウ自身の述懐によってその理由らしき心情が吐露されはするのだが、それを聞いたうえでもなお、ゲンドウのシンジへの仕打ちはほとんど異常とさえ言ってよい。そしてシンジへの過剰な冷たさ、ほとんど憎悪にも近い態度とは裏腹に、ゲンドウがシンジの母親である妻ユイを如何《いか》に狂おしく愛していた/いるのかが、『Q』と『シン・エヴァンゲリオン』では前景化されてゆく。

ゲンドウとその副官(にして元教授)の冬月《ふゆつき》コウゾウが謎めいた会話を交わし、NERVを裏で操っているとされる秘密結社「SEELE《ゼーレ》」の名を出しては「すべてはSEELEのシナリオ通り」などと口にする場面は、「エヴァ」シリーズのお約束のひとつであり、何度となく出てくるにもかかわらず、彼らと「SEELE」の真の関係性、つまりゲンドウたちがSEE

LE（のシナリオ）をどう思っているのかが、いつまでたってもよく見えてこないということが、じれったくもあり興味深くもあるのだが、ともかくSEELEによる「人類補完計画」が「エヴァ」の物語の中心に位置しているらしいことは誰の目にも明らかなことだろう。だが、その「人類補完計画」とは如何なる計画なのかというと、これまたいつまでたっても判然としない。それどころか、どう見ても「人類」にとって好ましからざる展開になっているのに、ゲンドウと冬月は平然と「ここまではすべてSEELEのシナリオ通りか」などと宣《のたま》ったりもしていた。

だが『Q』に至って、やっと「SEELEのシナリオを書き換える」という台詞が出てくる。そしてゲンドウはSEELEの長老たち全員に一種の「引退」を強いてあっけなく消去してしまう。しかしそれでもSEELEの「人類補完計画」とゲンドウの「人類補完計画」の違いは結局よくわからないままなのだった（私には）。ともあれ、最終的に「人類補完計画」はゲンドウの個人的な野望へと収斂《しゅうれん》してゆく。冬月は「碇（ゲンドウ）は自分の願いを叶《かな》えるために、あらゆる犠牲をはらっている」と言う。では、その「願い」とは何なのか？　ゲンドウはその答えをあっさりと口にする。「もうすぐ会えるな、ユイ」と。

「人類補完計画」というワードはSF作家コードウェイナー・スミスの連作「人類補完機構」に由来する。スミスの「人類補完機構」の原語は「instrumentality」であり、何らかの道具や手段となるもの、媒介組織、代行機関というような意味である。また、そこには「神との仲立ち」という宗教的な含意も込められている。「instrumentality」を「人類補完機構」と訳したのは、スミス作品の翻訳を多く手掛けた伊藤典夫《いとうのりお》である。「エヴァ」の「作者」はここから用語を拝借したことを認めている。つまり実際にはコードウェイナー・スミスではなく翻訳家伊藤典夫のワードセンスによるものと言えるのだが、ともかく重要なのは「人類補完」という語の持つ引力である。「人類」を「補完」する？　それは「救済」とも「回復」とも違う。文字通りに取るならば、それは「足りないものを補って完全にする」ということである。スミス＝伊藤を離れて「エヴァ」における「人類補完計画」を問題にするならば、つまり「人類」に欠けている要素とは何であり、それを補うことによって完全な状態になるというその完全さとは如何なる状態なのか、ということになるわけだが、「エヴァ」シリーズは『シン・エヴァンゲリオン』に至って、この「人類の補完」を碇ゲンドウの妻ユイとの再会という私事に完全に矮小化《わいしょうか》してしまう。

ユイは物語の最初の時点ですでに亡くなっており、設定上は「二〇〇四年没、享年二十七」。シンジは母親のことを覚えていない。ユイの旧姓は「綾波」である（らしい）。彼女は冬月が京都の大学で教鞭を執っていた頃の教え子のひとりであり、その縁でゲンドウと知り合って恋愛し結婚し妊娠し、シンジを産んだ。ゲンドウとは同僚でもあり、ＥＶＡ開発中の事故で死亡したとされていたが、実際にはEVAに魂を取り込まれて一体化し、初号機の制御システムとして存在し続けている（この事実は『Q』で判明する）。綾波レイは綾波ユイをモデルとするコピーのシリーズの名称であり、レイが何体も培養（?）されている様子は最初のテレビシリーズの時点で描かれていた。『Q』にはもとの綾波レイ（それもすでにコピーであった可能性が高いが）の代わりにまったく同じ容姿の「アヤナミレイ（仮称）」が登場し、『シン・エヴァンゲリオン』では「そっくりさん」と呼ばれる。アスカはレイ（仮）を「初期ロット」という蔑称（?）で呼ぶが、どうやら「アヤナミシリーズ」とともに式波・アスカ・ラングレーの「シキナミシリーズ」もあるらしいことが語られもする（では真希波・マリ・イラストリアスの「マキナミシリーズ」もあるのか、ということになるのだが、それは後でまた触れる）。

「人類補完計画」に話を戻そう。『破』の物語が「色々あってサードインパクト（実際にはニアサードインパクト）が起こってしまう」と纏《まと》められるとしたら、『Q』の物語は「更に色々あってフォースインパクトが起こってしまう」と纏めることが出来るだろう。『シン・エヴァンゲリオン』のゲンドウの言葉を借りれば、セカンドインパクトは「海の浄化」、サードインパクトは「大地の浄化」、そしてフォースインパクトは「魂の浄化」を齎すものだった（ファーストインパクトは「使徒」が生まれるきっかけとなった隕石の地球への衝突を指す）。更に『シン・エヴァンゲリオン』では「アディショナルインパクト」が惹き起こされ、ゲンドウの「人類補完計画」は、それをもって完遂されることになる。だが、その話に向かうのはまだ早い。

十四年後の『Q』では、すでに述べたようにNERVとWILLEの対立の構図上で物語が進められる。ニアサードインパクトを経てフォースインパクトを惹き起こそうと目論むゲンドウと、全人類のためにそれをなんとか阻もうとするミサトたちの対立である。シンジは最初、WILLEの管理下に置かれる。彼はニアサードインパクトのトリガーとなった人物として危険視され、もう二度とEVAに乗るなと言い渡されて首に「DSSチョーカー」を装着される。シンジがWILLEの命に叛《そむ》いてEVAに乗り込もうとしたらチョーカーが発動して死に至るのだ。だがシンジはヴンダーを急襲してきたNERV側のEVA Mark.09を操縦するレイ（実はコピーのレイ（仮））に導かれてNERV本部に戻る（このあたりの優柔不断さがいかにもシンジである）。シンジはそこで渚カヲルとも再会し、彼とともにエントリープラグが二つある新型EVA第13号機に乗ることをゲンドウに命じられる。シンジは最初は拒否するが、カヲルがシンジのDSSチョーカーを外して自分の首に付け替えたことに感じ入って一緒に第13号機に乗ることを決意する。

『Q』の後半ではシンジとカヲルがレイ（仮）とともにセントラルドグマ（サードインパクトの爆心地）の最深部に降り立ち、『破』のラスト、つまり十四年前からそこに留め置かれたままだった第2使徒リリスとEVA Mark.06に刺さった二本の槍を抜くかどうかのやたらと複雑怪奇な物語展開となる。あまりにもややこし過ぎるので説明は省くが、ともかく色々あってフォースインパクトが開始されてしまう。ゲンドウの奸計《かんけい》によってそのトリガーにされたカヲルは自ら犠牲となりDSSチョーカーを起動させてシンジの目の前で無惨に死亡する。フォースインパクトは駆けつけたアスカとマリの働きもあって途中で停止するが、地上に帰ったシンジはカヲルを死なせてしまったこと、フォースインパクトを起こしてしまったことに絶望し、完全な意志喪失状態に陥る。ここまでが『Q』のストーリーである。

『シン・エヴァンゲリオン』でもNERVとWILLEの戦いは続いており、今やその範囲は世界規模に及んでいる（映画はパリ市街戦の場面から始まる）。『Q』のラストでシンジはレイ（仮）とともにアスカに連れられて荒野を歩き始めていたが、三人は偶然にかつての同級生、二十八歳になった相田《あいだ》ケンスケと遭遇し、ニアサードインパクトを生き延びたひとびとが住む「第3村」へと招かれる。そこにはやはり大人になった元同級生、鈴原《すずはら》トウジと（学級委員長だった）ヒカリ夫妻、その娘ツバメもいた。『シン・エヴァンゲリオン』の前半では「第3村」でのシンジたちの生活が描かれる。シンジは自分を責めるあまりやる気を喪ったままで、誰かと話すこともなければ、食事もまともに摂ろうとしない。そんな彼に友人たちとその家族は温かく接するが、シンジは歩み寄る気配さえ見せないまま、アスカとともにケンスケの家に仮住まいすることになるが、やがてひとりで出ていってしまう。一方、レイ（仮）は鈴原家に居候しつつ、村の人たちと触れ合っていく。前述のように彼女は綾波レイその人ではなく、そのコピーであり、そのことを本人も自覚している。レイ（仮）は綾波レイの「そっくりさん」ではあるが、別人格なのだ。体調の変化を自覚した彼女は「わたしはNERVでしか生きられない」と独白する。

私は何者なのか、という問いは「エヴァ」シリーズ全編を貫いている。『シン・エヴァンゲリオン』の前半では、それがレイ（仮）の物語として描かれる。レイ（仮）は第3村で人間が持つ基本的な感情をひとつひとつ学んでいく。彼女が村の女性たちと田植えをするシーンはこの映画の中では例外的に牧歌的な雰囲気を醸している。村のおば（あ）ちゃんたちに、そろそろ「そっくりさん」も変だから何か名前をつけるといいのじゃないかと言われたレイ（仮）は、家出してからNERV第二支部の跡地で無為に過ごしていたシンジに会いに行き、自分に名前をつけてほしいと頼む。最初、シンジは「名前といっても君は綾波じゃないし」と困る（だが彼はレイ（仮）を「アヤナミ」と呼んでいる）のだが、後になってシンジは、綾波は綾波だ、他に思いつかないよ、と言う。その頃になるとシンジは自責と懊悩《おうのう》から少しずつ回復しており、他人への態度も以前よりは柔和なものに変化している。だが、この会話の直後、レイ（仮）は「初期ロット」であるがゆえの活動限界に達し、あっけなく自壊してしまうのだ。

「エヴァ」シリーズに当初から潜在していたが、「新劇場版」以降、前にも増して前面に押し出されてきたテーマは、運命という主題である。ここでいう「運命」とは、最初から定められていた、という意味だ。私は何者なのか、という問いは、私は如何なる役割なのか、という問いと同義である。この世界＝物語において、私の果たす役割とは何か？　シリーズを通じて、どれだけ意想外の出来事や未曽有の悲劇が出来《しゅったい》しても、その後すぐさま、実はこうなることは初めから決まっていたのだ、何もかもなるべくしてなったことなのだ、などとされるのは、たとえまったくそうは思えなかったとしても、登場人物それぞれの運命には明確な機能があり、それらが有機的に絡み合うことによって物語が展開しているのだ、すべてはシナリオ通りなのだということを強調するためである。それはつまり、このすべてが何らかの目的に沿って進められているのだということ、何もかもがひとつのありうべき結末へと向かっているのだ、ということである。では、その目的とは、その結末とは、いったい何なのか？

　だが、ここにはやはり疑問符を付しておかねばならない。『シン・エヴァンゲリオン』は「新劇場版」の、そして「エヴァ」シリーズ全編の真の「完結編」となることが予告されており、実際にそのようなものになっている。だが、その「完結」の内容は、どの時点で確定していたのだろうか。そもそも最初のテレビシリーズでは、あの第25話と最終第26話が「作者」にとって望まざる終わりになってしまった——作業工程の致命的な遅れによってアニメーションが間に合わなくなり、結果として過去回の使い回しや静止画、実写、絵コンテなどが全面的に使用される異常な展開となり、ストーリー的にも破綻していると思われても仕方のないようなエンディングになってしまった――がゆえに「劇場版」という仕切り直しの必要が生じたのだった。だがそれでもうまく終われなかったので、あらためて「新劇場版」が始まったのだ。「エヴァ」が四半世紀以上の時間をかけて、大きく弧を描くようにして『シン・エヴァンゲリオン』で語られる結末に向かってきたのだとして、そのいわばトゥルーエンドは、最初からそのようなものとして構想されていたのだろうか？

　おそらくそうではないだろう。もちろん私は内情は何も知らない。だがしかし、シナリオの最後のページが何度も書き改められてきたことはまず間違いない。『シン・エヴァンゲリオン』の結末は、試行錯誤の何度目かだったのであり、事と次第によっては、またもやり直しになる可能性だってあったのだ。だがしかし、それはトゥルーエンドになった。いや、トゥルーエンドにされたのである。

　あるいは、こう言ってもいいかもしれない。「エヴァ」の「作者」は、庵野秀明は、最初のテレビシリーズでも、「劇場版」でも、「新劇場版」でも、毎回同じことをやろうと試みたのだ。にもかかわらず、どうしてか、どうしても、ちゃんと終われなかったのであり、なぜうまく終われなかったのかを一言でいうならば、そこには時間というものが介在していたからなのだ。庵野秀明は、『新世紀エヴァンゲリオン』放映終了時に三十五歳、「新劇場版」開始時に四十七歳、『シン・エヴァンゲリオン』完成時に六十歳。彼は何度もトゥルーエンドを目指し、失敗し、やり直し、また失敗し、その間に年齢と経験を重ねて、そして遂に、この果てしなきトライアルを無理矢理にでも終わらせることにしたのである。

だから、先の問いは次のように書き換えられねばならない。「エヴァ」を今度こそ完全に終わらせるために選び取られた結末、最後である(もうこの続きはないと宣言する)がゆえに「シン=真=トゥルー」になることを強引に決定づけられた結末、その「新」にして「真」なる結末が意味するものとは、いったい何なのか? 繰り返す。それ以前から何度となく匂わされてはいたものの、『シン・エヴァンゲリオン』の終盤に至って、もはや隠す気もなくあからさまに露呈される真実とは、結局のところ「人類補完計画」とは、「ユイの復活」もしくは「ユイとの再会」を激しく希求した碇ゲンドウが人類と地球環境を丸ごと巻き込んでやってのけた、極私的でエゴイスティックな一大プロジェクトだったのだということである。これは縮小ではない。逆である。ゲンドウはユイへの愛惜の想いを極限まで増幅し、拡大してみせたのだ。ゲンドウにとって、ユイという一個の存在は、ユイ以外のすべての存在より大きい。今あるこの世界に唯一足らないのがユイ、つまり「人類」を「補完」するものとは「ユイ=妻」なのだ。逆にいえば、ユイさえ還ってきてくれるなら、人類など滅びても一向に構わない、ということである。

なんという話だろうか。「度を超した愛妻家」とは、そういう意味である。

ところでしかし、これはあくまでも「碇ゲンドウの物語」である。では、その「息子」である「碇シンジの物語」はどうなのか?

5 カヲルとアスカとミサト

「シンジの物語」を語る(読む?)ためには、何人かの登場人物について補足しておかなくてはならない。

渚カヲルは、おそらく「エヴァ」シリーズの中でも最も謎に満ちた存在だろう。彼はテレビシリーズの終盤で登場していたが、SEELEからNERVに送り込まれたフィフスチルドレン=EVAパイロット、だが実は使徒(しかも「第17使徒タブリス」にして「第1使徒アダム」)でもあった彼は、善悪や敵味方の判別がどこまでも曖昧になり渾然一体となっていく「エヴァ」の世界を象徴していると言える。すでに述べたように『Q』でシンジはカヲルとNERV本部で再会し友情を深めるが、カヲルは自らの命を犠牲にしてフォースインパクトを食い止める。そのことでトラウマを負ったシンジが立ち直るまでが『シン・エヴァンゲリオン』の前半の物語だった。

テレビシリーズの時点から、カヲルはいうなればシンジの「完璧な鏡像/双子」として設定されていた。常に冷静で超然としていて、自分の役割を十全に理解して行動するカヲルは、シンジにとって憧憬の対象であると同時に（なぜかはよくわからないが）素直に心を開ける人物である。だが、そんなカヲルの正体（？）が実は戦うべき敵＝使徒であり、しかも最終的に非業の死を遂げてしまうことで、シンジははかり知れないショックを受ける。

『Q』でカヲルはシンジをピアノの連弾に誘う。ピアノを弾いたことがないシンジは躊躇《ためら》うが、「生きていくためには新しいことを始める変化も大切」だとカヲルは言う。二人がピアノを弾く場面の親密さには微妙に同性愛的な気配も漂う（だが、そこが更に突き詰められることはない）。ある時、夜空を見上げながらシンジが、子どもの頃から星を見ると安らぐ、自分という存在などどうでもよく思えて落ち着くのだと言うと、カヲルは「変化を求めず虚無と無慈悲な深淵の世界を好む、君らしいよ」と微笑む。このようにカヲルはシンジのすべてを肯定し受け入れてくれる存在である。カヲルは「僕は君と会うために生まれてきたんだね」とさえ言う（実際その通りなのだ）。ともにEVA第13号機に乗ることになった際、カヲルはシンジに「いつも君のことしか考えてない」と言う。二人は手を握り合う。

レイともアスカとも（ある意味ではミサトとも）シンジは疑似的で微温的な恋愛関係を結んできたが、彼の理想の恋人に成り得たのは渚カヲルなのである。だが、だからこそカヲルは途中で姿を消さなければならない。DSSチョーカーの発動によって絶命する前に、カヲルは「シンジ君は安らぎと自分の場所を見つければいい。縁が君を導くだろう」と告げる。カヲルの言葉には常に予言や託宣としての意味がある。確かに『シン・エヴァンゲリオン』は、碇シンジが縁に導かれて安らぎと自分の場所を見つけるまでの物語なのである。

式波・アスカ・ラングレーは、以前は惣流《そうりゅう》・アスカ・ラングレーという名前だった。テレビシリーズと「新劇場版」で最も設定が変更されたのが彼女だろう。「式波」という新たな姓が「綾波」と対にするために選ばれたことは明白である。「式」と「綾」。「新劇場版」における最大の変更点は、アスカもレイと同様、複数のコピーを前提とする一種の人造人間「シキナミシリーズ」なのだとほのめかされる点である。惣流時代にはあったアスカの母親とのエピソードはなくなっている。『シン・エヴァンゲリオン』にはアスカが食事も睡眠も本当は必要ないらしいことを窺わせる場面もある。彼女は自分を「リリンもどき」と言う（「リリン」は人間のこと）。アスカがシンジのことを気に懸けるレイ（仮）に対して、私たちはヒトの枠を超えぬよう非効率な感情を持たされている、あなたたちアヤナミシリーズは「第三の少年」（レイ、アスカに続く第三番目のEVAパイロットということだが、それ以外の含意もあるのかもしれない）すなわち碇シンジに好意を抱くように設計されている、ただそれだけのことなのだ、その感情はNERVに仕組まれたものに過ぎないのだ、といったことを言い放つ場面があるが（これに対してレイ（仮）は「それでもいい」と答える）、追って明らかにされる先に触れた事実――アスカも「シキナミシリーズ」の一体なのかもしれないこと——を踏まえると、それはそのままアスカ自身にも当て嵌《は》まってしまう。

だが、この決定的と言ってよい違いを除けば、アスカの性格設定は一貫している。一時はシンジの恋人の最有力候補だったこともあるアスカは『破』から十四年後、相変わらずEVAに乗り、WILLEの一員としてマリを従えて戦闘に従事している。だが今の彼女は左目に眼帯をしており、その顔には凶相ともいうべき表情が浮かんでいる。それでも勝ち気さの陰に繊細さや脆《もろ》さを隠し持っているところや、ふとした瞬間に垣間見える優しさは以前と変わっていない。第3村にいる間、アスカは特に何もしていない。レイ（仮）に「仕事はしないの？」と問われた彼女は「あんたバカ？　ここは私がいるところじゃない。守るところよ」と答える。そしてアスカが村を去ることになった時、シンジは自分も一緒にWILLEに戻ることにするのである。

『シン・エヴァンゲリオン』の長い長いクライマックスの途中で、戦闘中のアスカは最後の手段としてEVAの「裏コード」を発動させ、自ら使徒化することによってATフィールドを中和する。それは彼女が「リリンもどき」でさえなくなること、アスカという存在の消滅（精確にはユイとEVA初号機の関係と同じエヴァとの魂的融合？）とイコールである。つまりカヲルとほとんど同じ運命を辿るのだが、しかし後でもう一度述べるように、カヲルもアスカも、最後の最後には救済されることになる。いや、あれが「救済」と呼ぶべきことなのかどうか、今もって私には判断出来ないのだが。

葛城ミサトは、『破』まではゲンドウの部下だったが、『Ｑ』になるとＮＥＲＶと対立するＷＩＬＬＥの司令官になっている。ストーリー全体からすると傍系のエピソードにも映るが、ことのほか重要に思えるのは、彼女が加持リョウジとの間に息子をもうけていたという事実である。先述のように加持は自分の命と引き換えにサードインパクトを止めた（『Ｑ』に加持は登場せず、このことは『シン・エヴァンゲリオン』で初めて明らかにされる）。それは身重のミサトを庇《かば》ってのことであったらしいことが『シン・エヴァンゲリオン』では語られる。ミサトと加持の息子は父親と同じ「加持リョウジ」と名づけられたが、ミサトは自分が母親であることを隠し、リョウジをＷＩＬＬＥの支援組織ＫＲＥＤＩＴに預けた。リョウジは両親を知らぬまま成長し、相田ケンスケの紹介でシンジと出会い、二人は握手を交わす。後になってミサトはその時の写真を受け取り涙する。シンジは「すごくいい奴だった。ちょっとしか話してないけど、僕は好きだよ」とミサトに言う。

このエピソードがなぜ重要に思えるのかといえば、ミサトがユイを除く主要登場人物の中で、ただひとり「母」になるからである。「新劇場版」に出てくる「母」は、あとは鈴原ヒカリだけなのだ。そもそも「エヴァ」は「父と息子の物語」であり「夫と妻の物語」でもあるが、

「母と息子の物語」「父と母（＝親）の物語」という面は希薄である。すでに見たようにユイは、「ゲンドウの妻」としての存在感は「エヴァ」の世界を律するほどに強固だが、一方で「シンジの母」としてのそれは、やや不自然とも思われるほどに弱い。それだけに、とりわけテレビシリーズでは生活の上でもシンジの保護者＝母親代わりでもあったミサトが母になることには、おそらく表面に現れている以上の意味がある。それは彼女が「シンジの（擬似的な）母」から「リョウジの（本物の）母」に変わってしまうということなのだから。かくしてシンジは、ユイという実の母も、ミサトという仮の母も失い、いわば母でもあり得る妻を求めなくてはならなくなるのである。

こうして、マリが登場する。

6　マリとは何者か？

真希波・マリ・イラストリアスは、「新劇場版」の『破』で初めて登場した、まったく新しいキャラクターである（ただし『序』の時点で登場自体は予告されていた）。誰の目にも明らかなことだと思うが、マリこそ「エヴァ」を終わらせるための最大の鍵である。アスカが「コネメガネ」と呼ぶように、マリはイギリス出身で、NERVのユーロ支部から何らかの肝煎り＝コネ（？）でEVAパイロットとして配属されてきた。長身、巨乳、メガネという、これまでの

「エヴァ」にはいなかったタイプである。『Q』では天地真理《あまちまり》の「ひとりじゃないの」（一九七二年）を、『シン・エヴァンゲリオン』では佐良直美《さがらなおみ》の「世界は二人のために」（一九六七年）を鼻歌で唄っている。驚いた時に「アジャパー」と言う。つまり妙に「昭和感」のある人物なのだが、その理由の説明は特にない。

『破』ではEVAのパイロットとしてアスカのライバルになりそうな雰囲気もあったが、『Q』以降はアスカの部下と言える扱いになっている。マリには他の登場人物のような性格的な陰影やネガティヴな要素がまったくと言っていいほど存在していない。また、EVAに乗ること、使徒や（のちには）NERVと戦うことへの不安や葛藤も、その言動からはまるで感じられない。彼女は与えられた条件、自分の置かれた状況において、可能な限りポジティヴで楽天的な態度を貫いており、もちろんシリアスな一面もありはするのだが、その軽やかさと無邪気さは「エヴァ」の世界では明らかに異色なものだと言える。

マリはシンジを「ワンコくん」と呼ぶ。彼女がシンジに顔を寄せて彼の体臭をかぐ描写が何度かあるが、それは最終的に重要な意味を帯びることになるだろう。以前から知っていたわけでもないはずなのに、マリは最初からシンジに（いくぶん「からかい上手」的な感じではあるが）妙に好意的であり、『Q』の終わりでシンジが行方不明になった時も「どこにいても必ず迎えに行くから、待っててなよ、ワンコくん」と呟《つぶや》くし、アスカがシンジを責めたあとには「君はよくやってる、エラいよ、碇シンジくん」などと慰める。だがシンジの方は、少なくとも最初の内は、あまりピンと来ていないように見える。『破』そして『Q』までは、マリは「エヴァ」の世界において、どこか浮いているようにさえ思える。

いったいマリとは何者なのか。多くの観客が気づくことだろうが、『Q』でマリは何度か（その時点では）不可解な口の利き方をする。碇ゲンドウのことを、ごく自然な感じで「ゲンドウ君」と呼ぶのだ。いかに「コネメガネ」とはいえ彼女は一介のＥＶＡパイロットに過ぎないはずである。ゲンドウに君づけは年齢的にも合わない（もっともマリの年齢にかんする言及は作中にはない）。これはどういうことなのか。この疑問に一定の答えが与えられるのは『シン・エヴァンゲリオン』も後半に入ってからである。実はマリはゲンドウやユイと同じく京都の大学での冬月の教え子のひとりだったのだ。コネメガネの「コネ」は、おそらく冬月のコネなのである。

本論では「エヴァ」シリーズのアニメ以外の関連作やスピンオフについて基本的に触れない方針を取っているが、やはりこれだけは記しておかねばなるまい。貞本義行《さだもとよしゆき》によるコミック版『新世紀エヴァンゲリオン』の単行本の最終巻に当たる十四巻が『Q』公開後に出版されたのだが、そこには書き下ろしの短編「夏色のエデン」が収録されている。物語の舞台は一九九八年の京都の大学、飛び級をして十六歳で冬月教授の「形而上生物学第一研究室」に所属している「マリ」は同じ研究室の先輩「ユイ」に慕情を寄せている。冒頭でイギリスへの留学の話題が出てくるので、これは『破』以前のマリのエピソードということになる。「夏色のエデン」に即すなら、一九九八年に十六歳だったマリの生年は一九八二年ぐらい。「新劇場版」ではテレビシリーズの「ファーストインパクトから十五年後の二〇一五年」という時代設定は「ファーストインパクトから十五年後」に変更されているが（前にも述べたが『Q』と『破』の間に「二〇一五年」は過ぎてしまった）、二〇一五年にマリは三十三歳。それから十四年後には四十七歳ということになる。もちろん、こんな計算には何の意味もない（それに「夏色のエデン」のユイは最初から「碇ユイ」であり、ゲンドウは「六分儀ゲンドウ」と呼ばれている。おそらく世界線が別なのだろう）。

意味があるのは、マリがシンジの父ゲンドウを君づけで呼べる存在、その意味では（年齢差はあれど）シンジの母ユイと同等の立場なのだということである。つまり真希波・マリ・イラストリアスは、ゲンドウの妻であり、シンジの母であるユイ、物語の最初から不在であり、にもかかわらずすべての物語の作動因でもあり、ゲンドウがSEELEから奪取して私有化する「人類補完計画」の核心であるユイの代補として投入されたのである。もっとはっきり言えば、マリはシンジの「新」にして「真」の恋人、シンジの妻、シンジの未来の子の母になるために、ただそのためだけに、「作者」によって、庵野秀明によって、創造、いや捏造《ねつぞう》され、いわば正真正銘の「最後の使徒」として、颯爽《さっそう》と「エヴァ」の世界に送り込まれたのである。

『シン・エヴァンゲリオン』の後半に冬月がマリを「イスカリオテのマリア」と呼ぶ場面がある。「イスカリオテのユダ」と「マグダラのマリア」を合体させた、これまた暗喩に満ち満ちたワードだが、そこからどれだけ膨大な蘊蓄《うんちく》や豊饒な参照系が導かれるにせよ、それはただのブラフに過ぎない。ただ、ひとつだけ確かなことは、マリがやってこなければ「エヴァ」はけっして終われなかっただろう、ということである。これは『シン・エヴァンゲリオン』を観終わった者なら誰もが首肯するに違いない、歴然たる事実である。父ゲンドウが妻ユイを取り戻し、息子シンジが妻マリを得るまでの物語、それが『シン・エヴァンゲリオン』なのだ。そして「エヴァ」という巨大なサーガの大団円も、この構図へと収束することになる。

ここで、あらためて問うてみたい。これはいったい何なのか？　この終わりが意味するものは何か？　結局のところ、これはどんな物語だったのか？　そして、本当にこれでよかったのか？

7　world without EVA

冬月は「世界を崩すことは造作もない。だが、造り直すとなるとそうもいかん」と言った。

碇シンジは「ＥＶＡに乗って世界を変えるんだ」と言った。

では、世界は造り直されたのか、世界は変わったのだろうか？

確かに変わった。だが、どのように？

『シン・エヴァンゲリオン』の終盤、ゲンドウは「すべての始まり、約束の地、ひとの力ではどうにもならない運命を変えることができる唯一の場所」であるところの「ゴルゴダオブジェクト」で、彼の「人類補完計画」の最終段階としての「アディショナルインパクト」を起こそうとする。そこは「マイナス宇宙」であり、LCL（EVAのコックピットに注入される液体）の作用によって人間に認知可能な仮想世界が形成されているとされる。父は息子に「私の妻、お前の母」も、ここにいたのだと告げ、初号機を渡せば母に会えると言う。

アディショナルインパクトはゴルゴダオブジェクトでしか起こすことが出来ないとゲンドウは言う。そこで登場する最後のEVAが「エヴァンゲリオンイマジナリー」である。名前の通り、それは「虚構と現実を等しく信じる生き物、人類だけが認知できる」「想像上の、架空のEVA」である。EVA初号機の希望の槍と13号機の絶望の槍が互いに贄《にえ》＝トリガーとなり、「虚構と現実が同一化する」ことによって「自分の認識＝世界を書き換える」のがアディショナルインパクトである（らしい）。ミサトはそれを食い止めるべく急造された「第三の槍」を携えてたったひとりマイナス宇宙へと赴き、そこで殉死を遂げることになる。

私は、ここでも「考察」に踏み込むつもりはない。重要な点は、これ以降の『シン・エヴァンゲリオン』が、ある意味でテレビシリーズの最終二話にも似た内面世界に没入してゆくということである。ゲンドウは「マイナス宇宙」を「記憶の世界」と呼ぶ。記憶とは事実としての過去のことではない。それはどうしても想像で補うしかない。だからエヴァイマジナリーは、おそらくエヴァアナムネーシスでもある。その場所は「人類のフィジカルもメンタルもひとつに溶け合った世界」であり「浄化された魂だけの世界」であり、そして「ユイと私が再会できる、やすらぎの世界」なのだとゲンドウは呟く。人間嫌いで、けっして裏切ることのない知識とピアノだけが友人の代わりだった若きゲンドウを変えたのがユイだった。彼女は彼の子を妊娠し、名前は「男だったらシンジ、女だったらレイ」にしたいと言った。親の愛情を知らない自分が親になることへの不安もユイが消し去ってくれた。生まれたのは男の子で、だからシンジと名づけられた。だがユイはその後、不幸な事故で死んで（?）しまった。ゲンドウはシンジを「私への罰」と捉え「子どもに関わらないことがユイへの贖罪《しょくざい》」だと考え、つらく当たった。なのにシンジをNERVに呼び寄せてEVAに乗せたのは「ユイの再構成にシンジが必要か否か」わからなかったからだとゲンドウは言う。「ただユイの胸で泣きたかった、ただユイの傍にいることで自分を変えたかった」と嘆くゲンドウは、それまでの非情で冷酷なイメージを一変させ、人間的な脆さを露わにする。「私は私の弱さゆえにユイに会えないのか」と苦悩するゲンドウに、そこにずっと一緒にいたシンジは「弱さを認めないからだと思うよ」と言葉を投げかける。そう、これまでのシンジは過去のゲンドウなのであり、だから未来のシンジはこれまでのゲンドウになるかもしれなかったのだ。だがシンジが変わったことで、ゲンドウも救われることになる。ミサトの死を受け止めてみせたシンジに、ゲンドウは「大人になったな」と言う。以前なら考えられなかったことだが、父は息子に「すまなかった」と口にする。

ゲンドウの物語は「そこにいたのか、ユイ」という一言で終幕となる。おそらくゲンドウの「人類補完計画」は失敗に終わった。だが、彼の願いは叶えられたのだ。

突然、もういないはずの渚カヲルが現れて「ここからは僕が引き継ぐよ」と宣言する。カヲルはシンジに「イマジナリーではなく、リアリティーの中ですでに立ち直っていたんだね」と言う。ここから『シン・エヴァンゲリオン』は「エヴァ」の登場人物たち、それぞれの最後の物語を語り始める。EVAに乗ることだけが自己の存在証明の手段だったアスカに、相田ケンスケは「アスカはアスカだ」と言う（これはアヤナミレイ（仮）への「綾波は綾波だ」と同型の台詞である）。僕を好きだと言ってくれてありがとう、とシンジはアスカに言う。「僕もアスカが好きだったよ。さよならアスカ。ケンスケによろしく」。第3村でアスカはケンスケの家に居候していたが、シンジのこの言葉は二人が同居人以上の関係になり得る可能性を示唆している。「今度は君の番だ、カヲル君」とシンジは言う。カヲルがシンジにとってある意味で「理想の伴侶」であったことはすでに述べたが、ここでシンジは「カオル君は父さんと似てるんだ」と言い出す。そして「もう泣かない」と約束し、カヲルは「そうか、君はもう成長してたんだった」と応じる。そこにやはり死んだはずの加持リョウジが現れ、カヲルを「渚司令」と呼んで「あなたはシンジ君をしあわせにしたいんじゃない。それにより、あなたがしあわせになりたかったんです」と指摘する。加持は「葛城と一緒に老後は畑仕事でもどうです？」とも言う。こうして生きているひとも死んでいるひとも、皆が皆、救いを与えられてゆく。

次はもちろん綾波レイである。もうひとりの綾波だったレイ（仮）は（第3村で）自分の居場所を見つけた（その結果自壊したが）、だから君も、ここではない場所でしあわせを見つけてほしい、とシンジは言う。「ここではない場所のしあわせ」、それは「EVAに乗らないしあわせ」である。

EVAに乗らないしあわせ、これが「エヴァ」シリーズを閉じる魔法の呪文である。シンジは言う。「僕もEVAに乗らない生き方を選ぶよ、時間も世界も戻さない、ただEVAがなくてもいい世界に書き換えるだけだ」。それは「世界の新たな創生＝ネオン・ジェネシス」と呼ばれる。長い長い物語の、今度こそ最後の結末が、遂にやってくる。「そうか、この時のためにずっと僕の中にいたんだね、母さん」とシンジは言う。「父さんは母さんを見送りたかったんだね、それが父さんの願った神殺し」とシンジは言う。そして、あの決定的な一言が口にされる。

さようなら、すべてのエヴァンゲリオン。

ＥＶＡに乗らないしあわせの世界とは、ＥＶＡが存在しない世界、いや、ＥＶＡだけが存在していなかったことにされた世界のことである。シンジが言うように、時間も世界も戻されるわけではない。ただ、ＥＶＡ以外のあらゆるものが、ＥＶＡが存在したせいでその存在をなくしてしまった者も含めて、何もかも回復され、回復という出来事も消去される。ＥＶＡを忘却した世界、それはつまり、これまでのすべての物語が完璧に忘れ去られた世界である。だが、それまでの物語によって齎された主人公の成長と成熟は忘却も消去もされていない。こうして碇シンジは、十四年＋十四年、すなわち二十八歳の青年に変身する。『シン・エヴァンゲリオン』のラストシーン、駅ホームのベンチで恋人マリと待ち合わせたシンジの声は、従来の緒方《おがた》恵美《めぐみ》から神木《かみき》隆之介《りゅうのすけ》に変更されている。二人は駅を飛び出して、街へと、外へと、手に手を取って駆け出してゆくだろう。その光景は、アニメではなく、ほとんど実写になっている。

これが『シン・エヴァンゲリオン』、そして「エヴァ」全編の結末である。登場人物たちが次々と現れては問答をする展開は、確かに『新世紀エヴァンゲリオン』の最終二話を彷彿《ほうふつ》とさせる。最後にＥＶＡのいない世界が現出するところも同じである。だが、あの時はシンジが煩悶と懊悩の果てに「僕はここにいてもいいんだ」という自己肯定に唐突に辿り着き、皆から一方的に「おめでとう」と言われて「ありがとう」と返す、という極端に強引な終わらせ方であったのに対し、今回はむしろシンジのほうが登場人物たちに「あなたはここにいてもいい」のだと祝福し、そのことによって自分が大人になったことを証明する、という終わり方になっている。この違いは重要である。

マリがかいだシンジの体臭は、大人の男のものになっている。あたかも彼女は、その変化を証し立てるためにのみ登場したかのようだ。マイナス宇宙にマリが出て来ないのは、そこで問題にされ得るような内面を彼女が最初から持たされていないからである。なぜならマリは、イマジナリーではなく、リアリティの側の存在であるからだ。

ビルドゥングスロマンとしての「エヴァ」は、かくして幕を閉じた。『新世紀エヴァンゲリオン』から四半世紀以上、三十五歳だった庵野秀明は今では還暦を超えている。まさかこれほど長く掛かるとは本人も思ってもみなかっただろう。だがおそらくは、いや、間違いなく、これだけの時間が流れたからこそ、あのような結末になったのだ。

さて、では碇シンジは、成熟の年齢に達したのだろうか？　それが何歳のことであれ、『シン・エヴァンゲリオン』の結末が示しているのは、そして「エヴァ」のすべての結末が示しているのは、答えはイエスだということだろう。冬月は「自分と同じ喪失を経験させるのも、息子のためか、碇」と言っていた。それはもっぱら綾波レイのことを指していたのだと思われるが、実際にはレイの（アスカの？　ミサトの？　カヲルの？）代わりに真希波マリが投入されたことによって、父ゲンドウと同じ致命的なまでの喪失は鮮やかに回避され、息子シンジの世界は補完されることになる。

言い換えるならそれは、シンジがマリのような大人の女性と結ばれるに相応しい大人の男性に成長を遂げた、ということである。最後の出動の前に、アスカはシンジに「私があんたを殴ろうとしたわけ、わかった?」と問いかける。シンジは、自分で責任を負いたくなくて、何も決めなかったからだ、と答える。でも今はそうではない、ということがシンジの態度からは窺える。それを聞いたアスカは、自分より遅れてではあるが、いつの間にかシンジも大人になっていたことを理解する。

考えるべきは、このように他の登場人物たちからも承認され、彼自身も自覚的な碇シンジの「成熟」が、冬月の言うような「喪失」によって齎されたのではないとするなら、いったい何が彼を大人にしたのか、ということである。『シン・エヴァンゲリオン』の結末に至る「エヴァ」のすべての物語をあらためて辿り直してみても、この疑問に対する明確に説得的な解答は得られない。まさに、いつの間にか、としか言いようがないのだ。敢えて率直に述べてしまうなら、この問いへの答えは、碇シンジよりも先に庵野秀明が大人になっていたから、ということ以外にはないと思われる。そして、それは紛れもない事実である。だが繰り返しになるが、シンジが遂に「成熟」を迎えた、ようやく真の意味で「大人」になったということは、彼が「大人」の女性であるマリを獲得したことが示されるラストシーンから遡行的に導かれるのであって、その逆ではない。ここには明らかに一種のパラドックスが存在している。

シンジがマリと恋愛関係を結ぶに至るプロセスは、ほとんど描かれることがない。いや、それを描くわけにはいかないのだ。なぜならば、そこにはプロセスなど存在していないからである。レイがシンジに好意を抱くようにあらかじめプログラミングされていたのだとするなら、マリはそうではないと誰に言えるのか（マキナミシリーズ？）。だがしかし、この当然の疑念が検討されることは、もはやけっしてないだろう。もう「エヴァ」は完結してしまったのだから。

私たちはただ、あの終わりを、すべての終わりとして、そのまま受け入れるしかない。そして実際のところ、あの結末は、これ以上ないほどに完璧なハッピーエンドだったのではあるまいか？

第一章　エヴァンゲリオンとは何だったのか？

1　庵野秀明の時代？

二〇二一年三月八日、東日本大震災からちょうど十年を迎える三日前に、『シン・エヴァンゲリオン劇場版』（以下『シン・エヴァンゲリオン』）は全国でロードショーが開始された。もともとはもっと前に公開される予定だったが、製作の遅れと新型コロナウイルスの感染拡大とによって何度も初日が延期され、結果として「ヱヴァンゲリヲン新劇場版」四部作の前作『Q』（二〇一二年）から八年以上の歳月が経過することとなり、総監督であり、製作会社カラーの代表でもある庵野秀明はお詫びに追われた。

だが周知のように、いざ公開されてみると、『シン・エヴァンゲリオン』はシリーズ最大のメガヒットとなった。コロナ禍にもかかわらず興行収入は百億円を突破、最初のテレビシリーズの時を彷彿《ほうふつ》とさせる社会現象となり、庵野はあらためて、いや、かつてないほどの世間の注目を集めることになった。「新劇場版」の最終作であるだけでなく、四半世紀以上にわたり続いてきた「エヴァンゲリオン」の、今度こそ本当の完結編と謳《うた》われたことが大ヒットの要因であることは間違いないが、それにしてもなぜ、これほどまでに人口に膾炙《かいしゃ》したのかは謎といえば謎である。後でも述べるように、必ずしも『シン・エヴァンゲリオン』は「時代にマッチした」作品とは言い難いからだ。だが、『シン・エヴァンゲリオン』に限らず、それを言うなら

「エヴァ」は、いつにおいても常に時代と一見すれ違いつつ、むしろそのことによって多くの観客を虜《とりこ》にしてきたのではなかったか?

つまらないマーケティングの理屈を述べ立てるつもりはないが、一般に大ヒット商品というものは、「時代」や「社会」や「状況」などなどの函数《かんすう》として成立している。その時、それが売れたことが一種の必然として比較的クリアに理解し得る場合と、明確な理由づけが困難であったり、更にいうならどうして売れたのかさっぱりわからないが、結果としてバカ売れしたからには、そこには何らかの「函数」が働いているはずだ、という方向に思考を促す場合とがあって、私は『シン・エヴァンゲリオン』は明らかに後者だと思うし、そもそも「エヴァ」自体がそうだと思える。また、今やSNSが流行現象や「空気」の醸成の極めて大きな、というかほとんど唯一の駆動装置になってしまっていることを踏まえると、ある程度までヒットしたモノは必然的にもっとヒットする、という法則はもはや疑いようのない事実なので、要するに『シン・エヴァンゲリオン』もまた——時期的に言うと『鬼滅の刃』に続き——その回路に嵌《は》まっただけという見方も出来るだろうし、そこには一定の説得力もある。

だから「なぜ売れたか?」を問うことには、ほとんど意味はない。すでに売れたモノの売れた理由を述べるのは簡単だし、それゆえに狡《ずる》くもある。むしろ考えるべきなのは、売れた理由や原因を探るのではなく、それがそんなにも売れてしまったことが、いったい何を意味し、どう作用するのか、という問題ではないか。

同じことじゃないか、と思われるかもしれないが、ぜんぜん違う。それはいうなれば、この人物がかくのごときパーソナリティを備えているのは、ははあ、父親がああいう奴だからか、という納得と、彼がかくあるということの露呈が、彼の父にそれ以前とは違った顔を纏《まと》わせ始める、という発見との違いである。私は『鬼滅』と『シン・エヴァンゲリオン』は根本的に異なったタイプの作品だと思うが、『鬼滅』が大ヒットした世界と、それに続いて『シン・エヴァンゲリオン』も大ヒットした世界とでは、意味合いが違ってくるのである。

私は『鬼滅』の大ヒットには——作品自体にも——正直言ってまったくと言っていいほど興味がなかったが、二〇二一年の前半、コロナ禍の出口がさっぱり見えず、にもかかわらず日本政府が東京オリンピックの開催へと遮二無二突き進んでいた時期に俄《にわか》に巻き起こった『シン・エヴァンゲリオン』現象と、それに伴う庵野フィーバーには大いに関心を抱いた。それはたぶん、『シン・エヴァンゲリオン』という作品そのもの、庵野秀明という人物への関心とは、やや別のものではあるだろう。つまり、問題はやはり「函数」なのだ。『シン・エヴァンゲリオン』によって「完結」したとされる「新世紀エヴァンゲリオン」と、それを創り出した庵野秀明という作家と、庵野が監督した「エヴァ」以外の作品（実写映画）という、ひとりの作家と複数の作品群と、それらの背景を成す「時代」や「社会」や「状況」すなわち諸々のコンテクストとの照応関係＝相互作用＝函数を計ること、計り直す作業こそ、私がこれからやってみようと思っていることなのである。

庵野秀明は、『シン・エヴァンゲリオン』の大成功によって、アニメーションという領域を超えた圧倒的な評価と人気、人望を獲得し、その人生や言動から「生き様」やら「哲学」やら「思想」やらを引き出そうとする試み──その最たるものがNHKの番組「プロフェッショナル　仕事の流儀」だろう──は後を絶たない。そしてそれは『シン・エヴァンゲリオン』の「謎解き」や「考察」がインターネット上に（紙媒体でも）大量発生し続けていることとパラレルである。「作家」と「作品」は、このように有機的に連携しつつ、「現象」や「磁場」を形成する。だからその意味では、現在が「庵野秀明の時代」で（も）あるということは確かなことだと思う。四半世紀前に「おたく」という称号＝症候の代表的存在としてしばしば批判的に扱われもした彼は、気づいてみれば、多くのひとびとから範とされる人間になっていたのである。

これを「成長」と呼ぶべきか。これが「成熟」なのか、というのが、本論の第一のテーマである。

すぐさま断っておくが、私は庵野秀明の人格批評をしたいわけではない。それを言うなら、自らの会社カラーのスタンスや、アニメーション業界の（特に最末端に位置するアニメーターの）労働環境に対する庵野の取り組みは、外側から見る限り誠実かつ真摯なものであって、雇用問題が噴出する現在の日本社会、中でもブラック企業的要素を指摘されることが多いアニメの世界にあって、庵野は極めて真っ当な経営者であり、名実ともに現在の業界のリーダー的存在であると言ってよい。上の世代に宮崎駿と富野由悠季《とみのよしゆき》という二人の巨人を、下の世代に新海誠《しんかいまこと》や細田守《ほそだまもる》、湯浅政明《ゆあさまさあき》などといった才人たちを持ちつつ、他の誰とも違った独自のありようで唯一無二の存在感を保ち続けてきた庵野秀明という人物は、疑いなくちゃんとした「大人」である（還暦を超えた方に何を言うかと思うかもしれないが、もっと年長でも、まるで「大人」になれていない人間が日本社会にはゴロゴロしている）。

むろんその一方で、NHKの番組でも映し出された身勝手とも思われかねない振る舞い――長時間を費やして仕上げられたシナリオをいきなり全面放棄して自分が書き直すことを独断で決めるとか、とつぜん仕事場にまったく顔を出さなくなってしまうとか――や、作品の仕上がりを最優先させるがゆえにスケジューリングやスタッフへのケアが疎《おろそ》かになってしまいがちなことなど（ことにNHKのインタビューで「作品のためなら自分は死んでも構わない」的な発言をしていたのには疑問を抱いた。本気で言っているのだろうが、あれをトップに言われてしまうと部下も死ぬしかなくなるのではないか?）、しばしば「天才神話」に回収されることで放免されてしまいがちな諸問題もありはするのだが。

だが繰り返すが、そういう話をしたいわけではない。問題は、そのような社会的立場や責任主体としての言動ではなく、まず第一に、作品が何を語っているか、作品から何が読み取れるか、である。長く複雑な軌跡を描いてきた庵野秀明の作品歴が、『シン・エヴァンゲリオン』のあのような結末へと至ることで、あたかも最終的にそこに向かうべくしてあったプロセスとして捉え直されるのだとしたら、そしてあの結末が、「エヴァ」全編の主人公である碇シンジを通した、ひとつの「成熟」のモデルとして提示されたのだとしたら、それはいったい、どのような「成熟」なのか？　そこに描かれた「成熟」の姿とは、いかなる「成熟」なのか。あるいは、あれが「成熟」のありうべきかたちとして観た者の多くに受け止められたのだとしたら、そのことはいったい何を語っているのか？

こう書きながら、私はすでに本論の核心になかば無自覚に触れかかっていることを意識する。要するに私はこれから、「成熟」という概念にかかわる、私がそれ自体極めて「日本的」だと考えているパラドキシカルな回路を、庵野秀明の作品を通して炙《あぶ》り出してみたいのだ。だからこれは、ある意味では「庵野秀明論」ではない。「庵野秀明の時代」を論ずるものではあるだろうが、いわゆる作家論とは、根拠も動機も異にしている。このことはあらかじめはっきりと述べておきたい。

ひとことで言うならば、本論は「日本的成熟」の史的分析である。そのために「庵野秀明」を召喚したのであって、庵野とその作品のことがよりよくわかるようになることを目的として掲げるものではない。だがもちろん、他ならぬ「庵野秀明」という存在が、私の目論見に最も適していると思ったからこそ、この無謀とも言える試行を開始するのだが。

2 「エヴァンゲリオン」の結末は、あれでよかったのか?

序論に長々と書いたことを掻い摘んで述べるなら、それはこの節のタイトルに尽きる。『シン・エヴァンゲリオン』の結末――「エヴァ」のすべての結末でもあるとされている――は、あれでよかったのか?

よかったのかもなにも、ああいう終わりを庵野が選んだのだから文句を言うなと言われてしまいそうだが、別に文句があるわけではない。こういうかたちの問いというか文句が往々にして意味しているのは、作品への違和感である以上に、作者への注文というか、要するに「俺ならこうはしない」という表明である場合が多いと思うが、私にそんなつもりがあるわけもない。だから右の設問は修辞的な問いであって、つまり「なぜ、あのような結末なのか?」ということを、もっとちゃんと考えるべき、というか考えてみたい、と思ったのである(それはやはり「俺ならああはしない」なのかもしれないが)。

では、『シン・エヴァンゲリオン』の結末とは、どのようなものだったのか?

「新劇場版」の第三作『Q』は、それ以前の二作、『ヱヴァンゲリヲン新劇場版:序』(二〇〇七年）と『同：破』（二〇〇九年）、および過去の「エヴァ」シリーズの時代設定から、いきなり十四年の時間が流れていたことで観客を驚かせた。この「十四年」が碇シンジの物語登場時の年齢である「十四歳」と符合しており、「エヴァの呪縛」によって表面的には加齢していないシンジは、その時ほんとうは「十四歳＋十四年」イコール「二十八歳」の青年になっている、という指摘は序論で述べておいた。このことは『シン・エヴァンゲリオン』の結末と深くかかわっている。『シン・エヴァンゲリオン』は『Q』からそのまま話が続いている（公開は八年以上も開いているが）。ここでストーリーをあらためて記すことは出来ないが、ともかく色々あってシンジたちエヴァのパイロットの「使徒」との戦いは曖昧《あいまい》な終結を迎え、シンジの父ゲンドウの「人類補完計画」の野望も達成されることによって潰《つい》え去る（ややこしい書き方になってしまっているが、ほんとうにそうなのだ）。主要登場人物——綾波レイ、式波（惣流）・アスカ・ラングレー、葛城ミサト、渚カヲルなど——のそれぞれのエンディングを物語ったあと、遂に『シン・エヴァンゲリオン』はラストシーンに辿り着くのだが、そこでの要点は二つである。

（1）真希波・マリ・イラストリアスの前景化

（2）エヴァンゲリオンの消失

まず（1）についてだが、マリは「新劇場版」ではじめて投入されたキャラクターであり、第二作『破』で本格的に登場した。『Q』ではアスカの助手のような扱いでエヴァに乗っていたが、以前から微妙な（あるいはあからさまな?）匂わせはあったものの、『シン・エヴァンゲリオン』の後半で、マリの存在感は急激に浮上してくる。簡単に言うと、彼女はやたらとシンジに粉をかけ始めるのである。シンジの疑似恋愛の相手がもっぱらレイやアスカや時にはミサトであり、「新劇場版」ではカヲルとの友情もいささか意味ありげに描かれていたのに対して、マリはほぼノーマークであり、しかも少なくとも『シン・エヴァンゲリオン』のラストまでシンジはマリにそういう関心をかけらも抱いていないように見えるので、意外性は格別である。長身、巨乳、メガネという他の登場人物たちとはかなり違った方向性のルックスといい、いかなる状況であってもものほほんとした雰囲気を崩さず、なぜか昭和歌謡を鼻歌で唄っていたりもするこのキャラの登場は確かに新鮮だったが、まさかあのような役割を帯びていたとは、出てきた時には思いもしなかった。

マリについて、序論ではこう述べておいた。

真希波・マリ・イラストリアスは、ゲンドウの妻であり、シンジの母であるユイ、物語の最初から不在であり、にもかかわらずすべての物語の作動因でもあり、ゲンドウがSEEL

Eから奪取して私有化する「人類補完計画」の核心であるユイの代補として投入されたのである。もっとはっきり言えば、マリはシンジの「新」にして「真」の恋人、シンジの妻、シンジの未来の子の母になるために、ただそのためだけに、「作者」によって、庵野秀明によって、創造、いや捏造《ねつぞう》され、いわば正真正銘の「最後の使徒」として、颯爽《さっそう》と「エヴァ」の世界に送り込まれたのである。

次は（2）について。『シン・エヴァンゲリオン』の終盤、ゲンドウの告白＝自分語りのあと、登場人物たちが次々と舞台に上げられては、いわば「成仏」させられてゆく。シンジは綾波レイに、彼女の別の個体であるレイ（仮）は自分の居場所を見つけた（とはいえレイ（仮）は自壊してしまったのだが）、だから君も、ここではない場所でしあわせを見つけてほしいと言う。「ここではない場所のしあわせ」とは「EVAに乗らないしあわせ」のことである。序論を引用する。

EVAに乗らないしあわせ、これが「エヴァ」シリーズを閉じる魔法の呪文である。シンジは言う。「僕もEVAに乗らない生き方を選ぶよ、時間も世界も戻さない、ただEVAがなくてもいい世界に書き換えるだけだ」。それは「世界の新たな創生＝ネオン・ジェネシス」と呼ばれる。長い長い物語の、今度こそ最後の結末が、遂にやってくる。（略）そして、あの決定的な一言が口にされる。

さようなら、すべてのエヴァンゲリオン。

（1）と（2）の帰結は、三たび序論から引くと、こうである。

ＥＶＡに乗らないしあわせの世界とは、ＥＶＡが存在しない世界、いや、ＥＶＡだけが存在していなかったことにされた世界のことである。シンジが言うように、時間も世界も戻されるわけではない。ただ、ＥＶＡ以外のあらゆるものが、ＥＶＡが存在したせいでその存在をなくしてしまった者も含めて、何もかも回復され、回復という出来事も消去される。ＥＶＡを忘却した世界、それはつまり、これまでのすべての物語が完璧に忘れ去られた世界である。だが、それまでの物語によって齎《もたら》された主人公の成長と成熟は忘却も消去もされていない。こうして碇シンジは、十四年＋十四年、すなわち二十八歳の青年に変身する。『シン・エヴァンゲリオン』のラストシーン、駅ホームのベンチで恋人マリと待ち合わせたシンジの声は、従来の緒方恵美から神木隆之介に変更されている。二人は駅を飛び出して、街へと、外へと、手に手を取って駆け出してゆくだろう。その光景は、アニメではなく、ほとんど実写になっている。

これが『シン・エヴァンゲリオン』の結末である。そしてくどいようだが、これは四半世紀以上続いてきた「新世紀エヴァンゲリオン」の結末でもある。当然ながら、このラストをめぐってはさまざまな解釈がなされており、その中には肯定派も否定派も存在する。そのような分裂や分断を喚起すること自体、あの結末の勝利だとも言えるが、前節で述べておいたように、問題は、あの終わりが受け入れられるか拒否反応を起こすか、歓迎するか否か、好きか嫌いか、などといったことではなく、あの結末が、なるべくしてなった、他にはあり得なかった、必然的で不可避的なものだったとするならば、そのことによって、これまでの「エヴァ」の歩みが、以前とはかなり違った様相を見せ始めるのではないか、ということなのである。いったん、あの結末を真の「結末」、いわば「エヴァ」の「結論」として——そしてそれはもちろんそうなのだ——価値判断抜きに受け止めた時、果たして何が見えてくるのか、何が言えるのか、何が考えられるのか。

『シン・エヴァンゲリオン』の終わりへの反応、感想、評論などを私はすべてチェック出来ているわけではないが、ごく大雑把に言って、それらは受け手自身の立場や境遇を映し出すもののように思える。単純な話、最初のテレビシリーズが始まった一九九五年に二十歳だった者は現在は四十代半ば過ぎ、シンジと同じ十四歳だった者でさえ四十代前半になっているわけで、多くは社会に出て仕事を得て、結婚している者も多いだろうし、子どもも産み育てているかもしれない。そうした視聴者側の変化（成熟？）が、あのラストへの受け止め方のヴァリエーションを生み出していることは疑いを容れない。つまり、シンジも「大人」になり「夫」になり「父」になるだろうという、あのエンディングの示唆を自分自身に重ねてしまうわけである。

私自身は、そういう見方は正直かなり馬鹿馬鹿しいと思っているが、それなりの知見を有しているはずの識者でさえ、そのような罠《わな》（？）にまんまと嵌まってしまっているように見受けられた。つまりラストシーンに仄《ほの》めかされたシンジとマリの未来を、自分自身のこれまでの人生（過去）と何らかの意味で比較し、良い悪いを述べるという構図である。もちろんそのうえで、だからつまらないという意見もあれば、それゆえに共感した、感動したという意見もあるのだが。そしてこの時、どうであれこのタイプの反応をする者はシンジの背後に「庵野秀明」を見ている。つまり庵野の人生を自分のそれと無意識に並べているのである。

ちょっと意地悪な書き方になってしまったが、私自身も、けっしてこの罠から逃れ出ているわけではない。私は一九六四年生まれなので、「エヴァ」が始まった時は三十一歳だった。もう今に繋がる仕事をしており、前にも書いたが一九九五年は自分の事務所を立ち上げた年でもある。私は子どもは持ったことがなく、この先持つこともないだろう。このことが、私の『シン・エヴァンゲリオン』の結末の受け止め方に影響を及ぼしていないとは言えない。このバイアスは認めておかなくてはならない。だいいち私は、正直に言うと「恋愛」の話も「家族」の話も大の苦手なのだ。

だが、ひとまず先に進もう。『シン・エヴァンゲリオン』の結末をめぐっては、斎藤環《さいとうたまき》の興味深い論考がある。『シン・エヴァンゲリオン』にかんする論集に寄稿されたものだが、斎藤は『Q』公開時に発表した自身の文章の引用から始めているので、まずはそこから入りたい。『承認をめぐる病』(二〇一三年)に収録されている「思春期解剖学」の最初の二章に『Q』と「エヴァ」シリーズへの考察が含まれている。書名にもあるように、斎藤の立論の鍵は「承認(欲求)」であるが、ごく簡略化して述べるなら、承認欲求のこじらせをどうにか処理しないと、ひとは「成長」も「成熟」も出来ない。ところが「エヴァという物語の最大の特徴は、その徹底した「成長の拒否」にある。エヴァの呪縛によってチルドレンたちが成熟できない、という意味ばかりではない。物語の初期基本設定から、入念に「成長」や「成熟」の可能性が排除されている、ということだ。だからエヴァは終わることができない」。

斎藤は、そもそも「エヴァ」には「成長」を忌避する、「成熟」を排除するモードが組み込まれているのだと言う。裏返すとそれはつまり、シンジの承認欲求には終わりがない、ということである。承認とは自己と他者たちのあいだで作動/誤作動するものだが、シンジは他人から承認されない（とシンジが思う）がゆえに自分を承認出来ないし、自分を承認出来ないがゆえに他人からの承認を得られない。この無限の悪循環。「果たしてエヴァという「承認の物語」を終わらせることは可能なのだろうか。実は私には、一つの腹案がある」と斎藤は言う。

承認への欲望そのものは、いわば「欲望されることの欲望」であり、その意味でメタ的な欲望である。承認欲求に究極的な充足がありえないのは、こうしたメタ構造に原因がある。成熟による克服も、充足による安定も不可能であるならば、考えられる解決は一つしかない。その欲望の構造を暴露すること。キャラの外部、物語の外部、作者の外部に視点を拡張すること。映画『幕末太陽伝』（ただし構想段階のシナリオ）や『蒲田行進曲』がそうだったように。欲望の相対性そのものを暴露しつつ同時に外部へと向かうこと。あたかも「歴史の天使」（ベンヤミン）のように、物語をみすえながらも未来へと吹き飛ばされていくカメラによって、エヴァという物語に真の意味でのメタレベルを与えること。

新劇場版最終作は、僕のこの程度の期待はやすやすと超えてくれるだろう。そのときエヴァは、妥協とも成熟とも治癒とも手を切った「メタ・ビルドゥングスロマン」として完結し、伝説は上書きされることになるはずだ。

（『承認をめぐる病』）

まさかそれからこれほど長い時間が経過するとは斎藤も予想だにしていなかったと思うが、ともあれ右の主張が『『シン・エヴァンゲリオン』を読み解く』（二〇二一年）に収録された新たな論考「エヴァの呪縛、その成立と解放」に繋がるわけである。

斎藤はまず「誰も指摘してくれないので自分で言うが」という韜晦《とうかい》めいた書き出しとともに――自分は二〇一三年の段階で『シン・エヴァンゲリオン』の「ラストシーンを予見していた」と述べる。そして右の文章を引用する（引用者注：前段を追加した）。青年になったシンジがマリと駅のホームで待ち合わせ、二人が颯爽と駆け出してゆく町は、実写のように見えるどころか（CG加工はされているようだが）本物の実写であって、そこは庵野秀明の生まれ故郷でもある山口県の宇部新川《うべしんかわ》駅である。斎藤はこのいささか唐突な「実写＝現実の風景」の登場に、それまで延々と続いてきた「エヴァの世界」の「外部＝メタレベル」を見出し、それを「欲望の構造を暴露すること」として評価してみせる。実際、手に手を取って走る若きカップルが小さく映る映像は駅近辺を俯瞰《ふかん》で捉えたロングショットであり、それはゆっくりと移動していく。「物語をみすえながらも未来へと吹き飛ばされていくカメラ」とは驚くべき精確な予知であったことになる。

だがむろん、斎藤の論は自慢話ではない。彼の解読はこうだ。「エヴァ」とは庵野秀明の「私小説的作品」であり、そのことこそが数多くのファンを獲得する最大の要因であったのだ。

そのうえで、この物語が「父ゲンドウ」と「息子シンジ」の相克を中心に置きながら、けっして「父殺しの物語」にはならない、なり得ないということを指摘する。なぜならば、「シンジとゲンドウは欠如を共有している。欠如の構造もほぼ同一だ。この欠如ゆえに自傷的自己愛を抱えてしまい、自己承認が困難な彼らは、常に他者からの承認を求めずにはいられない。他者の究極は母性＝ユイだが、それは永遠に失われてしまった」。結果としてシンジとゲンドウが抱える問題は同一化＝相似形を成し、それゆえに子は親を殺すことが出来ない。しかもラストに至って、ゲンドウは自らの欠損と焦燥の、そしてシンジへの虐待と呼んでいい仕打ちの理由を自己反省し、なんと息子に謝罪し抱擁さえしたあげく（斎藤はそれを「和解」と呼ぶ）、舞台から退場する。そして、それゆえにシンジはますます「父」を殺すことによって物語を終えることが出来なくなるのだ。なぜなら「和解」は、シンジとゲンドウがまさしく「同じ」であったことをあらためて証立てるものであったから。こうして「父殺し」をもって「成熟」の証明とする方途は絶たれてしまった。だが大丈夫。それでなんの問題もない。なぜならマリがいるからである。

斎藤は件《くだん》のラストシーンを「実質的な「夢オチ」」としつつ（私はこの解釈に必ずしも同意しないが、この点については後で触れる）、こう述べる。

長くエヴァを見守ってきたファンにとっては、それが庵野秀明の「私小説」であることはむしろ自明の前提であり、それが見かけ上「夢オチ」であろうと、そこに庵野の救済の物語（ナラティヴ）を垣間見ることができるなら十分に満足なのである。（略）庵野は驚くほど誠実にエヴァを終わらせた。それは作家として現実と向き合うことの決意表明であると同時に、庵野自身が今度こそ「エヴァの呪縛」から解放されたことの力強い宣言でもあったのだ。

（「エヴァの呪縛、その成立と解放」）

シンジたちだけでなく、庵野秀明だけでもなく、四半世紀にわたってひとりのクリエイターの「私小説」を読み続けながら、そこに内在する「承認欲求」をめぐる堂々巡りの機構すなわち「エヴァの呪縛」を彼らとともに被ってきたファンもまた、遂に呪いから解放されたのだと斎藤は言う。そしてそれはマリという存在が体現し、あっけないほど唐突に開示した「外部＝現実」によるものだった。

斎藤は、「エヴァ」の歴史、一九九五年から二〇二一年までの、「平成」と呼ばれた時代の大部分を占める期間のあいだに起こった最大の変化は「メディア環境の変容」だったと述べる。「商用インターネットの普及、スマホの普及、各種SNSサービスの普及が相まって、人々のコミュニケーション・ネットワークは劇的に重層化・稠密《ちゅうみつ》化を遂げた。かくして「いいね！」ボタンに代表される承認の可視化が、人々に「承認依存」という新しい嗜癖をもたらしたのだ」。「エヴァ」は情報論的、技術論的な時代の変化に伴う、世界の、とりわけ日本社会におけるコミュニケーションの病い＝こじらせと、意図せずして（なぜならこれほど長い時間がかかったのは、ひとえに庵野秀明の個人的問題だったのだから）パラレルに歩み、そこに胚胎するさまざまな問題とシンクロしつつ、完結編である『シン・エヴァンゲリオン』へと至ったのである。この意味で「エヴァ」は明らかに、その時々の「現実」のありさまをリアルに映し出すものだったと言える。

だが、描写と主張は違うし、診断と処方箋は別ものである。私が先に「エヴァ」が「いつにおいても常に時代と一見すれ違いつつ、むしろそのことによって多くの観客を虜にしてきた」と述べておいたのは、このことである。つまり「エヴァ」は「時代」の病理をかなりの部分まで活写しながらも、ではどうすればいいのか、という問いにはうまく答えることが出来ないままだったのだ。それは庵野秀明自身の問題でもあった。

だが『シン・エヴァンゲリオン』の結末で、ようやく庵野は彼の答えを提出した。それがあのラストシーンだったわけである。

斎藤の『シン・エヴァンゲリオン』論は、最終的に（すでに二〇一三年の「予言」にあった）「メタ・ビルドゥングスロマン」に収斂《しゅうれん》する。この造語について、斎藤はこう述べている。

エヴァというロボットアニメのふりをした「承認をめぐるサーガ」は、一人の作家と彼が制作した物語とその熱心な消費者が、「承認」というテーマのもとで相互浸透しつつ影響を及ぼし合う中から生成し続けた。それゆえに本作は、単なる傑作アニメという評価に留まらず、作家の苦闘と成長の記録にして優れた歴史的ドキュメントでもありえたのだ、メタ・ビルドゥングスロマンとはそういう意味である。（同）

斎藤は「エヴァ」が惹《ひ》き起こした「作家と物語、消費者と社会のそれぞれが、「承認」をめぐってシンクロし続けると言う事態そのものが、一回限りの奇跡」だったのだと述べる。その通りだと思う。異論はない。だが、私がしたいのは、ここでいわれる「奇跡」的な「事態」、ひとりの人間の「私小説」でありながら、同時に「時代」や「社会」や「状況」のヴァルネラビリティを抉《えぐ》り出す「歴史的ドキュメント」でもありえたという「エヴァ」の極めて独特なありようを、庵野秀明という特権的な存在と空前絶後の「奇跡」に回収するのではなく、そこから導き出されること、そこから考え始めることの出来るさまざまな思考や思索や思弁へと思うさま開いてみることなのである。それはことによると、庵野秀明とは無関係にも思えるような思いがけない領野へと広がってゆくかもしれない。でも私は、それをやってみたいのである。

斎藤環の『シン・エヴァンゲリオン』論について、あと二点だけ述べておきたい。ひとつは「メタ・ビルドゥングスロマン」にかんしてである。ここでの「メタ」は二種類の「外部」によって駆動されている。「現実」と「市場」である。「現実」とは文字通りの現実、『シン・エヴァンゲリオン』のラストがいきなり山口県宇部の実景になってしまう強引なまでの「リアル」の侵入を指している。「市場」は「エヴァ」という膨大なコンテンツの複合体の商業的かつ文化的な需要＝消費＝流通と、それらを支えるファンダム、そこで行き交う言説や行動などの生態系のすべてを含む。「ビルドゥングスロマン」は、かつて日本では「教養小説」と訳されていたが、それでは今は意味が伝わらない。原語はドイツ語の「Bildungsroman」で、Bildungは「教育」だが、学校教育というよりは、人生における（他者とのかかわりを通した）自己形成を描いたロマン＝小説ということである。ゲーテの『ヴィルヘルム・マイスター』やトーマス・マンの『魔の山』、ヘルマン・ヘッセの『デミアン』、シュティフターの『晩夏』などがビルドゥングスロマンの代表的な作品とされている。転じて現在は、おおよそ「主人公が何らかの試練を経て成長する＝大人になるまでを描いた小説」がなかば自動的にビルドゥングスロマンと呼ばれているのだが、このざっくりとした定義に沿えば「エヴァ」は紛れもないビルドゥングスロマンだと言える。成長小説、成熟小説ということなのだから、ことは本論の主題にかかわってくる。

だが、ここでは「メタ」のほうにこだわっておきたい。「エヴァ」が碇シンジのビルドゥングスロマンだとして、果たして右のような要素をもってメタと言い得るのだろうか。確かに「外部」の介入という点ではそうなのだが、メタという語が（外部／上位の概念＝事象による）相対化という意味を多少とも帯びていることを考えると、「エヴァ」、とりわけ『シン・エヴァンゲリオン』の結末で起きていることは私にはそうとは思えず、むしろ「アンチ」という語を冠したくなってくる。これはけっしてシンジが成長していない、成熟などしなかった、と言いたいわけではない。そうではなく、私には「エヴァ」が、ビルドゥングスロマンを相対化するビルドゥングスロマンというよりも、もっと単純な意味でビルドゥングスロマンの否定＝不可能性としてのビルドゥングスロマンだと思えるのだ。「成長」を拒絶する成長譚《せいちょうたん》。「成熟」を放棄する成熟譚。だから「メタ」より「アンチ」のほうがふさわしい。

より敷衍《ふえん》して、かつ誤解をおそれずに言うと、私は庵野秀明には「メタ」という志向＝思考は存在しないと思っている。「山口県宇部新川駅」は「メタ」ではない。だからそれは「外部」でもない。あそこで起こっていたのは、物語の、舞台の外部にある「現実」が忽然《こつぜん》と出現した、すなわち「エヴァ」の世界が破（ら）れて「リアル」に抵触した、ということではない。むしろその逆である。あれは現実の「山口県宇部新川駅」でさえも「物語」の内部に取り込もうとする——まさにEVA初号機が碇ユイを取り込んだように——獰猛《どうもう》にして貪欲な「エヴァ」の欲望のなせる業であったのだ、と私は思っている。

このことにかかわって、もう一点は「夢オチ」について、である。斎藤はそう考える理由として「メタレベルへの上昇と、紡がれてきた物語の全面否定」を挙げている。つまり「山口県宇部新川駅」の映像で終わることによって、それ以前の「エヴァ」の物語が何もかも一種の「夢」であったとされる、ということである。だが、すでに述べたように「エヴァ」を「メタ」だとは考えない私としては、この解釈には同意しない。

夢とは、現実ではなかったこと、誰かの頭の／心の中でしか起こらなかったこと、いわば無意識の内部で上映される映画の断片のようなものである。今まで観ていたのが「夢」だったという事実は、端的に「目が覚める」ことによって認識される。「夢」から「現実」へと脱出／回帰することによって。だとすれば問題は、あの「山口県宇部の映像」が「現実」であると考えられるのか、考えていいのか、ということになるだろう。そしてこれは、仮に「宇部」を「現実」だと認めるとしても、そのことによって、それ以前の膨大なアニメーションによる物語が、実に四半世紀にわたってどうしても覚めることが出来なかった「夢」——それは一般に「悪夢」と呼ばれる——だと考えられるのか、そう考えていいのか、という問題でもある。私には、ここには極めて重要な論点が隠されていると思える。

私は二〇一一年の末に『未知との遭遇　無限のセカイと有限のワタシ』という奇妙な題名の本を出版した。色々なことが書かれた本だが、その後半に、本谷有希子《もとやゆきこ》の演劇作品の分析を通して、こんにちの「現実」と「妄想」の関係性を問い直し、スラヴォイ・ジジェクの議論に繋げていくパートがある。もとは非常に長いのだが、出来るだけ端折《はしょ》って理路を再現すると、まず「劇団、本谷有希子」の『ファイナルファンタジックスーパーノーフラット』という舞台の物語を記すところから私は始めている。

この作品の主人公・トシローは、自殺志願者の女たちに、ユクという彼にとっての理想の恋人、今はもういない（と彼は思っている）女性のふりをさせて、いわば本気の「ごっこ遊び」のような日々を送っている。しかし彼は実のところ、そのようなけっして果たされることのない欲望充足的な「妄想」の中で生きることに限界を感じてもいる。でもだからといって本谷有希子は単に、オタクの皆さん脳内恋人じゃやっぱりダメだよ、それじゃあツラいでしょう、もう「現実」に還りなさい、と叱咤激励しているわけでもない。（略）

本谷有希子がやっていることは、もっと複雑で、かつ繊細です。単純に「妄想」と「現実」のどちらかに軍配を上げるということではない。この作品が提示しているのは、通り一遍の意味で「現実に還れ」「大人になれ」というメッセージではない。酷薄な「現実」に拮《きっ》抗《こう》し得るような甘美な「妄想」を、ひとは時としてどうしても必要としてしまう、ひとは自ら「妄想」を生み出し、それを手放すことができなくなることがある、ということをちゃんと引き受けた上で、しかしそれでもなおかつ、ひとは「妄想」のみに生きることもできないし、たとえできたとしても、それはもはや幸福ではない、ということも同時に述べているのです。

つまり「妄想バンザイ」でも「現実バンザイ」でもなく、どっちも人間には必要なのだけれども、どちらにも良い面と良くない面がある、という、ごく当たり前のようだけれども、しばしば忘れられてしまいがちな真理が、この作品のメッセージだと僕は思います。「現実派」に対しては「妄想」の不可避を擁護し、「妄想派」に対しては「現実」の不可避を説く。そうせざるを得ないということ。このダブルバインド自体が、この作品では描かれています。つまり「現実／妄想」という二項対立が孕《はら》み持つ可能性と、その限界、その構造自体が有する不可能性そのものを、本谷有希子はおそらく身をもってわかっている。だからこういう作品になるのだと思ったのです。

（『未知との遭遇』）

「「アンチ現実」としての「妄想」の先にあるもの、そして同時に「ポスト妄想」としての「現実」の先にあるもの、その両方を同時に本谷さんは何とか摑《つか》もうとしている」と私は続けている。だがこのあと、これだけでも秀逸な『ファイナルファンタジックスーパーノーフラット』の物語は、主人公トシローにとって更に残酷な、だが同時に幸福な展開となる。遊園地で共同生活を送る女たちが演じている「ユク」は、トシローが一度だけデートした、死んでしまった女ということになっている。亡きユクの立ち居振る舞いや喋り方を女たちに教える教育係の中年女性「縞子」にトシローはひどく冷たく接している。しかし驚くべきことに、実は縞子がユクだったのだ。かつて縞子はユクという架空の女性に扮してトシローと恋愛関係になったが、演じ切れなくなり、仕方なしに死んだことにしてしまった。つまり、もともと存在してさえいない「縞子が演じるユク」にトシローは恋をしたのだ。そして今のトシローは縞子に「お前がユクを殺したのだから責任を取ってユクをもう一度作り出せ」と強いているのである。しかも話はここでも終わらない。芝居が進むにつれて、トシローは本当は（ユクではなく）縞子を愛していることがわかるのだ。縞子もトシローを愛しているがゆえにカルトまがいの常軌を逸した行為を手伝っている。トシローは自分の気持ちを薄々自覚しているのだが、だからこそ、それをどうしても認めるわけにはいかない。

「妄想」を持ち堪《こた》えさせる方が辛くなった時には一体どうすればいいのか、という「オタク的想像力」のリミットを、この作品は絶妙に描いていています。ある登場人物がトシローに「こんな辛い妄想より、現実のほうがよっぽどいいでしょ。楽でしょ。現実に逃げちゃいなよ」と言う場面があります。それに対して偽のユクの一人が「フィクション作りあげるほうがどれだけ大変かわかんないから、そんなこと言えるんです！」と言う。トシローはユクという存在を信じているようで信じていない。信じていないようで信じている。彼の中では現実感覚が何重にもなっていて、一見すると彼は本気でユクの実在を信じ込んでいるようにも思えるのですが、ユクなど最初から居ないのだということがちゃんとわかっている彼もいる。

（同）

物語の最後でトシローと縞子は結ばれる。だが、それはトシローが「妄想」の「ユク」ではなく「現実」の縞子を選んだから、ではない。縞子はトシローにこう言うのだ。「今度は、ちゃんと騙《だま》しきります。死ぬまでずっとユクになりきります。……そしたら、それはもうユクといるのと同じでしょ？」「今度こそ絶対に理想のユク、演じてみせます」。そしてトシローも、それに応える。寄り添い合う二人。偽ユクのひとりが「その人は……ユクじゃないでしょ！」とツッコミを入れると、トシローは「うん。知ってる」と答える。

なんと複雑で感動的な物語だろうか。こうして書いているだけで思わず落涙してしまいそうになるが、この話が「エヴァ」論と深くかかわってくることはすでにおわかりだと思う。ちなみに『ファイナルファンタジックスーパーノーフラット』が初演されたのは二〇〇七年の六月で、『ヱヴァンゲリヲン新劇場版：序』初日の約三ヶ月前のことである。

これに続き、十年前の――『未知との遭遇』を書いていた――私は、ジジェクの『イデオロギーの崇高な対象』に話を向けている。ジジェクはもともとラカン派精神分析の理論家として出発した。有名な三つのシェーマ――世界の実体だが、それゆえけっして直に接することが出来ない「現実界＝リアル」、広義の「言語」による世界の把握である「象徴界＝シンボリック」、言語以外の（脳内）表象による「想像界＝イマジナリー」――と、それらが互い違いに組み合わされた「ボロメオの環《わ》」がラカン理論の基盤だが、ジジェクは三すくみと言いつつも三つの「界」の重要度は時代とともに変化してきたと述べている。ひと言でいえば、「現実界＝リアル」の浮上である。

ジジェクはこう言っている。「ラカンの〈現実界〉の逆説は、それが〈「実在する」、実際に起きる、という意味では〉存在していないにもかかわらず、一連の属性をもっていて、構造的因果関係を動かし、主体の象徴的現実において一連の効果を生み出す、ということである」。このことを説明するために、シネフィルでもあるジジェクはアルフレッド・ヒッチコックの有名な「マクガフィン」を持ち出す。マクガフィンとは、実際には何の意味も価値もないのに、物語を運ぶ重要な駆動因となる小道具のことである。

これ〈引用者注：マクガフィン〉は純粋な口実で、その唯一の役割は物語を動かすことだが、それ自体は「何でもない」。マクガフィンの唯一の意義は、それが登場人物たちにとってなんらかの意味をもっている――彼らにとって決定的重要性を持っている――ように見えなくてはならない、という事実の中にある。最初の小話は有名だ。二人の男が汽車に乗っている。ひとりが尋ねる。「網棚の上の包みは何だね」「あれかい、あれはマクガフィンさ」「マクガフィンって何だい」「スコットランド高地地方《ハイランド》でライオンを捕まえる道具さ」「でも、高地地方にはライオンなんかいないぞ」「そうか、じゃあ、あれはマクガフィンじゃないな」。もっと核心を突いた別のヴァージョンもある。他は右の小話とまったく同じだが、最後の答えだけが違う。「この道具がどんなに効果的か、わかっただろ」。これがマクガフィンだ。純粋な無でありながら、それにもかかわらず効果的なのである。わざわざ付け加えるまでもないが、マクガフィンはラカンのいう〈対象a〉――欲望の対象‐原因として機能する純粋な無――の最も純粋な例である。

（『イデオロギーの崇高な対象』／鈴木晶訳）

「それは〈現実界〉的対象の最も正確な定義であろう。それ自体は存在せず、一連の効果の中にのみ現存するが、つねに歪められ、置き換えられてあらわれる、ひとつの原因である。〈現実界〉が存在不能だとしても、効果を通してその不可能性を捉えなくてはならない」とジジェクは続けている。つまり、ユクとはマクガフィンである、と私は思ったのだ。

ジジェクは、二〇〇一年九月十一日に起きたアメリカ同時多発テロ事件を論じた『「テロル」と戦争〈現実界〉の砂漠へようこそ』の中で、一見アクロバティックにも思える、だが今からすると極めて説得的な「9・11」への認識を披露している。

世界貿易センター攻撃は私たちの幻想的な球域を粉微塵に粉砕した〈現実界〉の侵入であるといった理解を導き出す標準的な読解はひっくり返されねばならない。それとはまったく正反対に、次のような読解が必要とされている。九月一一日以前の私たちは、第三世界における恐怖を自分たちの社会的現実には無縁の何か、(テレビ)スクリーンに映し出される(自分たちにとっては)亡霊のような幻として存在している何かと思える、そうした現実に生きていた。だが九月一一日以降は、そうしたスクリーン上で幻のように見えていた亡霊が現実に入り込んできたのだ。現実が私たちのイメージに入り込んできたのではない――イメージが私たちの現実に入り込み、私たちの現実(すなわち、私たちが現実として経験することを決定してくれる象徴的座標軸)を粉微塵に粉砕したのだ。九月一一日以降、世界貿易センター崩壊に似たシーンを――高層ビルが火に包まれていたり攻撃を受けているといった、テロリストの行動を暗示する作品――撮った多くの大作の公開が見送られた（あるいは、お蔵入りにさえなった）という事実は、こうして、世界貿易センター崩壊のインパクトの原因であった幻想的な背景の「抑圧」と解釈されねばならない。

（『「テロル」と戦争』／長原豊訳）

二機の旅客機が高層ビルに激突する、テレビやネットに繰り返し映し出された映像は、あまりにも圧倒的にリアルなものだった。それは「イメージ」の内部に「現実」がとつぜん露出した、ラカン的に言えば「想像界」に「現実界」が侵入してきた、と思ってしまいがちだが、しかしそうではない、とジジェクは言う。「イメージ」に「現実」が侵入したのではなく、「現実」の方に「イメージ」が侵入してきた、そう考えるべきなのだ、と。「日常的な生活で私たちは（ファンタジーによって構造化され、支持されている）「現実」に惑溺してしまっている。そしてこの惑溺が、私たちの精神における別個の抑圧されたレヴェルがこの惑溺に抵抗するという事実を証立てる徴候によって、攪乱されるのである。したがって「ファンタジーの横断」とは、ファンタジーと自己との完全なる同一化を逆説的に意味しているのだ――言い換えれば、日常的現実における私たちの惑溺に抵抗する過剰を構造化するファンタジーと自己との完璧な同一化を」（引用者注：訳語を一部変更した）。こうして、「現実」に向き合わないために「妄想」や「虚構」が必要とされるのではなく、「現実」に向き合わないために「現実」が必要とされる、という倒錯した事態が生じてくる。

こう考えてみると、本谷有希子の『ファイナルファンタジックスーパーノーフラット』に描かれていたのは、単純な意味で「ユク＝妄想」と「縞子＝現実」の二項対立ではなかったことがわかる。トシローにとっては理想の恋人である「ユク」を追い求めることが、今や必死で維持されるべき、だが同時に——にもかかわらず？　それゆえに？——耐え難くもある日常、すなわち「現実」になってしまっている。いわば「ユク」とは「想像界」から借り受けられた「現実界」の支え石のようなものなのだ。そして「縞子」が「現実界」を揺るがす「想像界」からの一撃なのである。だが現実には「縞子」の方がリアルな存在であり、結局のところ架空のキャラでしかない「ユク」とは違う。しかし両者は実は同一の存在なのである。なんという複雑さだろうか。

本谷有希子の演劇とスラヴォイ・ジジェクの議論が教えてくれるのは、まとめれば次のようなことである。「妄想」から脱出して「現実」に向き合え、というメッセージ＝命令に従うことが出来ない、ということが問題なのではない。むしろ「現実」に向き合おうとする意志や行為こそが、かつては「妄想」と呼ばれていた領域が果たしていた機能を代替している、ということが問題なのだ。二〇一一年末の自著で、私はこう指摘した。

ここでやっと「エヴァ」に話を戻すが、だから私は『シン・エヴァンゲリオン』の結末にモヤモヤを抱いたのである。だが、もうひとつだけ、先に述べておきたいことがある。

3　『ニッポンの思想』と庵野秀明

私は二〇〇九年に『ニッポンの思想』という新書を発表した。題名の通り、日本のいわゆる「現代思想」の歴史を書いたものだが、そこで私は、内容を新書サイズに収めるために、あらかじめ二つの条件を自分に課した。第一に、私自身が同時代に触れることが出来た「思想」に話を限定すること。したがって同書は一九八〇年代から執筆時の二〇〇〇年代末までを扱っていた。第二に、言及する思想家を絞り込むこと。網羅的な記述を目指すのではなく、「登場人物」を敢えて減らすことによって、各人について或《あ》る程度詳しい紹介をすることと、時代的な連続・連携関係を見えやすくしたいという狙いがあった。こうして『ニッポンの思想』は、一九八〇年代＝浅田《あさだ》彰《あきら》、中沢新一《なかざわしんいち》、蓮實《はすみ》重彥《しげひこ》、柄谷行人《からたにこうじん》、一九九〇年代＝大塚英志《おおつかえいじ》、福田《ふくだ》和也《かずや》、宮台真司《みやだいしんじ》、二〇〇〇年代＝東《あずま》　浩紀《ひろき》という計八人の「思想」をコンパクトに論じたものとなった。同書は刊行から十四年を経た二〇二三年十二月に『増補新版　ニッポンの思想』として文庫化された。その際、新書版からのタイムラグを埋めるために新たに二章を追加し、二〇一〇年代以降を代表する人物として國分功一郎《こくぶんこういちろう》と千葉《ちば》雅也《まさや》を挙げた。この文庫版によって、私の『ニッポンの思想』の歴史は、ひとまず現在に辿り着くことが出来たと考えている。

私は「庵野秀明」を論じることで、『ニッポンの思想』を別の角度から書き直すことが出来るのではないか、と考えている。「庵野秀明」は、そういうことがじゅうぶんに可能な対象だと私には思える。だが、ここまでの記述でも明らかなように、それは必ずしも「庵野秀明」が天才であるがゆえではない。庵野はまぎれもない天才だが、私が書きたいのは「天才神話」ではない。これは『ニッポンの思想』の内容ともかかわることだが、かつて柄谷行人が自負と矜持《きょうじ》を露骨に覗かせつつ言い放ったように、日本においては少なくとも或る時期以降（そしておそらく或る時期まで）は「批評」それも「文芸評論」と呼ばれる分野が、実質的に「思想」の役割を果たしてきた。なぜ、そうなったのか（そしてなぜ、それが終わったのか？）は歴史的な考察が必要だろうが、ともかく私は「文芸評論」のスタイルで「庵野秀明とその時代」を論じることが『ニッポンの思想』の一種のリライトになるという、そこはかとない、いや、確かな予感がしているのである（そして付け加えれば、それは『未知との遭遇』の「リライト」にもなることだろう）。

「エヴァ」について、「庵野秀明」について、語ったり評したり論じたりしてきた／している「思想家／評論家」はもちろん大勢いる。私は――先の斎藤環のように――適宜それらを参照したり言及したり、時には論難したりもするかもしれないが、それだけではなく、表面的には「エヴァ」とも庵野ともまるで関係がないように見える言説も必要に応じて取り上げることになるだろう（すでにジジェクがそうだが）。庵野秀明の作品世界を総体的に取り上げるつもりだが、場合によっては、思いがけず横道に逸れてゆくことだってあり得るし、むしろ私自身、そういう想定外の事態を期待しているのだ。

4 逃げるは恥だが役に立つ？

「逃げちゃ駄目だ、逃げちゃ駄目だ、逃げちゃ駄目だ、逃げちゃ駄目だ、逃げちゃ駄目だ……」と、碇シンジは言った。一九九五年のことである。

それから遡ること約十年、浅田彰は『逃走論』（一九八四年）の冒頭に、次のように書いた。

男たちが逃げ出した。家庭から、あるいは女から。どっちにしたってステキじゃないか。女たちや子どもたちも、ヘタなひきとめ工作なんかしてる暇があったら、とり残されるより先に逃げたほうがいい。行先なんて知ったことか。とにかく、逃げろや逃げろ、どこまでもだ。

この変化を軽く見てはいけない。それは一時的、局所的な現象じゃなく、時代を貫通する大きなトレンドの一つの現われなのだ。そこで、この《大脱走》現象をできるだけ広いパースペクティヴの中で眺めてみることにしよう。

（「逃走する文明」『逃走論——スキゾ・キッズの冒険』）

この文章が雑誌「BRUTUS」に掲載されたのは一九八三年だが、同じ年に浅田はフランス現代思想における構造主義からポスト構造主義に至るプロセスを独自の視点から論じたデビュー作『構造と力』が大ベストセラーとなり、相前後して登場した中沢新一らとともに「ニュー・アカデミズム」の担い手として脚光を浴びた。『構造と力』が理論編だとすれば『逃走論』は応用編・実践編である。ほとんどが大学紀要などに発表した論文から成っていた前著とは違い、『逃走論』は「BRUTUS」をはじめとする若者向け雑誌や一般誌、カルチャー誌などに寄稿したエッセイをまとめた本だった。当時浅田は二十七歳、新進気鋭の若き思想家が、同世代と、より若い世代へと向けて熱く語ったアジテーション的色彩の濃い書物である。そのイントロダクションというべき「逃走する文明」で浅田は右のごとく「逃げること」を強く肯定してみせた。

浅田の言う「逃走」は、ジル・ドゥルーズとフェリックス・ガタリの「逃走線」に由来する。ドゥルーズ＋ガタリ（D＋G）は「資本主義と分裂症」という総題の巨大な二部作『アンチ・オイディプス』（一九七二年）と『千のプラトー』（一九八〇年）において多数の概念＝造語を案出したが、逃走線もそのひとつである。独特のイディオムと華麗極まるレトリックを駆使しておそるべき速度で饒舌に語られるD＋Gの思想をここで詳しく紐解《ひもと》くことは出来ないが、『構造と力』での整理をざっくりと述べてみるならば、組織、社会、共同体、国家などといった人間どもの集合はやがてある種の「構造」を形成していくが、安定することによって崩壊や衰亡へと至らないためには、何らかの意味で「構造」を脱構築し動態化して絶えずアップデートしていくこと、最終的には「構造」それ自体を解体し揚棄《ようき》することが求められる。D＋G、そして浅田彰は、これを「コード化→脱コード化→超コード化」というプロセスとして図式化した。より精確にいえば、脱コード化のあと、そのまま超コード化に向かうのではなく、それらはコード（構造）へと回収され、また脱コード化する／される、この循環＝回転運動の只中から超コード化が立ち上がってくる。このような回路を『構造と力』の浅田は「クラインの壺」で図示した（これに対しては山形浩生《やまがたひろお》などによるよく知られた批判があるが、ここでは踏み込まない）。

逃走線とは、こうした一連の「脱領土化」のために要請される無数のベクトルの謂《いい》である（と思う）。とはいえそれは、理論的な用語というよりもたぶんに（こう言ってよければ）感覚的なワードであり、厳密な定義はどこでも為されていない。むしろ一種のスローガンとして、直観的なイメージとして理解するべきだろう。その「感じ」を受け取るためには、最初は独立したテクストとして発表され、追って『千のプラトー』の序章に置かれたテクスト「リゾーム」を読んでみればよい。そこにはこんな一節がある。

一にも多にもなるな、多様体であれ！　線を作れ、決して点を作るな！　スピードは点を線に変容させる！　速くあれ、たとえ場を動かぬときでも！　幸運《シャンス》の線、ヒップ《アンシュ》の線、逃走線。

（『千のプラトー』／宇野邦一ほか訳）

もう少し親切な説明が必要ならば、フェリックス・ガタリによる以下の発言ではどうだろう。『記号と事件　1972─1990年の対話』に収録されている『アンチ・オイディプス』にかんするインタビューの中で、ガタリはたとえ「革命」が達成されたとしても、やがてはそれもまた利益の独占と階層秩序を、すなわち「権力」の一極化を招き寄せざるを得ないということを指摘したあと、こう語っている。

このような権力のファシズムに、ぼくたちは活発で積極的な逃走線を対置する。逃走線は、欲望とか、欲望の諸機械につながり、欲望に満ちた社会の領域を編成するわけだからね。それは自分から逃げ出したり、「個人」の逃走を実践することではなくて、水道管を破ったり腫れ物をつぶすのと同じように逃走の水漏れをひきおこすことなんだ。流れを一定方向に誘導し、せきとめようとする社会的コードがあったなら、それをくぐりぬけるような流れをつくること。抑圧に対抗して欲望の措定をおこなえば、その措定がいくら地域的に限定され、微細なものであったとしても、やがては資本主義システム全体を巻き込み、システム自体が逃走の水漏れをおこすようにしむけることができるはずなんだ。

（『記号と事件　1972―1990年の対話』／宮林寛訳）

われわれにとって重要な点は、D+Gに『アンチ・オイディプス』と『千のプラトー』を書かせたのが「六八年五月」の出来事であったということである。「五月革命」のインパクトを思想的に昇華するために、哲学者と精神分析家は出会い、共闘して、トータルで十年を優に超える長い歳月を費やして、途轍もなく分厚い二冊の本を書いた。この意味で何よりもこの二著は政治的な書物であり、革命を希求する書物である。言い換えれば、明確に「政治の季節」であった六〇年代という時代の産物（遺物?）だったということである。「逃走線」もまた然り。よくある言葉遊びをすれば「闘争」としての「逃走」という主張（?）は、フランス現代史の一時期における社会的・政治的な「運動」と切っても切れないものだったのであって、D+Gの著作においてどれほど高度に抽象的な議論が成されていたとしても、それは間違いなくそうだったのだ。

ところで誰もが知るように、浅田彰がD+Gの思想を紹介した八〇年代初期、日本は戦後最高の好景気を迎えつつあった。高度経済成長からバブル経済へと向かう流れは、この時点で準備されていた。それは経済的な側面だけではなく、文化的な事象にも多大な影響を及ぼした。そもそも「ニューアカ」という流行現象も、この時代だからこそ生じたものだったというべきだろう。もちろんインターネットはまだ気配さえ存在していなかったが、メディア環境は急成長の過程にあり、テレビや新聞・雑誌は「大衆」と呼ばれる層を変質させ、ポスト消費社会化が進行し、いわゆる広告文化が急速に台頭していた。まったく、あの頃は毎日がお祭りだった。そして浅田彰もまた、その祭りの立役者のひとりとなっていったのだった。

何が言いたいのかというと、浅田彰の「逃走」は、D＋Gの「逃走線」に出自を持ちながらも、もともとのそれとは時代的・状況的なコンテクストがまったく異なっていたのである。同じ語であっても文脈が違えば、その意味するところやエフェクトは違ってくる。敢えて単純化して言ってしまうなら、資本主義への根底的な批判（コミュニズムとは異なる仕方で）を志向したD＋Gの「逃走（線）」は、八〇年代のニッポンでは、むしろその楽観主義的な受容、積極的な肯定として受け取られたのである。

もちろん浅田の真意がそこにあったとは思わないが（彼はその後、左翼的なスタンスをより露わにしていく）、端的に言って浅田の「逃走」は同時代の日本社会を否定するものにはならなかった。確かに浅田は旧態依然たる日本の家族や会社のシステムを槍玉に挙げはした。だが、浅田が顕揚した「逃走」は、そのシステムによってこそ可能になるものだったのだ。要するにそれは「逃げても大丈夫」という恵まれた状況を前提にしていたのである。

逃走には二つのトポスがある。どこから逃げるのか？　どこへ逃げるのか？　逃走を可能にする条件は、日本が最も豊かだった時代において、「六八年五月」のフランスとも、むろん現在のこの国とも違っていた。逃げなくてもいいからこそ逃げられるのだし、そして実際、逃げ場所はいくらでもある、そんな好条件下での「逃走」のススメは、ライフ・スタイルの問題にはなっても「生存」の問題にはならなかった。

『逃走論』のマニフェストというべき論文で、浅田はこう書いている。

誰もが相手より少しでも速く、少しでも先へ進もうと、必死になっている社会。各々が今まで蓄積してきた成果を後生大事に背に負いながら、さらに少しでも多く積み増そう、それによって相手を出しぬこうと、血眼になっている社会。これはいささか病的な社会だと言わなければならない。ドゥルーズ＝ガタリにならって、このような社会で支配的な人間類型をパラノ型と呼び、スキゾ型の対極として位置付けることにしよう。

パラノ型というのは偏執型《パラノイア》の略で、過去のすべてを積分＝統合化《インテグレート》して背負いこみ、それにしがみついているようなのを言う。パラノ人間は《追いつき追いこせ》競走の熱心なランナーであり、一歩でも先へ進もう、少しでも多く蓄積しようと、眼を血走らせて頑張り続ける。他方、スキゾ型というのは分裂《スキゾフレニー》型の略で、そのつど時点ゼロにおいて微分《ディファレンシエート》＝差異化しているようなのを言う。スキゾ人間は《追いつき追いこせ》競走に追いこまれたとしても、すぐにキョロキョロあたりを見回して、とんでもない方向に走り去ってしまうだろう。

言うまでもなく、子どもたちというのは例外なくスキゾ・キッズだ。すぐに気が散る、よそ見をする、より道をする。もっぱら《追いつき追いこせ》のパラノ・ドライヴによって動いている近代社会は、そうしたスキゾ・キッズを強引にパラノ化して競走過程にひきずりこむことを存立条件としており、エディプス的家族をはじめとする装置は、そのための整流器のようなものなのである。（「スキゾ・カルチャーの到来」『逃走論――スキゾ・キッズの冒険』）

ここで提示された「スキゾ」と「パラノ」はメディアにこぞって取り上げられ、その年に新設されたばかりの第一回「新語・流行語大賞」に入賞した。『逃走論』の副題の「スキゾ・キッズ」も、当時のイケてる若者の代名詞となった。浅田は、パラノ型を戦後日本の経済成長を支えてきた勤労と競争原理を是とする「企業戦士」、スキゾ型をそうした会社的社会によって強いられる桎梏《しっこく》から逃れ出て自分の好きなように生きる自由人と、あからさまに二項対立させることで、後者をこれからの若者世代の新しい生き方として強く推奨してみせた。街にはスキゾ・キッズを自認するオシャレなボーイズ&ガールズが溢れ出ることとなった。これも浅田のせいではなく、単なる現時点からの後出しジャンケンでしかないが、彼の言うパラノとスキゾは、一見対立しているように見えても、どちらも戦後最大の好況期という時代の条件に支えられていた。ニッポンの資本主義の更なる成長、たとえそれが暴走と呼ばれるものだったとしても、それが止まることだけはまずありえないという認識が、この文章からは窺える。ここには、全力で走り続けるか、とんでもない方向に走り去るか、の二択しかなく、減速するとか立ち止まるという選択肢は示されていないのである。「スキゾ型」は、今ならば発達障害かＡＤＨＤにされてしまうだろう。時代は、社会は、ものすごく変わってしまったのだ。

「スキゾ・カルチャーの到来」は、こんな文章で終わっている。

　一定方向のコースを息せききって走り続けるパラノ型の資本主義的人間類型は、今や終焉を迎えつつある。そのあとに来るものは何か。電子の密室の中に蹲《うずくま》るナルシスとありとあらゆる方向に逃げ散っていくスキゾ・キッズ、ソフトな管理とスキゾ的逃走。そのいずれが優勢になるかは、まさしく今このときにかかっているのである。（同）

周知のように、その後も日本経済はますます爛熟《らんじゅく》を極め、空前の好景気は九〇年代初頭のいわゆる「バブル崩壊」まで続くことになる。浅田が「逃走」をブチ上げてから五年後の一九八九年の流行語大賞には、栄養ドリンクのCMのコピーである「24時間タタカエマスカ」が入賞する。浅田の号令も虚しく、残念ながらスキゾがパラノを乗り越えることはなかった。むしろ両者は九〇年代以降、ニッポンの資本主義の果てしない凋落《ちょうらく》に合わせて、ともに仲良く朽ち果てていくことになる。一言でいえば『逃走論』の「逃走」にはセーフティネット（の必要性）という考えがまったく存在していなかった。しかし三度繰り返すが、それは浅田の非ではなく、そういう時代だったのだ。

多くの論者が指摘しており、私自身の実感も同じだが、九〇年代に入り、バブル経済が崩壊したとされてからも、こと広義の「文化」にかんしては、まだまだ「八〇年代」の延長線上にあった。たとえば東京芝浦にあった巨大ディスコ「ジュリアナ東京」は一九九一年の開業で九四年まで営業していた。ボディコン姿の女性たちがお立ち台で舞い踊る姿はテレビでも盛んに取り上げられた。日本の音楽ソフト市場は九〇年以降、年々膨張し続け、一九九八年に最高値を記録することになる（そしてそれ以降は現在まで右肩下がりとなっている）。だがそれでも、ちょうどディケイドの折り返しに位置する「一九九五年」が転換点であったことに異を唱える者はいないだろう。特にこの年に起こった阪神・淡路大震災とオウム真理教による地下鉄サリン事件が、無理やりにでもバブルの残り香を嗅ごうとしていた日本社会を挫《くじ》けさせたことは疑いない。

そしてこの年の十月に『新世紀エヴァンゲリオン』は放映が開始されたのだった。碇シンジが「逃げちゃ駄目だ、逃げちゃ駄目だ、逃げちゃ駄目だ、逃げちゃ駄目だ……」と自分に言い聞かせたのは、その第一話でのことだった。

非常に興味深い偶然、いやこれは偶然でもなんでもないのかもしれないが、『新世紀エヴァンゲリオン』が思いがけぬ大ヒットとなり社会現象化したのを受けて、雑誌「クイック・ジャパン」で組まれた特集記事を母体として編まれた二冊のムックは『庵野秀明　スキゾ・エヴァンゲリオン』『同　パラノ・エヴァンゲリオン』(以下『スキゾ』『パラノ』)と題されていた。一九九七年三月に公開された映画『新世紀エヴァンゲリオン劇場版　シト新生』のタイミングに合わせて出版されたものだが、庵野秀明のロング・インタビューやスタッフによる座談会などが収録されており、今となっては貴重な資料となっている。編者は『スキゾ』がノンフィクションライターの大泉《おおいずみ》実成《みつなり》、『パラノ』が編集家の竹熊健太郎《たけくまけんたろう》である(実際には二人とも両方にかかわっており、二分冊の書籍化にあたって名義を分けただけだと思われる)。大泉は一九六一年、竹熊は一九六〇年生まれ、庵野秀明は一九六〇年生まれなので、三人は同世代ということになる。浅田彰は一九五七年生まれなのでやや年上だが、だからこそ、いわば後輩の彼らがダイレクトな影響を受けたことは疑いない。

「ニューアカ」のブームに牽引されるようにして出現したセンス・エリート的な若者たち――浅田の言う「スキゾ・キッズ」――はメディアに「新人類」と命名されたが、新人類三羽ガラスとも呼ばれた中森明夫《なかもりあきお》（一九六〇年生）、野々村文宏《ののむらふみひろ》（一九六一年生）、田口賢司《たぐちけんじ》（同）も完全に同世代である。「新人類」というワードは、おそらく一九七九年に放映が開始された富野喜幸（現在の富野由悠季）総監督によるテレビアニメシリーズ『機動戦士ガンダム』に登場する「ニュータイプ」を淵源としている。ニュータイプ＝新人類は、単なる若者世代の呼称ではなく、それ以前の時代の若者たち――全共闘世代、シラケ世代など――とは明確に一線を画す新しい心性の持ち主として規定されていた。その「心性」がどのようなものであったか、あるいはどのようなものであるべきだとされていたのかは、浅田彰の「逃走」論で見た通りである。

一九九五年、かつての新人類は三十代半ばになっていた。当時の標準的日本人男性ならば働き盛りであり、すでに家庭（妻子）を持っている者も多い。エホバの証人の信者だったことから新興宗教を題材とする著作も多く、オウム真理教に潜入取材した経験も持つ大泉、成人向け自販機本の編集から出発し、相原コージとの共著『サルでも描けるまんが教室』（一九八九年～一九九一年）が大ヒット、サブカルの多方面で活躍していた竹熊（彼にもオウムを題材とする著作がある）を「標準的」とは言えないだろうが、ほぼ同い年の新進アニメ作家が作った一風変わったテレビアニメが日本全国にセンセーショナルな騒ぎを巻き起こした時、本来の守備範囲を超えて強い関心を抱いたことは想像に難くない。『エヴァ』の関連本に「スキゾ」と「パラノ」の二語を冠したのは、詰まるところ同時代的感性のなせる業である。『スキゾ』『パラノ』のインタビューでは、直接的に浅田の議論に言及されることはないが、庵野の個人史と経歴を追った『パラノ』には、次のようなやりとりがある。

竹熊 昔、彼女と別れたというのは、つまりケンカしちゃったわけですか。

庵野 ケンカもあります。あとは、自分が子供なんですね。女性にどうしても母親の部分を求めてしまう。それが重荷の人は、やっぱりダメでしょうね。

竹熊 やたらと世話を焼いてもらっちゃう？

庵野 もっと自分はタチが悪いんで。焼いてもらったらもらったで、鬱陶しいし。相手してくれなきゃ、してくれないで。

竹熊 ああ、母親だね。本当に（笑）。

庵野 僕、スキゾイドですからね。物事は全部オール・オア・ナッシングなんで、女性にはそこらがきついんでしょうね。

（『庵野秀明　パラノ・エヴァンゲリオン』）

これに続けて大泉が「でもスキゾ（分裂）だけじゃなくて、パラノ（偏執）の部分もあるじゃないですか」と言うと、竹熊が「仕事にのめり込む時は、もう完全にパラノイアで、ずっと覚醒して絵を描いたりしてるわけで。それで作業を離れるとスキゾ性みたいなものが出てくる」と続け、庵野は「まあ、気違いですね」と答える。芸術家は、おしなべてスキゾ的傾向を持っているものだと思うが、このくだりが興味深いのは、聞き手二人によるスキゾとパラノの二重人格的な庵野の人物評である。ひとりの人間がその両面を持ち合わせていることは珍しくはないが、庵野という人物の中では、スキゾとパラノが互いを補い合うというか反発しあっており、スキゾがパラノを打ち消しパラノがスキゾの足を引っ張るというようなことになっていて、むしろそれこそを「分裂」と呼ぶべきなのではないかとさえ思えてくる。

スキゾとパラノ、分裂と偏執、微分と積分、確かに戦後の復興期以降、日本社会は長らく「パラノ」だった。だが経済成長が上昇曲線を描いてピークを迎えることで、そこに「スキゾ」を許容する余地が生まれた。すでに述べたように、重要なのはスキゾがパラノに成りかわるものなのではなく、ある意味でパラノ的社会の副産物であったということである。それ以降、日本ではスキゾとパラノは――そのバランスはまちまちかもしれないが――共在してきた。庵野秀明のひととなりは、けっして例外的なものではない。むしろ彼の心的な（アン）バランスは、日本社会と日本人の無意識の似姿とさえ言ってもよい。

ここでようやく「逃げちゃ駄目だ」の話に移ろう。『パラノ』のインタビューによると庵野は『エヴァ』の前に撮るはずだった『蒼きウル』の企画が予算や制作面の不調によって頓挫《とんざ》したあと、もうよそからの話に乗るのではなく、自力でいちから新作を立ち上げるしかないと思ったと述懐している。竹熊に「「逃げちゃだめだ」っていうのは、そういうことなんですね」と問われると、彼は「まあそうです。自分で最初からやるしかない」と答えている。『エヴァ』の第一話でこの台詞が口にされるのは、だから庵野自身のアニメ作家としての宣言であったとまずは解釈することが可能だ。だがむろん、それだけではない。

同じく『パラノ』に収録されている「『エヴァンゲリオン』スタッフによる庵野秀明〝欠席裁判〟(後編)」において、キャラクターデザインを担当し、コミック版『新世紀エヴァンゲリオン』の作者でもある貞本義行が、アニメ版との違いについて、こんな発言をしている。

貞本 (略)最初のテーマから違うと思いますね。僕は「自分に正直に付き合いましょう」っていうテーマだから、「逃げちゃダメだ」じゃないんですよ。

竹熊 ああ、それでマンガ版では(「逃げちゃダメだ」の)セリフを変えてるわけですね。アニメの第一話では、シンジがエヴァに乗るにあたっての、非常に重要なセリフなんだけど。

貞本 〝逃げてもいい〟んですよ。庵野さんは思い詰めちゃうタイプだけど、僕はもうちょっといい加減だから。人間って逃げるもんでしょ、っていうのが（大前提として僕には）あるから。だって本当に辛くなったら逃げるし、逃げてもやっぱり、その人の生きる道ってあるわけじゃないですか。（同）

この流れで竹熊も「庵野秀明と言う人を語る時、ポイントはやっぱりあの「逃げちゃダメだ」って言葉になるんじゃないかと思うんですよ。彼の根底をつきうごかしている衝動というか、ほとんど強迫観念に近いものがあって」と述べているが、この指摘は鋭い。『エヴァ』第一話の「逃げちゃ駄目だ」は、その後、二〇二一年に『シン・エヴァンゲリオン劇場版』によって完結を見るまで四半世紀を超えて何度もやり直しを経ながら続いていくことになる長い長い物語の、最初の、そして最大のテーマのひとつであるからだ。

ここで問われるべきことは二つある。碇シンジが、それから庵野秀明が、仮に逃げなかったのだとして、それでどうなったのか？　それからもうひとつ、彼らは、ほんとうに逃げなかったのか？

あらためて『エヴァ』の第一話「使徒、襲来」を振り返ってみよう。時代設定は西暦二〇一五年（放映時から二十年後）である。（まだこの時点では説明がないが）二〇〇〇年に起こった大災厄「セカンドインパクト」によって人類の人口は激減していた。十四歳の少年、碇シンジは別居していた父親の碇ゲンドウに呼び出され、第3新東京市にやってくる。十五年ぶりに謎の敵「使徒」が現れ、国連軍は撃退に失敗、ゲンドウが司令官を務める特務機関NERVに全てが委ねられる。NERVは汎用人型決戦兵器エヴァンゲリオン（EVA）を密かに開発しており、ゲンドウはシンジをEVAの初号機パイロットにする目論見だった。あまりにも理不尽な父の命令をシンジは激昂して断る。するとEVA零号機のパイロットである綾波レイが重傷を負ったまま担架で運ばれてきて、ゲンドウは不甲斐ない息子の代わりにレイを出撃させようとする。「逃げちゃ駄目だ」とシンジが口にするのは、この時である。それに先立って、シンジの保護者的役割になる葛城ミサトはシンジに、父親から、自分自身から逃げては駄目だ、と言う。EVAに乗るべくふらふらと立ち上がったレイの傍らで、シンジは「逃げちゃ駄目だ」と何度も呟《つぶや》いたあと、意を決して「僕が乗ります」と言う。

補足しておくと、そもそもなぜシンジがEVAのパイロットに抜擢されたのか、そして初号機との「シンクロ率」が非常に高いのみならず、まだ乗り込んでもいないのに初号機が自動的に動いてシンジを事故から救うのは、いったいどうしてなのか、という疑問を視聴者は抱くことだろう。必ずしも明確に説明されるわけではないので推測の域を出ないが、実は初号機にはシンジの母親でゲンドウの妻である碇ユイが取り込まれており、それゆえにシンジとのシンクロ率が高く、だからゲンドウは息子を呼び寄せたのだと考えられる。そして綾波レイはもともとと碇ユイから作られた人造人間（？）なので、やはりEVAのパイロットには適任、というよりも、そのため（だけ？）に製造されたのだということになる。したがって、この時点では明示されていないものも含め、全ての設定は——本人の意志とは無関係に——碇シンジをEVAに乗せるべくお膳立てされていたのである。

『スキゾ』のインタビューで、庵野は『機動戦士ガンダム』の第一話の見事さ、完璧さについて、こんなことを述べている。「何の疑問もなく普通の少年が……いまから見れば、〝アムロ〟って普通じゃないけれど、いままでと違った熱血タイプじゃない普通の少年が、ロボットに乗り込むっていうのをすごく素直に見せているんです。あれには勝てなかった」「結局、なぜロボットに少年が乗るのかってことでダメだったんです。僕がとった方法論はとにかくわけがわからないうちに乗せてしまえってことですね。客が疑問を持つ前に乗せてから、アレよ、アレよと話が進んでしまう。それで終わらせるしかなかった。テンションの高いままでいきなり持っていくしかなかった。そうやってウヤムヤにして終わりにしてしまう」。

そう、なぜロボットに少年が乗ることになるのか、乗らねばならないのか、この点をいかにして解決するか、どう処理するか、どうやったら無理を承知で自然に見せられるのか、これこそ日本のロボットアニメに共通する特異な主題であり、物語が最初に直面する難問である。そして庵野は、いわばだまし討ちのような手口しか自分には持ち合わせがなかったのだと告白している。シンジは「逃げちゃ駄目だ」と言わなくてはならなかった。庵野は「逃げちゃ駄目だ」と言わせなくてはならなかった、そうする以外に手がなかったのである。

なぜなのか？　それはもちろん「なぜロボットに少年が乗るのか」に、ほんとうは答えなどないから、それが本質的に無根拠だから、に他ならない。身も蓋もないことを言ってしまえば、それは要するに「そうしないとアニメ（ドラマ）が始まらないから」という制作側の都合でしかない。だがそれでも何らかの説明はつけなくてはならない。それは普通にはありえないような異常なことであるから。なぜ、わずか十四歳の少年が人類の存亡のために自らの命を賭けて戦わなくてはならないのか。より一般化すれば、これは「若者を戦場に送ること」の正当性の問題になる。ここには幾つもの主題が胚胎している。大義の問題、正義の問題、ナショナリズム、生と死、若さ、強さ、弱さ、集団性、個、自己承認と自己実現、などなど。

ひとつ確実に言えることは、すでに『機動戦士ガンダム』の時点（一九七九年）で、少なくとも正義＝大義は絶対確実な理由にはならなくなっていたということである。富野も「なぜロボットに少年が乗るのか」という問いに向き合わなくてはならなかった。だがその時はまだギリギリなんとかなったのだ。偶然の重なりによるものとはいえ、アムロは自分の意志でガンダムに乗り込むことが出来た。むろんそこでの戦いも、もはや善悪や敵味方といった単純な対立軸で割り切れるものではなくなっていたが、それでもアムロは能動的に他者＝人類のために戦うことが可能だった。

だがシンジには戦う理由などない。彼は本気でイヤなのだ。ただただイヤなだけだ。そこには正義＝大義はこれっぽっちも残っていない。これは一九四一年生まれの富野と一九六〇年生まれの庵野の世代差によるものかもしれないが、それ以上に一九七九年と一九八三年と一九九五年の違いを表していると言ってよい。

シンジがEVAに乗るのは、ただ単に追い込まれてヤケになったからに過ぎない。勘違いしてはならない。「逃げちゃ駄目だ」にはヒロイズムは一切存在していない。シンジはミサトの「父親」と「自分自身」から逃げるなという言葉に応えたのではない。彼は「逃げちゃ駄目だ」と呪文のように何度も呟くことで自分を騙し、いや、騙したと思い込み、いや、騙したことにして、実際にはただ仕方なしにEVAに乗り込んだだけなのだ。そしてそれは、そうするしかなかったのであって、庵野の責任ではない。しかし庵野は、これを自分の責任だと思ったのである。ここにおそらく最初の躓《つまず》き、あるいは跳躍があったのだ。そして碇シンジは、その後も一度として、最後の最後まで、正義＝大義のために戦うことはないだろう。

こう考えてみると、『エヴァ』第一話の「逃げちゃ駄目だ」には、表に現れている以上の、きわめて複雑な意味合いが込められていたのだと思えてくる。それは第一に（あるいはそれ以前に）、もう自分の作品を撮ることから、自分の物語を語ることから逃げない、という庵野秀明の自戒と決意の表明であり、第二に、少年を無理やりロボットに乗せるため、シンジを彼にとってはほとんど無意味な戦いへと送り込むための口実、方便であり、そして第三に、それらを含んだ、もっと大きな意味での「逃走（の肯定）」への決別、あるいは断念の弁なのである。

逃げたくて逃げたくてしょうがないのだが、なのにもうどうにも逃げられない。なぜなら、もうどこにも逃げ場などないし、たとえ逃げても逃げたことにならないから。スキゾ・キッズたちのプレイ・グラウンドは、いつの間にかかき消えてしまっていた。一九九五年の「逃げちゃ駄目だ」は、浅田彰の言うパラノへの回帰ではない。それはむしろ、スキゾがスキゾとして持ち堪えられなくなった、スキゾでは生き残れなくなってきた時代の、悲痛ではあるが空疎な叫びなのであり、つまりほんとうは「逃げても無駄だ」という意味だったのである。

「逃走」という主題について、もう少しだけ付け加えておきたい。二〇一三年のことなので『ヱヴァンゲリヲン新劇場版：Q』（二〇一二年）よりも後になるが、ゆるめるモ！というアイドル・グループが「逃げろ!!」というタイトルの楽曲を発表している。作詞は小林愛《こばやしあい》。そこにはこんな言葉がある。

地獄みたい　きっと
明日は　もっと両手振って走り出せない

だから眠る　今日は逃げる
しかたないでしょ

ピンポ〜ン　突然やってきて
『見よあの空を　君の悩みなんて小さいよ！』
急に　肩を抱き寄せて
『見よ星空を　君のプライドなんて小さいぞ！』
悩み事の大きさは解決したら決まる
大きさなんかじゃなくない？　キャベツじゃない
「ある」のが苦しいの

地獄みたい　きっと
明日はもっと　私のことわかってくれない
ならば眠る　今日は逃げる
他に出来ないよ！

（「逃げろ!!」）

「エヴァ」を観てきた者なら誰もが知っているように、碇シンジは「逃げちゃ駄目だ」と言いつつ、その後に何度も逃げる。そして『Q』は十四年の眠りから醒めたシンジが、何度目かに逃げないことを選ぶ――それは渚カヲルの悲壮な覚悟に突き動かされてのことであり、明確に『新世紀エヴァンゲリオン』第一話の綾波レイとの場面の反復である――が、色々あってまたもや逃げるという物語である。だがシンジが逃げるのは、それが最後なのだ。ゆるめるモ！の「だから眠る　今日は逃げる」は、いわば「逃走」の肯定の否定の否定としての肯定である。ゼロ年代を通過し、テン年代に入り、あの東日本大震災と、それに伴うさまざまな出来事を経て、三十年前の浅田彰の論とはまったく異なるコンテクストと動機づけによって、ようやく逃げることは善しとされた。逃げてもいいのだ、と大手を振って（？）言えるように、言ってもいいようになった。それは「逃げちゃ駄目」も「逃げても無駄」も通用しなくなったから、でしかないのかもしれないが。

『シン・エヴァンゲリオン』で碇シンジはもはや誰からもEVAに乗れと強いられることはない（むしろ乗るなと言われる）。だがシンジは今度こそ自分自身の選択によってEVAに乗り込むのだ。しかしそこには屈折した直截《ちょくせつ》さとでもいうべき複雑な回路が働いているように思われる。そしてそれは庵野秀明の変化を示すものでもある。私たちはまた後で、この問題に戻ってくるだろう。

5 「成熟」の主題による迷走

『庵野秀明 スキゾ・エヴァンゲリオン』に、こんなくだりがある。

竹熊 （略）シンジ君が大人になる話ですよね、ホントは。

庵野 それは、僕が大人になるってことと同じですよね。シンジ君って昔の庵野さんなんですかって聞かれるんですが、違うんですよ。シンジ君はいまの僕です（笑）。一四歳の少年を演じるくらい僕はまだ幼いんです。どう見ても精神医学的に言うならオーラルステージ（口唇期）ですよね。メランコリーな口唇依存型。まあ、これは否定しようのない事実で、しかたがないことなんです。そこから前に進もうと思ってたんですが、それは結果として自己への退行になってしまった。袋小路ですね。

（『庵野秀明 スキゾ・エヴァンゲリオン』）

大人になること、すなわち「成熟」こそ「エヴァ」に通底する最大のテーマである。あらためて確認しておくと、このインタビュー時点の庵野秀明は三十代の半ば過ぎ。この後のやりとりでは、ここで語られていることは一種の比喩というか韜晦《とうかい》であって、しかるべき状況ではちゃんと「大人」として振る舞っていると受け取れる発言もあるのだが、しかしこれは本音だろう。シンジ君が大人になる話とは、庵野秀明が大人になる話ということでもあったのだ。では「大人になる」とは、どういうことなのか？

　庵野が右のように言う三十年前、ひとりの文芸批評家が一冊の書物を世に送った。江藤淳『成熟と喪失―〝母〟の崩壊―』（一九六七年）である。簡単に執筆の背景を記しておくと、江藤はロックフェラー財団の奨学金を得て一九六二年から六四年までプリンストン大学に留学（この時の体験は『アメリカと私』一九六五年に詳しい）、帰国後に日本の古典文学を題材とする「文学史に関するノート」の雑誌連載を行うも途中で打ち切り（一九八五年になって『近代以前』として刊行された）、一転して同時代の現代文学を論じる連載を開始した、それが「成熟と喪失―〝母〟の崩壊―」である。取り上げられている作家と作品は、安岡章太郎《やすおかしょうたろう》『海辺の光景』、庄《しょう》野《の》潤三《じゅんぞう》『夕べの雲』、小島信夫《こじまのぶお》『抱擁家族』、吉行淳之介《よしゆきじゅんのすけ》『星と月は天の穴』、遠藤周作《えんどうしゅうさく》『沈黙』など、いずれも「第三の新人」にカテゴライズされる小説家の代表作と言ってよい作品である。

　全体を通してのモチーフは題名と副題に明瞭に示されている。「成熟」と「喪失」、そして「母」の「崩壊」。論点を先取りして手っ取り早くまとめてしまえば、「母」の「崩壊」としての「喪失」（あるいは「喪失」としての「崩壊」）こそが「成熟」へと導くということだ。誰を？

これはもうはっきりと「男（息子）である私」を、ということにしかならない。批評対象が男性作家ばかりなのは、時代状況や当時の文壇のせいばかりではなく、要するに江藤が「男」であったからである。

江藤は「第三の新人」の作品について「それは「子供」でありつづけることに決めた「大人」の世界であり、どこかに母親との結びつきをかくしている」と言う。

ある意味では「第一次戦後派」から「第三の新人」への移行は、左翼大学生から不良中学生への移行だといえるかも知れない。もちろんこの左翼大学生である「第一次戦後派」は「父」との関係で自己を規定し、不良中学生たる「第三の新人」は「母」への密着に頼って書いたのである。

（『成熟と喪失―〝母〟の崩壊―』）

江藤は「海辺の光景」のラストシーンを例に挙げて、このことを説明してみせる。敗戦後、酷薄な現実によって「生活無能力者になってしまった父と、ひとりの「女」になってしまった母にかわって、住む家をさがして歩く息子」。その母親の臨終が描かれる。息子は母とのあいだに親密で緊密な結びつき、肉感的な、ほとんど近親相姦的（江藤は「incestuous」と英語で記す）と言える関係が築き上げられていると思っていた。ところが今際《いまわ》の際《きわ》に彼女が声に出したのは自分の名前ではなく「おとうさん……」だった。江藤はこの母の「拒否」を息子にとっての「解放」と呼んでみせる。「だがこの解放が、どれほど空虚なものであることか。彼にあれほど豊かな肉感的な世界を約束し、あれほどみずみずしい「自由」をふりそそいでくれた「母」が、今彼の内部から完全に失われた」。完膚なきまでの「母」の「喪失」。

それが「成熟」というものの感覚である。といって悪ければ、少くともここに人を「成熟」にみちびく手がかりがある。なぜなら「成熟」するとはなにかを獲得することではなくて、喪失を確認することだからである。だから実は、母と息子の肉感的な結びつきに頼っている者に「成熟」がないように、母に拒まれた心の傷を「母なし仔牛」に託してうたう孤独なカウボーイにも「成熟」はない。拒否された傷に託して抒情する者には「成熟」などはない。抒情は純潔を誇りたい気持から、(略)ナルシシズムから生れるからである。いいかえればそれは、母が自分の手で絶ち切ってしまった幼児的な世界の破片を、自分の掌のなかにいつまでも握りしめていたいという願望から生れる。しかし実は拒まれた者は決して純潔ではあり得ない。なぜなら拒否された者は同時に見棄てた者でもあるからである。(同)

「「成熟」するとは、喪失感の空洞のなかに湧いて来るこの「悪」をひきうけることである。

実はそこにしか母に拒まれ、母の崩壊を体験したものが「自由」を回復する道はない」と江藤は続けている。

タイトルまでパクっておいて今さら何を言うかと怒られそうだが、江藤がこう書いたのは半世紀以上も昔のことであり、本論にそのまま役立つとは思えない。当然だろう。それでも『成熟と喪失』を参照する理由は主として二つあり、その二つはある意味で相反している。まず一点目は、江藤淳の議論を召喚することによって、「日本的成熟」という問題をめぐる歴史性を、より長いタイムスケールで捉えることが可能になると思われるからである。そして二点目は、そうして抽出される（だろう）「成熟」を批判することが（今こそ）必要だと私が思っているからである。

『庵野秀明　パラノ・エヴァンゲリオン』のスタッフ座談会の中で、竹熊健太郎は「あれだけ〝目に見える壁〟として描いているはずの父親（ゲンドウ）が、なんか希薄なんですよ」「かわりにものすごく濃密なのが、〝母親のイメージ〟ですね」と述べている。これに先立って、貞本義行が『エヴァ』の企画段階の最終話の構成案が存在したことを証言している。それによると『エヴァ』のラストは、やはり庵野秀明が総監督を務めた『ふしぎの海のナディア』（一九九〇年〜九一年）の結末に酷似しており、「親父が「生きろ」とか言う」ものだったという。親父とは碇ゲンドウのことだろう。まったくそうはならなかったことは周知の通りである。つまり『エヴァ』は当初、父と子の葛藤を描く物語だとされていたようなのだ。それは第一話でミサトも父親との確執を匂わせることからもわかる。「エヴァ」のすべてが終わった現時点からすると、ひょっとすると最終的にそれはやはりそうだった（そうなった）のではないか、という気もしなくはないが、それでも構想の段階とはまるで違う話になってしまったことは確かだと思われる。スタッフ座談会では副監督の摩砂雪《まさゆき》の「親父がいつもネックになってるみたい。ストーリーの邪魔になって、どんどん脇道へ行ってしまうみたいな」という発言とともに、庵野が「ゲンドウいらない」と言い出したことが話題にされている。

大泉実成、竹熊健太郎によるインタビューで、庵野自身はこう話している。

大泉　面白いと思ったのはとりあえず母親をみんな殺してしまいますよね。あれは庵野さんの母親像みたいなものの投影なんですか？

庵野　そうですね。

竹熊　あそこは僕と違いますね。僕の場合、父親が不在になるんですよ。僕の世代で父親との対決っていうのは珍しいと思う。

庵野　あれも本当の父親なのかって思いますね。まあ、父親という血のつながった親子じゃなくって、もうちょっと世間とかシステムの代表だと思う。だから、ああいう顔なんです。

竹熊　それでわりと、とらえどころがないんですね。

庵野　使徒っていうのもそうです。ああいうふうにとらえどころがないように見せるのは、僕の中で世間というものが、はっきりしなくて、敵の存在がはっきりしないから。

竹熊　ゲンドウは世間の枠や圧力そのものなんだ。

庵野　そうかもしれない。世間そのものかもしれない。

（『庵野秀明　スキゾ・エヴァンゲリオン』）

説得力のある発言に思えるが、ゲンドウ＝父親＝使徒＝世間という等式は、あまりにもわかりやすいだけにかえって疑ってかかる必要がある。それだけのことだったらこんな簡単な話はない。わざわざ蒸し返して論ずるに値しない。少なくともこれらのイコールには余剰や不足やズレがあると考えるべきだろう。

ふたたび江藤淳にご登場願おう。『成熟と喪失』の中でも「海辺の光景」と並び、ひときわブリリアントな作品分析が行われているのが「抱擁家族」である。妻のアメリカ人青年との姦通、自宅＝家の建築計画、妻の乳がんによる死といった一連の出来事を独特のそっけない文体で悲喜劇的に描いた小島信夫の代表作を、江藤は先の「海辺の光景」論を踏まえて、自らの主張に沿って強力に読み込んでみせる。それはもっぱら、主人公である三輪俊介《みわしゅんすけ》の「妻」に「母」の影を見出すことによって成される。

強力に、というのは、普通に読むだけではそうとは思われないからである。確かに妻の時子《ときこ》は二児の母であるが、作者の視点は「母―妻―女」の三位一体の中でも「妻―女」の対に傾いており、江藤の見立てとは逆に「母」という役割にも「妻」としての正体を見抜こうとする作りになっている。私見では「抱擁家族」から「母」という主題をダイレクトに剔出《てきしゅつ》するのは少々無理筋なのではないかとも思う。むしろこれは江藤淳自身の主題だろう。そしてそれが何ら悪いわけではない。ちなみに江藤はのちに小島の大長編『別れる理由』も『自由と禁忌』(一九八四年)の中で長く論じている。

彼(引用者注:三輪俊介)に崩壊して行く農耕社会で過された幼児期の安息をとり戻そうとする願望がある限り、彼は決して「家」から、つまり「母」の影である妻のいる場所から、「出発しよう」とはしない。もし彼が「家」を捨てるとすれば、それは妻のなかに切りとることができなかった「母」のかたちを他の女のなかに切りとることができた場合か、あるいは妻のなかの「母」のイメイジが強力すぎて、「性」を他の女に求めなければならなくなった場合のいずれかである。しかし、この場合も彼は代償を求めているのであって「出発」したわけではない。

（『成熟と喪失』）

この部分からもわかるように、「母」と並ぶ『成熟と喪失』のもうひとつの主題は「家」である。ここでの「家」には、建築物としてのそれに、ともに居住する者たちであるところの「家族」と、血縁を核とする「家（＝一族）」が重ねられている。これまた江藤自身の主題というべきだろう。「「母」が「家」に結びついているかぎり、「子」は「家」を出て東京に行き、「近代」に触れて「個人」というものに出世したと感じることができた。「母」は帰るべき場所であり、感受性の源泉であり、生存競争に傷ついたときには慰藉を約束し、それに勝ったときには称讃をあたえてくれるものであった。しかし三輪俊介のように「母」に捨てられた「子」と感じている人間、心ならずも「自由」で孤独な「個人」になってしまった人間が、「実に懸命に」安息をあたえられるべき「家の中」をととのえようと努力しはじめたとき、「母」の影だった時子はそれに嘲笑をあたえるにすぎない」。

「母」と「家」が切断されてしまった現代（一九六〇年代のことだが）において、ひとは「家＝母」から出ることによって中途半端に「個人」にされてしまう。それは真の「出発」にはなり得ない。江藤の理路の特徴は、男性の「性」の対象を、誰よりもまず第一に「母」と措定していることである。それはそうなのかもしれないが、このincestuousな感覚はどこまでも強固に持続し、けっして払拭されることがない。「彼」が出会う女は、次の女は、妻は、次の妻は、いつまでたっても「母」のイメイジの反復＝分身でしかなく、それは現実の母親さえ凌駕《りょうが》して「彼」につきまとい続ける。

やっぱりこれは「抱擁家族」には当てはまらないようにも思えてくるが、碇シンジと碇ゲンドウにかんしては、かなりの部分まで妥当するのではないだろうか。

> 人が喪失した「母」の回復にのみ救済を見ようとするかぎり、回復されるのは幼年期の投射であって決して秩序でも社会でもあり得ない。なぜならあらゆる父性原理は、おそらく「喪失された幼年期」の意識の上に、それが決して回復され得ないという断念の上に築かれるもののはずだからである。不自然な虚構のなかで生きる人間が堕落するのと同様に、虚構の不在のなかで生きる人間も堕落をのがれられない。 （同）

ここなど、ほとんど「エヴァンゲリオン」のことを言っているのだと思えてくる。

『成熟と喪失』、とりわけその「抱擁家族」論を、富岡多恵子《とみおかたえこ》、小倉千加子《おぐらちかこ》との一連の鼎談《ていだん》をまとめた『男流文学論』（一九九二年）の中で、上野千鶴子《うえのちづこ》が熱く支持したことはよく知られている。上野は「作品も批評も時代の産物ですから、その時代のなかのあるリアリティを見事に定着したり、えぐり取っていたら、それがすぐれているということです。だから、そういう意味でも江藤の『成熟と喪失』は六〇年代の日本が産んだ文芸批評の最高傑作のひとつだと思います」とまで言っている（私も異論はないが）。この絶賛に対して小倉と富岡の二人はやや引き気味なのだが、上野の評価は揺るがない。小倉は「上野さんがこれは涙なくして読めないって言った、その涙っていうのは何なんですか？」と問う。

上野　私がその当時は江藤と同じくエリック・エリクソンの読者であったということもひとつは関係しているんですけど、読み直してみて思うのは、やっぱり「母の崩壊」という一語ですね。女が壊れたという認識ですね。

富岡　それをきちっと書いてあった。

上野　うん。もう後戻りできないところにまで来てしまった、と。

小倉　だれにとって？

上野　すべての日本人にとって。

富岡　日本人にとって母が壊れた。

（『男流文学論』）

上野は、江藤は「三輪俊介は私だ」と思っている、と言う。「ちょうど「ボヴァリー夫人は私だ」とフローベールが言ったように」と。だがこのあと、小倉は上野に更に食い下がる。

小倉　（略）私は上野さんは、自分のジェンダーを中性化させてるから泣けたと思ってるわけ。自分もまた母のコンセプトを押しつけられる性だという前提が最初から欠落してるのが不思議なんです。母の崩壊というコンセプトがなんで女である上野さんを涙させなきゃならないんですか？

上野　「母の崩壊」というのがね、男の側から見た「母の喪失」だったら、ただの極楽とんぼだと思いますよ。だけども、そのなかに、母であることを運命づけられていたはずの女自身の選択が含まれています。「母」をつくるのも、男と女の、いわば共犯的な行為だとしたら、「母」を壊すのも共犯的な行為だから、男が「母」を喪失する時、同時に女は自分の手で「母」を壊してるんです。（略）

小倉　私、これ、なんかずっと違和感があって読んでたんですけど。崩壊するからには、それ以前に母というものがちゃんとあったということが前提になっているわけでしょう。どこにあったんですか？　日本が農耕社会であったときに母があった、前近代にあったということ？

上野　「母」はどこにあったかというと、言説のなかにあったんです。イデオロギーのなか

にあったのよ。（同）

かくも議論は白熱していくのだが、上野と小倉のすれ違いは、「男」の内に「女」を見るか、「女」の内にそのような（「女」を内面化させた）「男」を見るか、そして「男」の内にそのような「女」を……という話のように思える。その交叉点に「母」が位置している。厄介なのはやはり「母」なのだ。喪失であれ崩壊であれ、それ以前に「母」をあらためて定義づけなくてはならない。いわば「母」を産み直さなくてはならないのだ。

『スキゾ』のインタビューで、庵野は「エヴァ」の世界観に決定的な影響を与えた作品として、村上龍の『愛と幻想のファシズム』（一九八七年）を挙げている（庵野はのちに村上龍の『ラブ&ポップ』を映画化する）。特に同作の主人公の片割れである「ゼロ（相田剣介）」が好きなのだと（「ケンスケ」は、もうひとりの主人公である「鈴原冬二」＝「トウジ」とともども、第3新東京市立第壱中学校2年A組の碇シンジのクラスメイトの名前として「引用」されている）。庵野は「村上龍も僕と同じで何もない人だと思う。すごく情けない人」だと言う。

庵野　（略）村上龍も依存型の口唇期だと思うんですよ。母親にやたらとこだわっていて、女にもやたらとこだわっている。女の胸で泣くってことにもこだわっている。あとはやたらと父親を排除しようと考えてますよね。エディプス・コンプレックスの話だと思うんですよ。

大泉　システムを破壊しようという、根源的な欲求がありますよね。

庵野　そうです。父親を殺して母親を犯すというエディプス・コンプレックスの話ですけれど、僕もこれをスタートする時同じだなと思った。シンジが父親を殺して、母親を寝取る話ですから。

大泉　巨大化した母親（笑）。

庵野　ロボット――ということで置き換えることはしたけれど、オリジナルな母親はロボットで、同年代の母親として綾波レイが横にいる。実際の父親も横にいる。全体の流れをつかさどるアダムがもう一人の父としてそこにいるんです。そういう多重構造の中でのエディプス・コンプレックスなんですよ。やりたいのはそこだった。

（『庵野秀明　スキゾ・エヴァンゲリオン』）

「女（＝母）の胸で泣く」こと。ここから「成熟」への道のりは一見すると果てしなく遠いものに感じられる。だが「エヴァ」の度重なるリブートは、このためにあったのだ。

一九九九年七月二十一日、江藤淳は自死を遂げた。享年六十六。その当日に江藤宅に赴き、結果的に絶筆となった『幼年時代』の連載第二回を担当編集者として受け取ったばかりだった平山周吉《ひらやましゅうきち》は、大きな衝撃を受ける。「うかつにも、死の兆候にはまったく気づかなかった」。平山はその後、二十年にも及ぶ時間を費やして綿密な取材と資料収集を行い、原稿用紙約千五百枚の評伝『江藤淳は甦《よみが》える』(二〇一九年)を書き上げた。現実政治やアクチュアルな歴史問題に深くコミットし得た、おそらく日本で最後の文芸評論家であり、それゆえに毀誉褒貶《きよほうへん》も激しかった江藤淳という人物の屈曲に満ちた生涯を、遠慮や忖度《そんたく》を徹底して排した、ほとんど冷徹と呼んでもいいほどの怜悧《れいり》な筆致で書き切った労作であり、生前には明らかではなかった幾つかの「不都合な事実」も含め、それ以前の数々の「江藤淳論」が描いてきたイメージを一変させる、きわめて重要な書物である。とりわけ江藤の「弱さ」や「狡さ」が——尊敬の念と矛盾しない仕方で——じわじわと炙《あぶ》り出されていくさまは圧巻と言ってよい。

『江藤淳は甦える』の第三十五章「ポップアートとしての『成熟と喪失』」には、『男流文学論』(一九九二年)での『成熟と喪失』への絶賛がきっかけとなって、同書が講談社文芸文庫に収められる際に江藤が上野千鶴子に解説を依頼し、その後に対談も実現したことが紹介されている。平山は『男流文学論』で上野が「私は、江藤はこの本(『成熟と喪失』)までで、死んでてくれてたらよかったと思うの(笑)。そうしたら、ずっと尊敬できた」とも語っていたことが江藤との対談で触れられた様子はないと意地悪く記しつつ、こう続ける。「もし上野がその言葉（引用者注：「死んでてくれてたら」）も持ち出していたらどうだったろう。江藤は喜びこそすれ、怒ることはなかったのではないか」。そしてその理由として『成熟と喪失』中の『抱擁家族』論のかなり長い引用――「こんな「迫力」のある文章」と平山は言う――が置かれる。

「そこにひとりの女がいる」。それは時子が、「妻」の役割からも「母」のイメイジからも解放されて、単にひとつのものとして存在するということにほかならない。それは「まぶしく」、「重く」、かつ俊介から「独り立ち」しているが、そのことによって彼を「圧倒」する。この変容はもちろん俊介の「変化」に、つまり彼の「成熟」によってもたらされたものである。だが彼にそれが変容と見えることに変りはない。彼女はまるで狐になった葛の葉のようだ。そういう「まぶし」く、美しい女が、彼のかたわらに、しかし無限の彼方に、いる。これは完全な解放であるが、同時に「死」でもある。そういう「まぶしい」存在を眺めながら人は生きつづけることができないから。生きつづけるためには、人は何らかの「役割」を引受けなければならないから。

俊介はもちろんここで現実に死んでもよかった。ジョージが彼から断ち切って「女」に変容させた時子に「圧倒」されて、たとえば自殺してもよかった。そうなれば『抱擁家族』という小説は成立しない。しかし私はかならずしも小説を成立させることが作家にとってなにより大切なこととも思わない。小説が書けても人は救われない。どんな傑作もある意味では作家が人生の些事から得た悔恨を癒すに足りない。

（『成熟と喪失―〝母〟の崩壊―』）

平山はもう少し先まで引いているが、ひとまずここまでにしよう。『抱擁家族』は「コキュ＝妻を寝取られた夫」（今で言う「ＮＴＲ」）を描いた小説であり、主人公三輪俊介は妻の時子から米兵のジョージとの姦通を知らされる」平山が「迫力」を感じたのは「俊介はもちろんここで現実に死んでもよかった」から始まるくだりである。「小説が書けても人は救われない」。だが、平山はこう疑問を呈する。「唐突に表明される「死」「自殺」といった選択肢は、小島の小説から導き出されたものだろうか。けっして悲劇には至らない悲喜劇が、むしろ小島信夫の真骨頂ではないだろうか」。まったくその通りである。これは小島というより江藤の問題なのだ。小島からしたら「江藤淳なぞは、複雑な味を嘆賞できない、かなり純情な善人と映ってしまっていたのではなかろうか」とまで平山は書いている。これも私はその通りだと思う。だが、どこまでもトラジコミカルでアイロニカルな小島信夫よりも、江藤の「純情」さ、素朴さ、単純さのほうが影響力を持ち得たこともまた事実である。

「ポップアートとしての『成熟と喪失』」とはいささか意表を突く章題だが、これは江藤自身の発言に拠っている。「三田文学」の一九六八年一月号に掲載された秋山駿《あきやましゅん》によるインタビューの中で、江藤自らが「ポップアート」という語を用いているのだ。「ぼくはたわむれに「成熟と喪失」を挿絵評論といっている。つまり挿絵なんです、引用文とかそういうものは。あるいは一種のポップアートみたいなものだといってもいいかも知れません」と江藤は語っている。『成熟と喪失』に対して「材料を自由に使って、自分だけの世界を作って」いるという批判があることに応えたもので、「あの中に出て来る「海辺の光景」、「抱擁家族」、あるいは「沈黙」といったような作品の一節は、挿絵といってわるければひとつの色、またはポップアートのひとつの素材のようなものなんです。小説を素材にして自分の夢を語ること、それが古典的近代批評の要諦なら、それを一歩進めただけでもこういうかたちは可能です」と江藤は続ける。「小説を素材にして自分の夢を語ること」は、もちろん小林《こばやし》秀雄《ひでお》が「様々なる意匠」でぶち上げた「批評とは竟《つい》に己れの夢を懐疑的に語る事ではないのか!」のもじりである。江藤は「もし「成熟と喪失」のような試みによって、創作のほうが踏みぬかれてしまうのなら、それは単に創作が脆弱だということを証明するにすぎないと思う」とも言っている。しかしここでも平山は「『成熟と喪失』とは、「己れの夢」ならぬ「己れの悪夢」を、懐疑的にではなく、ポップアートとして造型する事だった」と手厳しい。実際のところ「懐疑」から「ポップ」への距離は遠い。自己懐疑よりも自己肯定(とその背後に隠れた自己憐憫《れんびん》)のほうが勝るのは江藤の言説の特徴と言ってよいし、ポップアートといえば聞こえがいいが、自作を恣意的に「素材」

として引用＝利用された作家の側にも言い分はあったろう。晩年の江藤の仕事は評論とも随筆とも小説ともつかない文章が多くなるが、その片鱗はこの時点ですでに態度として表れていたと考えられる。

ちなみに平山は、『抱擁家族』以前の小島と江藤の関係が、かなり「険悪」なものであったことも記している（小島は江藤の『作家論』と『アメリカと私』に辛口の書評を書いており、またエッセイでも新進批評家江藤への揶揄《やゆ》を述べていた）。しかし『抱擁家族』以後、二人は急接近する。「江藤の交友関係は多くの場合、親密ではじまり阻隔へと至るコースを辿った。大岡（昇平）しかり、安岡（章太郎）しかり。大江（健三郎）しかり、埴谷雄高しかり。その中で小島との関係は、阻隔から親密へという逆コースであった」。『成熟と喪失』で論じられている小説の中で肯定的に評価されているのは『抱擁家族』と庄野潤三の『夕べの雲』である。その理由を平山は端的に両作品が「「悪夢」を回避しなかった」からだと述べている（反対に「「悪夢」をいつも周到に回避する」吉行淳之介は批判される）。では、その「悪夢」とは、いかなるものなのか？　あらためて『成熟と喪失』を確認してみよう。

「彼（引用者注：俊介）はかつて「母」に拒まれ、今「母」の影である妻に拒まれた」と江藤は言う。この時点ですでに「ポップアート」化は始まっているが、ここはむしろそのことを積極的に捉え、江藤が言っているのは『抱擁家族』の話ではなく、彼自身の主題なのだと考えることにしよう。「しかし彼が生きつづけようとするのであれば」、彼は「もう一度「母」に捨てられた「子」という役割を引受け」なくてはならない。

（略）その日常的な表現は、「家の中をたてなおさなければならない」という俊介の散文的な決意に要約される。こうして彼は存在するものの次元からふたたび日常的な人と人とのあいだの次元に戻るが、すでに単純な「子」にはなり切れない。それは今や彼が意志的に引受けた「役割」だからである。彼のなかにはあの「成熟」と「喪失」の、あるいは「悪」と「自由」の感覚が澱んでいる。そして「たてなおさなければならない」「家の中」には、すでに「母」の影だった時子はいない。（同）

「妻」という現実的な存在を、自分（の欲望と依存）を拒み、そのことによって決定的に喪われてしまった「母」に変容させることに失敗し、それどころか「アメリカ」に寝取られることによって、ただの「女」＝「もの」と化してしまうこと、これが「悪夢」の正体である。そしてそこから抜け出すには「もう一度「母」に捨てられた「子」という役割を引受け」るしかない。ここでいわれる「母」と「妻」と「女」と「もの」は同じ存在なのだが、崩壊してしまったがゆえに絶対的な思慕と渇望の対象となった「母」を回復するためには、ふたたび、何度でも「子」になるしかないのである。

繰り返すが、これはもはや『抱擁家族』の話ではない。江藤は己れの夢＝思想を語っているのだ。江藤はけっして、ならば「子」であ（ろうとす）ることをやめればよい、とは説かない。「母」はもう二度と戻っては来ない。それは最初からわかっている。だからこそ「母」を求め続けざるを得ないのだし、だからこそ「子」に留まり続けるしかない。むしろ「子」という「役割」を覚悟をもって引き受けることが、それだけが「成熟」への階梯なのだ。

甚だしく倒錯的な論理に思えてくるが、江藤にとってこれは譲ることの出来ない真理だった。彼には『近代以前』という著作があるが、ここに露呈しているのはいわば「近代以後」の社会的な実存の定義である。江藤はこう述べる。「一般に日本の男のなかで、「母」がいつまでも生きつづける根強さは驚嘆にあたいする。それは農耕社会に学校教育制度が導入され、「近代」が母と子の関係をおびやかしはじめたのちになっても依然としてそうであり、むしろ一層根強くなっているといってもよい。近代日本における「母」の影響力の増大は、おそらく「父」のイメイジの稀薄化と逆比例している」。より抽象度を上げると次のようなことである。「「社会」は「父」であるような「神」の下にしか構成されない。つまり「責任」と「倫理」と「契約」の上に成立する秩序は、「父」である「神」の視線の下にしか生れない。つまりそれはそのなかで各〻が「役割」をあたえられるような秩序であり、禁止と限界によって支えられた体系である」。ところが「母」の崩壊に先んじて「父」の「イメイジ」が稀薄化してしまった。封建的な父権社会が、その代補としての母権社会にさえなり損ねること、これが江藤的な「近代」のアポリアである。

彼にとっての「神」は、といっていけなければ「神性」は、はじめから「父」にではなくて「母」にあった。それは自然神的なものであり、「父」である神が倫理的であるのに対して肉感的であり、「父」が「子」を有限のなかにとどめて「救う」のに対して「子」を無限に受容して限りない至福をあたえるものである。(略)したがってこういう「神性」=「母」の崩壊は、「子」に無限の負担をあたえずにはいない。(同)

この「彼」に「俊介」ではなく「淳」を代入することは可能だろう。そして「シンジ」を代入することも。

さて、もはや「母」は音を立てて崩れ去ってしまった。かといって「父」はあまりにも薄まり過ぎている。では、どうすればいいのか? 「もしわれわれが「個人」というものになることを余儀なくされ、保護されている者の安息から切り離されておたがいを「他者」の前に露出しあう状態におかれたとすれば、われわれは生存をつづける最低の必要をみたすために「治者」にならざるを得ない」。こうして江藤の「悪名高い」（平山）「治者」というキーワードが登場する。だが、この点をめぐっては後の章であらためて考えてみることにしたい。

6 「大人」の「男」になること

與那覇潤《よなはじゅん》は、題名の通り「平成」と呼ばれた三十年余の「同時代史」をひとり語りで描くという「難儀」に挑んだ『平成史――昨日の世界のすべて』の中で、『新世紀エヴァンゲリオン』を取り上げている（第4章「砕けゆく帝国 1995」――「エヴァ、戦後のむこうに」）。『平成史』の刊行は二〇二一年八月なのでギリギリ観ることが出来たかもしれないが、同書には同年三月に公開された『シン・エヴァンゲリオン』への言及はない（「令和初頭の21年に完結」と記されるのみ）。「令和」の出来事なので当たり前といえば当たり前だが。平成の内に公開された『Q』（二〇一二年）までは触れられている。

與那覇はそこで興味深い問いを発している。「『旧エヴァ』は14歳の碇シンジの失敗し続けるビルドゥングスロマン（成長物語）である以上に、つねに軍装に身を包み悪役然として登場するその父・ゲンドウが、いかに「父になれない」存在かが主題だったのではないか」。『旧エヴァ』とあるのは「新劇場版」の『新エヴァ』との区別のためである。これは『新エヴァ』とりわけ『シン・エヴァンゲリオン』の結末を観てしまった後にはまさに卓見だと思えるし、すぐ後に参照する杉田俊介《すぎたしゅんすけ》も同様の視座から『エヴァ』を論じている。

與那覇の着眼がユニークなのは、シンジの父ゲンドウについて「全共闘世代（70年安保）の過激派学生を思わせるところがあります」と指摘していることである。與那覇は「総監督の庵野秀明さんは1960年生まれなので、本人の体験ではないのでしょうが」と断りつつも、ゲンドウ＝「全共闘世代」、冬月＝「冷戦下の「良心的知識人」」という見立てを披露した上で、そこで問われていたのは要するに「全共闘世代は父になれるか」という問題だったのではないかと述べている。「彼（引用者注：ゲンドウ）の内面は空疎です。亡妻ユイの思い出にいつまでも執着し、その似姿としての人造人間・綾波レイをクローンのように量産しては溺愛する。いっぽうで実の——かつ同性の——子であるシンジとは向きあい方がわからず、世話役を部下の葛城ミサトに丸投げ」と與那覇は書き、ゲンドウを「厳父のコスプレ」と呼んでみせる。

「全共闘世代は父になれるか」という問いを、與那覇は次のように言い換える。「戦後という偽善を否定した後に、はたしてなんらかの秩序を築きえるのか」。そしてこの問いへの時間的に四半世紀も先行する解答として、江藤淳が一九七〇年一月に発表した論文「「ごっこ」の世界が終ったとき」を召喚するのだが、この点もとりあえず後回しにして、この二重の問いへの與那覇自身の答えだと考えられる一節を『平成史』から引いておきたい。

> いちどは物語を完結させた旧劇場版『Ａｉｒ／まごころを、君に』では、強大な暴君にみえたゲンドウこそが息子・シンジに正面から対峙できない、父として失格の弱い男だったことを認め、報いを受けたことが示唆されます。そうした想像力が「近代ごっこ」でしかなかった明治維新、みじめな「最終戦争ごっこ」と化した大東亜戦争という、現実の日本のあゆみをつらぬく大きな物語へと昇華されていたら、『旧エヴァ』はその壮麗なフィナーレとなったでしょう。
> ――しかし戦後50周年にあたる１９９５年の時点で、それはあらかじめ失われていた夢でした。
> （『平成史――昨日の世界のすべて』）

『シン・エヴァンゲリオン』の最後でゲンドウは、より明確に「父として失格の弱い男だったことを認め」ることになるのだが、しかしそれは「現実の日本のあゆみをつらぬく大きな物語」に昇華されることはなかった。「全共闘世代は父になれるか」＝「戦後という偽善を否定した後に、はたしてなんらかの秩序を築きえるのか」という問いかけへの答えは、敢えて大雑把に言ってしまえば「ＮＯ」である。だがしかし、ここで考えるべきなのはむしろ、ならば「父」になれればいいのか、「秩序」を築ければそれでいいのか、ということなのではないだろうか？

ここでの與那覇の慨嘆は、『成熟と喪失』における江藤淳の「「社会」は「父」であるような「神」の下にしか構成されない。つまり「責任」と「倫理」と「契約」の上に成立する秩序は、「父」である「神」の視線の下にしか生れない」と明らかに通じている。端的に言えば、自らの「弱さ」を認め（得）ることと「父＝治者」である／となることの共存というパラドックスが、ここには覗いている。だから真の問題は、いったいどのような「父」なのか、いかなる「秩序」なのか、ということなのだ。

杉田俊介の『ジャパニメーションの成熟と喪失』（二〇二一年）は、書名に丸ごとはめ込まれていることからも知れるように、随所で江藤淳の言説、とりわけ『成熟と喪失』への参照が為される異色の日本アニメ作家論である。「はじめに」の冒頭で杉田自らが「戦後日本を代表する何人かのアニメーション作家について論じつつ、すでに古びたと思われている「成熟と喪失」をめぐる問題をもう一度、足元から実直に問い直してみること、それが本書の主題である」と述べている。中でも庵野秀明、新海誠、細田守を取り上げた第三章「オトナコドモたちの成熟と喪失」は、章題に丸ごとはめ込まれていることからも知れるように、ほぼ全面的に『成熟と喪失』の議論に依拠している。

杉田の問題意識は明確である。「はじめに」で彼はこう書いている。「大まかに言えば、サブカルチャー論の文脈では、戦後日本のメンタリティの特徴は、〝成熟の不能〟にあるといわれてきた。それを象徴するのが「オタク」（特に男性オタク）たちの存在である。たとえば庵野秀明は、戦後のオタク男性的な特徴を純粋培養したかのような存在であるが、その庵野の『エヴァンゲリオン』シリーズの主人公、碇シンジの父親であるゲンドウは、どんな人間だっただろうか」。

続いて杉田が矢継ぎ早に記すゲンドウの人物像は、先に引用した與那覇潤の説明とほぼ同じ、要するに「厳父のコスプレ」である。「つまり、彼のようないい大人であるはずの男性こそが、誰よりもメンタル的に「チルドレン」（ガキ）なのだ。本人もそのことに苦しんでいるが、それを変えることができないのである」と杉田は述べる。そして、これから始まる議論の出発点として、次のような問いを掲げる。

『エヴァンゲリオン』の世界では、基本的に、大人たちが十分に責任を取らず、子どもたちに負担を押しつけ、利己的な陰謀に走り、代理戦争を戦わせているのであり、だからこそ、この世界の社会的な根本問題が永遠に解決しない。それは、社会的現実の問題としても、他人事には少しも思えない。（略）わたしたちは自分たちの世代で解決すべきさまざまな社会問題を先送りにし、将来世代に押しつけ、見ないふりをしているのではないか。

では、この国の大人の男性たち（オールドボーイズ、オトナコドモたち）は、いかにして精神的にも十分に大人になれるのか。すなわち、大人である君たちはどう生きるか。
（『ジャパニメーションの成熟と喪失』）

杉田が「足元から実直に」捉え直そうとするのは、「大人」という問題、もっと直截に言えば、「大人」の「男」である／になるとはどういうことか、という問題である。年齢的・社会的にはとっくに「大人の男性」であるはずの者が、チルドレン／オールドボーイズ／オトナコドモなどと評されるしかないような幼稚で無責任な心性を持ったままであることの、敢えて言うならば悪を、杉田は撃とうとしている。このテーマは『ジャパニメーションの成熟と喪失』の直後に杉田が出した『マジョリティ男性にとってまっとうさとは何か――#MeTooに加われない男たち』に繋がっている。そこでの「まっとうさ」とは「大人」の別称である。『ジャパニメーションの成熟と喪失』第三章「オトナコドモたちの成熟と喪失」の最初の節には、「大人として、君たちはどう生きるか」という小見出しが置かれている。「はじめに」を繰り返すかたちで、杉田は「大人たちはどう生きるか」という「素朴な、クラシックとも言える問い」を発してみせる。そして彼は「実際、わたしたちが四〇代、五〇代になってもこうした問いに向き合わざるをえないということは、きわめてグロテスクなことに思える」と書く。「情けなく、恥ずかしいと感じる」と。杉田俊介という批評家はさまざまな題材や事象を論じてきたが、その背後にあるのは、このような「オトナの／オタクの／オトコ（の「批評家」）であることの情けなさ、恥ずかしさ」に、どう対峙するのか、という苦悩と煩悶である。まっとうな「大人」の「男」になれないという羞恥と自責を手放すことなく、どうすればそうなれるのかをそれでも追い求め続けることこそが、杉田の言論活動のエンジンであると言ってよい。それは『ジャパニメーションの成熟と喪失』の問題設定にも如実に表れている。與那覇潤が「全共闘＝団塊」の世代論として提起した問題を、杉田は自分自身（の世代）の問題として引き受けている。

杉田の『シン・エヴァンゲリオン』の感想は何段階かの変化を経ている。映画を観に行く前、彼は「ループでも並行世界でも続編でもぶん投げでもなく、物語の「終わり」を見せてほしい」と思っていた。「作中の大人たちの行動と責任を、そして庵野監督の成熟と喪失を見てみたかった。何より、作中のシンジ、レイ、アスカら子どもたちを解放してあげてほしかった」と。そして実際に『シン・エヴァンゲリオン』を鑑賞した直後、彼はこう思う。「わたしの杞憂はくだらなかった。礼儀を失していた。庵野監督は、可能なすべてに決着をつけていた。己の過剰な実存的欲望の表現ではなく、成熟の道を選んでいた」。この「決着」を、杉田は「呪縛を解き放ち、弔い、自己埋葬すること」「ごくまっとうな断念」と呼び、「きっとこれでいいんだ」と思った……。

ところが、それから数日経つと、次第に違和感がきざしてきた。呪いが解けた、青春が終わった、ありがとう……等々と、わたしたちは悠長に感動している場合なのだろうか？　ずっと「ガキ」のままの「男」だった「我々」は、今さら成熟とか、弔いとか、母殺しとか、この二〇年、三〇年のあいだ、いったい何をやってきたんだ？　それ自体が恥ずかしくはないのか？　そうした羞恥心がだんだんと強まってきたのである。（同）

『シン・エヴァンゲリオン』観の急激な変化が、身も蓋もないほど赤裸々に記されている。「これは出発点であり、到達点とは言えないのではないか」と杉田は思う。その理由は次のようなことだ。

作中では人類補完計画は断念され、人類はシンギュラーな「個」に還る。確かにそれは祝福されるべき事態だ。しかし本当は、そこから、現実の社会的困難がはじまるはずである。主人公の碇シンジの父親、碇ゲンドウが象徴するような大人の「男」たちは、たとえば目の前の貧困と経済格差、気候危機、ジェンダー不公正などに対峙しなければならなくなるはずである（略）。だとすれば、やはり感謝したり感動したりしている場合ではない。（同）

そこまで望むのはさすがに無理筋ではないか、というツッコミはせずにおこう。ともあれ杉田は以上のような問題意識の下で「ゲンドウの存在を中心として『シン・エヴァンゲリオン』を論じていく」。シンジではなくゲンドウにフォーカスする点で、杉田は與那覇潤と同様の論点を採っている。

だが、この「息子→父親」への重心移動は「エヴァ」シリーズを通して起こってきたことでもある。『新世紀エヴァンゲリオン』第一話に登場した碇ゲンドウと、『シン・エヴァンゲリオン』ラストの碇ゲンドウは、同じ人物とは思えない。この変化を「成熟」と呼べるのかどうかが問題なのだ。この重心移動とキャラクターの変化は、言ってしまえば庵野秀明自身の加齢――三十五歳→六十歳――と「成熟」によるものであり、與那覇や杉田が「父親」にこだわるのも、彼らの年齢（與那覇は一九七九年生まれ、杉田は一九七五年生まれ）ならシンジと同じ「十四歳」の子どもがいてもおかしくはないということと関係していると私は思う（二人が現実に「父親」であるかどうかは重要ではない）。ともかく、このような構えの上で、杉田は江藤淳の『成熟と喪失』を導きの糸として、彼の碇ゲンドウ＝エヴァ論を紡いでいく。

そこに向かう前に、あとの議論ともかかわるので、ゲンドウが体現している「（男の）弱さ」について、少しばかり私見を述べておきたい。先ほど私は與那覇潤の議論を踏まえて、

「エヴァ」で露呈していたのは「自らの「弱さ」を認め（得）ることと「父＝治者」である／となることの共存というパラドックス」だと書いた。これにかかわって杉田はこう述べている。「わたしは拙著『非モテの品格――男にとって「弱さ」とは何か』で、男の弱さとは、自分の弱さを認められないという弱さである、と論じたことがある」。その通りである。だが忘れてはならないのは、かといって自分の弱さを認められることが強さとイコールとは限らないということである。

杉田はわかっていると思うが、ここを取り違えると、「（男の）弱さ」の問題は、たやすくヒロイズムやナルシシズムへと変換され、悪しき男性性に回収されてしまう。『シン・エヴァンゲリオン』のラストでゲンドウは息子シンジを前に自分の弱さを認め、長い間どうしてもそれを認められなかった弱さも認める。だが、だからといって彼は強くなったわけではないし、これまでしてきた数々の非道を免罪されるわけでもない。ゲンドウは最後の最後まで強くなれはしなかった。彼は結局、弱いままだった。ただ弱さの表現が変わっただけなのだ。そしてゲンドウに限らず、男が自分の弱さを認めるという意思決定は、たとえそれが真摯で誠実なものであったとしても、いやそうであるならば尚《なお》さら、他者に対して反省や改心のようなかたちで表明された途端に、ほとんど嘘になってしまうのではないか。私はそう思う。本来、それはけっして表に出されるべきではないのではないか。

もっと言えば、自分の弱さを外的に（公に）認めることよりも、自分の弱さをよくよく理解し、それに内的に（私的に）ひたすら向き合い、あとはただ黙って自分を変えていこうとすることのほうが、よほど「まっとう」な振る舞いなのではないだろうか。おしなべて「反省」とはわざわざ口に出すべきものではなく、ただその後の自らの行動の規範にするのみだと私は思っているのだが、SNS以降の過剰な「謝罪要求社会」では通用しない考え方なのかもしれない。

さて、杉田は『成熟と喪失』の論脈を——敢えての「単純化」であると断って——以下のようにまとめている。

『成熟と喪失』の根本主題は、「弱い男（息子）がいかに成熟して父になるか」ということであり、しかも息子は「病み狂い死んでいく妻（母）」を看護・ケアする主体としてある。しかし妻（母）のことを助けられず、己の限界と無力を味わわされる。そればかりか、無意識のうちに妻（母）を殺してしまった自分、罪悪感を背負った加害主体（悪）としての自分に直面していく。

その場合、本来であれば少年（青年）にとって大人への成熟のモデルとなるべき父親は、息子以上に「弱い父」（ダメな父）、あるいは「恥ずかしい父」なのであって、息子が成熟するためのモデルになりえないし、エディプス神話にあるような象徴的な父殺しによって乗り越えるべき対象にさえなりえない。（同）

こうして「『成熟と喪失』の男性主体（息子）たちにとっては、父との葛藤や父殺しの主題よりも、肥大化する母（妻、女性）との密着的関係のほうが厄介な問題となり、そこから身を引き離し、アイデンティティを模索していかねばならない」。もちろん杉田は江藤による「病み狂い死んでいく妻（母）」という設定自体に欺瞞《ぎまん》があり、それが「戦後日本の構造的な家父長制的権力」の証左であることも指摘している。その上で「江藤がたとえ無意識の次元であれ、そうした己の「男」としての暴力性と格闘し続けてはいた」と評価している。

私はこれは江藤を買いかぶり過ぎではないかと思う。「弱さ」の認識と同じく、「「男」としての暴力性」との「格闘」もまた、それが「無意識の次元」で他者からの発見と解読を待っているだけではやはり駄目なのではないか。女を殴る男は、悪かった、反省したと口にするのもいいが、もう殴らないと宣言することよりも、ただ単にもう二度と殴らなければいいだけだ。もう殴らないと何度も言う男が何度でも女を殴るのだ。そこに「無意識」の葛藤を見出してあげるのは、優し過ぎると私は思う。

私は、江藤淳という批評家は、弱さを認められたのでも、無意識に弱さと格闘していたのでもなく、ただ単に弱かったのだと思う（それを『江藤淳は甦える』の平山周吉は見事に描き出している）。そしてむしろこの点こそが、こんにちあらためて江藤淳を読むための最大のポイントである。このことは、かなり後で触れる「治者」の議論とも関係してくる。

杉田は「しかし考えてみれば、五〇年以上も前の『成熟と喪失』の分析が、かなりの程度ゲンドウに当てはまってしまうということ、男たちはその事実にまず慄然とすべきではないか。これほどまでに「変わらなさ」あるいは「変われなさ」がコンティニューされ続けてきた、という事実に」と述べる。確かにこれは驚くべき、おそるべきことである。実際、これまで何度か見てきたように、『成熟と喪失』には、一部分を抜き出してみると、そのまま「エヴァ」の解説になってしまう箇所が多々ある。だからこそ、今ここで考えるべきなのは、江藤淳の先見の明やその立論の保《も》ちの良さを謳うことでも、「変わらなさ」や「変われなさ」を潔く認める体で——「弱さ」についてそうしたように——居直ることでもなく、どうすれば真に変われるのか、を本気で問うことである。それはそのまま「エヴァ」への批判になってしまうのかもしれないが。

杉田は続く部分で、ゲンドウに対置される存在——「「新劇場版」のもうひとりの主人公」と杉田は書いている——として葛城ミサトを挙げ、彼女の「苦闘と成長」を高く評価している。確かにシリーズ当初はシンジの保護者役を（ゲンドウに）仰せつかりつつも、ちゃんとした大人というよりお転婆な姉のごときどこか幼い雰囲気を発散していたミサトは、作品を追うにつれてまぎれもない「成熟」を見せ、ゲンドウ率いるＮＥＲＶから離反した組織ＷＩＬＬＥのトップとして責任ある立場を担うようになる。杉田はめざましい変化を遂げたミサトを「すべての息子たちを融和的に包み込むような母性主義的なもの」でも「リベラルフェミニズム的な完全な個人主義」とも異なる「仕事仲間を信頼し、人類の知恵と意志を信じ、神頼みをせず、子どもたち（息子とシンジ）のことを未来を担うべき「個」として愛そうとする。そして、未来世代が存続しうるための持続可能な環境をつくりだそうとする。いわばソーシャルな「母」である」と評している。

　この指摘は、ミサトがサードインパクトを食い止めるために不慮の死を遂げた加持リョウジとの間に子を儲《もう》けており、父親と同じ名前を付けられた息子リョウジは碇シンジと同じく「十四歳」であり（二人が対面する場面もある）、だが彼女は息子と生涯会わないと決めているという設定からしても、庵野秀明の意図とも合致していると思われる。「葛城（加持）リョウジ」という十四歳の少年を主人公に「エヴァ」を語り直すことも、あるいは可能かもしれない。

　そもそも「エヴァ」において、シンジの母にしてゲンドウの妻である碇ユイは、作品世界の不在のエンジン、あるいは遍在する母体ともいうべき存在であり、それゆえにユイの代理／傀《かい》儡《らい》の役割を何人もの女性の登場人物たちが担わされてきた。綾波レイも葛城ミサトも惣流／式波・アスカ・ラングレーも（そして真希波・マリ・イラストリアスも）、それぞれの機能と様態でユイの代補物である。その中でも最も「母＝ユイ」に近いのがミサトであることは言うまでもない。何より、主要女性登場人物の中でほんとうに母親になるのはミサトだけなのだ（もうひとり、シンジたちのクラスの学級委員長で、のちにクラスメイトの鈴原トウジの妻となる鈴原ヒカリも母親になっているが、彼女はむしろ綾波レイに対置される存在と言っていい。それにヒカリの子どもは娘である）。

杉田がミサトの変化（成熟）を説明したのは、次の指摘をするためである。「とはいえ問題なのは、『シン・エヴァンゲリオン』では、ゲンドウ／シンジの対決の先に、新たな男性性のイメージを具体的に示せていない、という点にあるのではないか。少なくともミサト／三石《みついし》的（引用者注：この前に杉田は『シン・エヴァンゲリオン』のパンフレットに掲載されたミサト役の声優三石琴乃《ことの》へのインタビューから発言を引き、「その内容はまさにソーシャル＝社会変革的な「母」として、真に感動的なものである」と記している）な女性の成熟に匹敵するような男性性のあり方を示せていない」。

『シン・エヴァンゲリオン』の結末で、ゲンドウはユイの復活という野望／ユイへの執着から遂に、というか唐突に脱却し、シンジもまた、自己の存在理由／存在意義をめぐる堂々巡りから解放される。だが彼らはいわば自分勝手に脱却し解放されただけである。「成熟」した「大人」としての責任を果たそうとしたのはミサトだった。ゲンドウは、シンジもまた、自らが負うべき責任をミサト（たち女性）に一方的に転嫁しておいて、悩める表情を浮かべつつも嬉々として自分の弱さを認めたり自分の居場所を発見したりしただけなのだ。この紛うかたなきオトナコドモぶりに、杉田は落胆と当惑を隠せない。「ここが「男」たちの行き止まりであり、あたかも滅びていく種族であるかに見える」と杉田は書く。ならば私はこう言わざるを得ない。滅びてしまえばいいいし、早晩滅びるに違いない。二〇一〇年代半ば頃から日本のみならず（日本以上に）世界のさまざまな領域で刻々と起こってきた社会変容のひとつの核心が、古き悪しき男性性の摩耗と廃絶であることは疑いない。多少の摩擦や反撥《はんぱつ》があったとしても、これは時間の問題だと私は思う。用心しなくてはならないのは、そうしたドラスティックな変化をこっそりとすり抜けてしまう何か、なのだ。それはもはや「男性性」とは呼ばれないだろう。だが、この話をするのはまだ早い。

杉田は、自分の論が「ゲンドウを中心とする大人たちのサイド」に偏っており、「子どもたちの側」から見たら「エヴァ」の結末には違う風景を見出せるのかもしれないと述べている。「滅びていく旧世代の「おじさん」たちと、それとは対照的に、手をつないで未来へと駆けていく新世紀の子ども・若者たち。その残酷なまでの対比が鮮やかに描かれているのかもしれない」と杉田は述べ、そして次のように問う。

しかし、こうした旧世代／新世代の切り分けは、何かをスキップしていないか。「男」たちは、解放されるにはいいいいいい早すぎるのではないか。必要なのは、解放を願うより前に、日常的な社会問題と、うんざりするような地道さにおいて戦い続けることではないか。（同）

そう、解放されるのは早過ぎる。ゲンドウだけではない。シンジもあっけなく「解放」されてしまった。いやむしろ、ゲンドウは自分の弱さを認めた末に舞台から退場したが、シンジはマリという真新しい伴侶（妻＝母＝女）を得て、彼女と手を繋いで颯爽と駅を飛び出していったのだから、ゲンドウのデッドエンドに対して、シンジにはあからさまなまでに「未来」が開かれているのであって、しかし彼の「解放」を（まったくもって正しくも）まだ早いと思ったら、またもや「エヴァ」は終わら／終われなかったのである。だからやはり、今度こそ「エヴァ」を完全に終わらせなくてはならないという要請、強制、強迫観念が、シンジを「大人」の「男」に変身させたのであり、言うなればそれは、ただそれだけのことなのかもしれない。

だが、いったい「大人」とは何なのか？　「大人」の（辞書的ではない）定義とは？　「大人」である／になることの必要十分条件とは何か？　もちろん、これらの問いに答えるための便利な言葉を私たちはすでに手にしている。「成熟」の二語がそれである。

では「成熟」とは何なのか？　「成熟」の定義、「成熟」の条件とは、どのようなものだというのか？　まず明らかなのは、それは年齢とはほとんど関係がないということである。年若くして成熟した大人もいれば、老いたる未熟な子どもだっている。ではそれは、今風の言葉で言い換えるなら「ソーシャル」であることが要諦なのだろうか？　むろん次の問いはこうなる。ならば「ソーシャル」であるとは、いったいどういうことなのか？

成熟の対義語は未熟である。大人の反対は子ども、ソーシャル＝社会的の対岸にいるのは、誰（何）だろうか？　成熟するということと大人になるということと社会的であるということ、これら三つの様態をイコールで繋ぐことはやめてみてはどうか。成熟しないことによって大人になることや、子どものままで成熟することや、アンソーシャルな成熟した大人だってあり得るのではないか。

「成熟」をめぐる議論は、どこかで常に理想的なモデル（＝大人）を想定している。だが、ではそれ以外には可能性はないのだろうか。成熟せず、大人でもなく、ソーシャルでもないような生き方は、けっして肯定されるべきではないのだろうか？

私はそうは思わない。もちろん、これは過去のシンジやゲンドウを肯定しているのではない。私が言いたいのは、変化した／成長した／成熟したとされるシンジとゲンドウも断じて肯定されるべきではない、ということである。なぜならばそこでは、成熟の擬態と、大人の仮装と、ソーシャルの芝居が演じられているだけであるからだ。だから、オルタナティヴを見出さなくてはならない。それは半世紀も前に江藤淳が引いた「成熟と喪失」というフレームを、今度こそは本当に破壊することでもあるだろう。

7　エヴァ、始まりの終わりと終わりの終わり

『新世紀エヴァンゲリオン』の最終エピソード「世界の中心でアイを叫んだけもの」は、一九九六年三月二十七日に放映された。あまりにも有名な話だが、前話（弐拾伍話）の「終わる世界」から物語世界は映像や作画ともども急激に崩壊し（スケジューリングと人員不足のせいであったとされる）、それ以前までの展開を完全にキャンセル／宙吊りにして、いきなり碇シンジのインナースペースで自己啓発セミナーを思わせる問答が始まる。何もない空間で登場人物たちがシンジを円形に囲んで次々と語りかけ、詰問を繰り返す（それはシンジの脳内自問自答であることが窺える）。シンジの煩悶と自己嫌悪は極まり、それは『新世紀エヴァンゲリオン』という作品自体の自意識、そして「作者」である庵野秀明の自意識を表象する。だが終わりに至って、やはり急激に、極めて倒錯的な一種のハッピーエンドが到来する。今とはまったく異なる「現在」の可能性――王道の学園ラブコメを思わせる――が提示され、シンジはふと思い至る。以下、セリフを抜き書きしてみる。

「そうだ、これもひとつの世界。僕の中の可能性。今の僕が僕そのものではない。いろんな僕自身がありえるんだ。そうだ、エヴァのパイロットではない僕もありえるんだ」

「そう思えば、この現実世界もけして悪いもんじゃないわ」

「現実世界は悪くないかもしれない。でも自分はキライだ」

「現実を悪くイヤだと捉えているのは、君の心だ」

「現実を真実に置き換えている、君の心さ」

「現実を見る角度、置き換える場所、これらが少し違うだけで、心の中は大きく変わるわ」

「真実は人の数だけ存在する」

「だが、君の真実は一つだ。狭量な世界観で造られ、自分を守るために変更された情報、歪められた真実さ」

「ま、人ひとりが持てる世界観なんて、ちっぽけなもんや」

「だけど、人はその自分の小さな物差しでしか、物事を量れないわ」

「与えられた他人の真実でしか、物事を見ようとしない」

（略）

「受け取り方ひとつで、まるで別ものになってしまう脆弱なものだ。人の中の真実とはな」

「人間の真実なんてその程度のものさ。だからこそ、より深い真実を知りたくなるんだね」

こんな調子で延々と続く。シンジは「でも、僕は僕がキライなんだ」としつこく繰り返す。すると綾波レイが「自分がキライな人は、他人を好きに、信頼するように、なれないわ」と言う。そしてエンディングが訪れる。


「僕は卑怯で、臆病で、狡くて、弱虫で……」

「自分がわかれば、優しくできるでしょう?」

「僕は僕がキライだ」

「でも、好きになれるかもしれない」

――世界にひび割れが入り始める。

「僕はここにいてもいいのかもしれない」

「そうだ、僕は僕でしかない」

「僕は僕だ、僕でいたい」

「僕はここにいたい」

「僕はここにいてもいいんだ」

――他者たちが現れ、シンジに歓声と拍手を送る。

――彼らは口々にシンジに「おめでとう」と言う。

――シンジはニッコリし、「ありがとう」と言う。

――字幕で「父に、ありがとう」「母に、さようなら」「そして、全ての子供達に」「おめでとう」。


これが『新世紀エヴァンゲリオン』の結末である。聞き取り書き写しながら気恥ずかしさを感じなかったと言えば嘘になる。だがそれを言うなら最初に観た時からすでにじゅうぶん気恥ずかしかったのだ。そして間違いなく、この気恥ずかしさは当時の庵野秀明のものでもあったはずだ。あらゆる意味で追い詰められていたせいで、こうでもしないと終われなかった、というのがおそらく真実なのだろうし、追い詰められたせいで、ついつい本音が出た、と言っても間違いではないだろう。なあんちゃって、と付け加えたい気持ちだってあったかもしれない。いずれにせよ大いに物議を醸したラストであり、むしろこんな異様な終わり方だったせいで「エヴァ」はあれほどのフィーバーを巻き起こしたのだし、社会現象にまでなったのだ。

では、かくのごとき『新世紀エヴァンゲリオン』の結末と、すべての終わりとされた『シン・エヴァンゲリオン』の結末は、どこがどう違うのか? 全然違うといえばそうかもしれない。何しろ今見たように旧版のラストでは「父親＝ゲンドウ」は他の登場人物たちと同じ扱いであり、彼自身が抱える問題はかけらも示されていない。少なくとも結末を見る限り、旧エヴァは承認欲求と自己実現をめぐる物語であって、そこには「大人」や「男」や「父」といった問題機制はほとんど見当たらない。確かにそうである。最初の終わりと最後の終わりは、全然違っている。

　だが、本当にそうか？　ゲンドウ／シンジ＝父親／息子、というわかりやすい対立軸を設定することで見えにくくなってしまっている単純な事実がある。それは、ゲンドウもかつては誰かの息子だったのだし、シンジもいつかは父親になる（かもしれない）ということである。ゲンドウはシンジのような少年だったのかもしれないし、シンジはゲンドウのような男になっていくのかもしれない。父親と息子の関係は、必ずしも非対称的なものではない。それはある意味で、時間的な前後関係として捉えることも出来る。もちろん父子が似るとは限らないし、親を反面教師にする子どもは沢山いる。だがそれと同時に、父親のようにだけはなるまいと固く決意していたのにもかかわらず、むしろそれゆえに父親そっくりになってしまう息子だって世の中には少なくないのではないか。それは悲劇だが、おそらくかなりありきたりな悲劇でもある。

　だから、こう考えるべきなのではないか。新エヴァのシンジが、やがて旧エヴァのゲンドウになるのだ、と。『シン・エヴァンゲリオン』の結末のシンジは、遠い昔のゲンドウの姿なのだ。この見立てを取るならば、『シン・エヴァンゲリオン』のラストであまりにも唐突にマリと結ばれたシンジは、いつか思いがけず妻＝母＝女を喪い、そのことに堪えられずに、残された息子をネグレクトし、虐待することになるのである。

おそらく、キャラクター設定と物語の論理からすると、本来は綾波レイこそがシンジにとっての「女」になるべきだったのだ。少なくともある段階まで、いや、『シン・エヴァンゲリオン』で「レイ（仮）」が自壊してしまうまでは、その可能性もわずかながら残されてはいた。だが、そうはならなかったし、そうは出来なかった。次の候補はアスカだったが、彼女にもその役割は無理だった。だから無理矢理、マリを投入するしかなかったのだ。このことは何度強調しても足りることはない。何の伏線もなくいきなり登場したマリは、ただ「エヴァ」を終わらせるためだけにやってきたのであり、それ以外の機能は何ひとつ持っていない。そんな存在は、ほんとうはユイの代わりになどならない。レイの代わりにも、アスカの代わりにもなれるわけがない。だが、むしろだからこそ、シンジはマリと結ばれるのである。シンジが「大人」の「男」になるためには、「喪失」を乗り越えて「成熟」するためには、マリのような便利な道具がどうしても必要だったのだ。

私の見方は意地悪過ぎるだろうか？　しかし、このことを認めない限り、「エヴァ」をめぐる議論は、『新世紀エヴァンゲリオン』のラストのあの自閉的で親密な空間から一歩も出られない。ひび割れが生じ、世界が破れて外界と繋がったと思ったのは錯覚に過ぎなかったのだ。肯定するにせよ批判するにせよ、シンジとゲンドウを対立項として捉え、マリの役目を過大評価する限り、間違いなく「エヴァ」の可能性の中心を見誤ることになるだろう。

「成熟と喪失」と江藤淳は説いた。だが実際にはそれは「喪失が成熟」ということなのであった。「成熟」が「喪失」とワンセットであることの内にこそ、私たちが今なお囚われ続けている自意識の牢獄のトリックが潜んでいる。「喪失」こそ「成熟」への扉、「大人」への鍵なのだと思い込んでしまうことに、真の「成熟」を、本物の「大人」になることを阻む罠があるのだ。「全共闘世代は父になれるか」という問いへの返答は「事実として大勢なっている」だし、「オタクは大人になれるか」という問いへの答えは「昔のオタクは今はもうみんな大人だ」でしかない。ほんとうの問題は、これらとは別にある。それは「大人にならなくてはならないと思ってしまうのは、どうしてなのか?」である。だってそうだろう。「大人」が何なのかもわかっていないのに。

前にも引用したが、『未知との遭遇』(二〇一一年)に、すでに私はこう書いていた。

はじめに「この世界がこうでなかったらいいのに」という現実否認の欲望がある。自分にとって、今の「この世界」はどうにも望ましくない、ということです。(略)「世界と自分との戦い」というのは、まさにそういうことです。これが出発点。次の段階として、だから「この世界」をわがものにしたいとか、わがものにできる「世界」を誰かに与えてもらいたいとか、あるいは「この世界」とは「別の世界」があって欲しい、などといった欲望が生まれる。ところがもちろん、そんな「世界」など、どこにも存在していない。やはり「現実」しかない。「この世界」しかない。結局はそれを認めるしかない。「この世界」に対する否認、「この世界」の「神」たらんとする欲望、「別の世界」の可能性への欲望、「別の世界」などないことを認めざるを得ないという認識。この一連のプロセスが、最終的に「この世界」を強く肯定する動機を導き出すことになる。

そしてその上で、ならば他ならぬ「この世界」で、いかにしてサバイブするのか、いかにしてサクセスするのか、という動機が生まれてくる。そのためには、まず「大人」にならなくてはならない。「大人」はどこに所属するか、それは「社会」である。こうして「世界＝セカイ」が「社会＝シャカイ」として立ち現れてくる、というのが、僕の分析です。このようにして、ゼロ年代に「オタク」は「社会化」した。

（『未知との遭遇』）

同書で私は「セカイ系」に次ぐ概念として「シャカイ系」という造語を提案した。本人としては自信満々だったのだが、ガッカリするほど支持されず、現在もまったく使われていない。

だが私は十年前の右のごとき分析は正しかったし、今も正しいと、いや今こそ正しいと思っている。この引用部分は「エヴァ」を論じたのではなかったが、まるで先に引いた『新世紀エヴァンゲリオン』の終わりのことを言っているみたいではないか？「大人」というキーワードもすでに出していた。

そう、問題は「シャカイ系」としての「大人」なのである。

第二章　〈シン〉の構造

1 『シン・ゴジラ』再見

二〇二二年五月十三日、脚本と総監修を庵野秀明が、監督を樋口真嗣《ひぐちしんじ》が務めた『シン・ウルトラマン』の公開初日、私は新宿の映画館で同作を鑑賞した。

この作品の題名には『シン・エヴァンゲリオン劇場版』(二〇二一年)、『シン・ゴジラ』(二〇一六年)と同じく「シン」の二文字が冠されている。二〇二三年三月には庵野の脚本・監督による『シン・仮面ライダー』も公開された。この四作品は、それぞれのオリジナルのシリーズを製作してきた東宝・カラー・円谷プロダクション・東映の四社共同企画として「シン・ジャパン・ヒーローズ・ユニバース(SJHU)」と総称され、さまざまな事業展開をしていくことが二〇二二年に発表された。SJHUのサイトに記載された庵野のコメントを読む限り、この枠組みは複数のコンテンツホルダーの事業(収益)分配のため、という印象もあるが、「ゴジラ」(一九五四年〜)、「ウルトラマン」(一九六六年〜)、「仮面ライダー」(一九七一年〜)、「新世紀エヴァンゲリオン」(一九九五年〜)という四つの巨大なシリーズを「ユニバース」として統合(?)するというアイデア自体はかなり魅力的で、さまざまな可能性を孕《はら》んでおり、庵野秀明にしか出来ない芸当であることは間違いない。

とはいえ『仮面ライダー』の最初のテレビシリーズと『新世紀エヴァンゲリオン』は、ほぼ四半世紀離れているわけで、「ゴジラ」「ウルトラマン」「仮面ライダー」の三作と「エヴァ」は分けて考えるべきだろう。むしろ三つのシリーズを長年観てきた庵野秀明が（彼は一九六〇年生まれなので最初の『ゴジラ』はリアルタイムでは観ていないが）、それらを重要な影響源として自分自身の作品を提示し（ようとし）たのが「エヴァ」だったのだということである。

だが、『シン・ゴジラ』の公開は「エヴァ」の「新劇場版」の三作目に当たる『ヱヴァンゲリヲン新劇場版：Q』（二〇一二年）の後だし（『Q』から『シン・エヴァンゲリオン』まで九年もかかったのは『シン・ゴジラ』があいだに挟まったせいだろう）、『シン・ウルトラマン』の制作時期は『シン・エヴァンゲリオン』と（おそらく）重なっている。『シン・エヴァンゲリオン』の経験が『シン・ゴジラ』や『シン・ウルトラマン』に影響を及ぼしたことも大いにあり得る。庵野作品は制作プロセスが秘密裏のまま進行する場合が多いことも相俟《あいま》って、これら一連の「リブート」の関係性は非常にややこしいものになっている。

だが、少なくとも『（シン・）エヴァンゲリオン』と『シン・ゴジラ』『シン・ウルトラマン』の二作は、私の考えでは「主題」が異なっている。まず簡潔に述べてしまえば、前者は「私の問題」を、後者は「公の問題」を扱っているのだ。すぐさま断っておくが、もちろんどちらにおいても、一方だけではなく「私」と「公」は複雑に絡み合っている。だからもう少しだけ丁寧に言い直すと、『（シン・）エヴァンゲリオン』では「私」の内なる「公」の行方が、

『シン・ゴジラ』と『シン・ウルトラマン』では「公」の一部である（しかない）「私」なるもののありようが、それぞれ問われているのである。そして『シン・ウルトラマン』は、この意味において、明らかに『シン・ゴジラ』を反省的（批判的？）に引き継いだ作品になっており、更に言えば「エヴァ」の完結編である『シン・エヴァンゲリオン』とも共振する部分を含んでいる。

しかし、まずは順を追って話を進めよう。『シン・ゴジラ』とは、どんな作品だったのか？

脚本と総監督（編集も）を庵野秀明が、監督と特技監督を「平成ガメラ」シリーズに深くかかわってきた樋口真嗣が務めた実写映画『シン・ゴジラ』は、二〇一六年の七月末に公開された。この作品は庵野自身の企画ではなく、香山滋《かやましげる》の原作、本多猪四郎《ほんだいしろう》監督による映画第一作『ゴジラ』（一九五四年）以後、一連の「ゴジラ」作品を世に送り出してきた東宝が、二〇一四年にギャレス・エドワーズ監督の『GODZILLA ゴジラ』——ローランド・エメリッヒ監督による一九九八年の『GODZILLA』に続くハリウッドにおける二作目の「ゴジラ」映画だった——が世界的に大ヒットしたことを受け、『ゴジラ』から数えて第二十八作目に当たる北村龍平《きたむらりゅうへい》監督の『ゴジラ FINAL WARS』（二〇〇四年）以来、約十二年ぶりに製作したゴジラ映画であり、先に参加が決まっていた樋口と東宝からの熱心なオファーを承諾するかたちで庵野が参加した。プロモーション的にも、世間の受け取り方も、作品評価の上でも、明らかに「庵野秀明の作

『シン・ゴジラ』とは異なっている)。『シン・ゴジラ』の脚本には庵野ひとりしかクレジットされておらず(これは今のところSJHUの全作品に共通している)、リブートとはいっても過去作の物語をそのままなぞっているわけではなく、同一設定を基にしたオリジナルと呼んでいいシナリオであり、そこに庵野の「思想」が刻印されていることは疑いを容れない。

『シン・ゴジラ』のストーリーは単純である。東京湾に巨大生物が出現し、「ゴジラ」と命名される。ゴジラは何度か変態を繰り返しながら東京に上陸し、甚大な被害が出る。とつぜん謎の休眠状態に入ったゴジラを米国を中心とする多国籍軍は日米安保条約を盾に熱核攻撃によって駆逐しようと目論むが、内閣官房副長官で巨大不明生物特設災害対策本部(のちに巨大不明生物統合対策本部)の事務局長となった矢口蘭堂《やぐちらんどう》はけっして諦めることなく、血液凝固剤の大量経口投与によってゴジラを凍結させる「矢口プラン」を発案、自衛隊の全面協力によってチーム一丸となって作戦を成功させ、ゴジラは活動を停止する。

もちろん細かいエピソードは他にも多々あるが、おおよそはこんな話である。つまりこれは一言でいえば「善なる公僕の物語」であると言ってよい。これは『シン・ウルトラマン』も同様だが、そのテーマ的な比重は『シン・ゴジラ』の方が高い。長谷川博己《はせがわひろき》演じる矢口は野心家だが、と同時に政治家としての強い責任感と高いモチベーションを備えた熱血漢である。多少穿《うが》った見方をすれば、矢口の主人公としての人物造形は「エヴァ」の碇シンジの対極にあると言えるかもしれない。矢口は最後まで一度も逃げないし、むろん「逃げちゃ駄目だ」とも言わない。彼はただ日本を、国民を護ることを最優先事項とするひとりの優秀な官僚として、自分のするべきことを粛々と遂行するだけである。そして彼を中心とする「巨災対」のメンバーも矢口と同じく、まさに理想の公僕として自らの責務を果たし続ける。このことは他の政治家たちもほぼ同じで、事件発生時の総理大臣は乗っていたヘリコプターがゴジラによって撃墜され死亡するが、緊急時のワンポイントリリーフとして派閥の論理で半ばスケープゴート的に選ばれた総理臨時代理は情けなさを振りまきつつも意外なほどの気骨と手腕を発揮してみせる。他の大臣や議員もおおむね非常時の政治家として――日本のために――私利私欲を超えて、それぞれの立場で出来る限りのことを行うのである。

『シン・ゴジラ』公開の際には、このような官僚や政治家のきわめて好意的（?）な描き方にかんして、当然ながらさまざまな反応があった。二〇一六年の夏といえば、第三次安倍（晋三）政権（二〇一四年~二〇一七年）の時期だが、まだ安倍首相にかかわる一連の問題（森友・加計学園や桜を見る会など）は表面化しておらず、政権は安定した状態にあった。もはや隔世の感が拭えないが、この年の三月には当時の民主党に維新の党などが合流するかたちで民進党（もはや覚えていない人も多いだろう）が結成されており、衆院参院ともに野党第一党の位置にあった。また、舛添要一《ますぞえよういち》前東京都知事が政治資金の公私混同問題によって辞職したことを受けて、『シン・ゴジラ』公開から二日後の七月三十一日に東京都知事選挙が行われ、小池百合子《こいけゆりこ》都知事が誕生している。むろん映画の制作は数年前から始まっていただろうから、公開時点での政治状況はあくまでもたまたまのことでしかない。しかし、そもそも『シン・ゴジラ』の官僚・政治家のすこぶるポジティヴな描写が、二〇一一年三月十一日の東日本大震災と福島第一原発事故にかんする当時の民主党政権の対応へのメディアや世間からの批判（による退場）と、あからさまではないとしても明確なコントラストを成しているように見えたことは確かである。すなわち、緊急事態下のあるべき公僕の姿、ということだ。

『シン・ゴジラ』に「善なる公僕」や「望ましき政治家」ばかり出てくるからといって、作者が官僚や政治家を肯定し賛美しているわけではないということは言うまでもない。ならばそれは一種のアイロニーなのだろうか。敢えて実際とはまるで違う、いやほとんど真逆の官僚像や政治家像を描くことによって、理想と現実のギャップを際立たせようということなのか。「役人も代議士もよくやっている」も「役人も代議士もまるでなってない」も単純過ぎる。だが『シン・ゴジラ』の人物造形が、陰影や振幅を著しく欠いた過度にシンプルなものであることは否定出来ない。寄せ集めのエキスパート集団である巨災対のメンバーはそれぞれにキャラが立ってはいるが、それもいわばマンガ・アニメ的な平板さを拭えない。石原《いしはら》さとみが演じている米国特使のカヨコ・アン・パタースンに至っては、日系三世で被爆三世でもあるという複雑な設定でありながら、巻き舌の英語でまくしたてる、かなり戯画化されたキャラクターになっており、公開当時はその演技がいささか物議を醸したものである。

巨災対のメンバーが「おたく」的であることは、公開当時にも指摘されていた。庵野秀明にも、そのつもりがあっただろう。およそ一般的とは言えない、それぞれの専門分野（=趣味嗜好）を、ここぞとばかりに活かしてゴジラに立ち向かっていく彼ら彼女らの姿は、いわば「自分の特殊なこだわりが社会に役立つことに気づいたおたく」である。それは「おたく」の理想形と言ってよい。おたくはいかにして大人にな（れ）るのか、という問いは『新世紀エヴァンゲリオン』テレビシリーズ終了時から庵野秀明にとって大問題だった。『シン・ゴジラ』がそのひとつの解答でもあったことは確かだろう。

いずれにせよ、この映画の登場人物は「個人」ではない。彼らは、彼女らは、要するに、「公」的な存在の理念的なモデル（と同時に「おたく」の成熟モデル？）である。だが、それは政府や官庁といった一般市民に対し種々の権限を有する組織や機構の「歯車」ということとは違う。『シン・ゴジラ』の物語は、官僚機構や政権が十全に機能するさまを描こうとしたものではない。登場人物はいちいち名前と役職名がテロップで提示され、脇役、端役に至るまで著名な俳優やタレント、文化人などが大量に出演している。それは非匿名的で記名的であり、ひょっとしたらひとりずつ詳細なプロフィールが設定されていることだってあり得る。だが、仮にそうだったとしても、映画ではそれはほぼまったく描かれない。明らかに意図的に描いていない。この点が『シン・ゴジラ』という映画を、きわめて奇妙な、奇怪とさえ言っていいような作品たらしめている。先に述べた「「公」の一部である（しかない）「私」なるもの」とは、そういう意味である。

このことは『シン・ウルトラマン』との連続性を考えるうえで重要だが、まずは『シン・ゴジラ』の「奇妙さ、奇怪さ」について別の角度からも述べておきたい。映画公開後に出版された公式記録集『ジ・アート・オブ シン・ゴジラ』に収録された庵野秀明インタビューによると、庵野は東宝から事前に「近隣諸国の国際情勢については劇中での明言を避けて欲しいという要望と、皇室に関しては一切触れてはならないという厳命」を受けたという。なるほど確かに、まさに国家的な大事件であるにもかかわらず、『シン・ゴジラ』には天皇と皇族の処遇についての言及は一切なく、近隣諸国すなわち北朝鮮や韓国、中国の話題もまったく出てこない。ゴジラ案件を共有しているのは米国とヨーロッパのみであるかのようだ。東京都が舞台であるにもかかわらず、光石研《みついしけん》演じる都知事をはじめ都庁の人間たちの影が相対的に——政府の大臣たちよりも更に——薄いのは、矢口と巨災対にフォーカスを当てたいということだろうが、かといって矢口がヒロイックにクローズアップされるわけでもない。

矢口は主人公でありながら、今ひとつ精彩を欠いている（これは長谷川博己の演技力とは無関係である）。彼のみならず、この映画に出てくる人物は、皆が皆、表情の変化に乏しく、（「おたく」よろしく）異様な早口で喋り、それと呼応するようにワンカットも短く、凄まじいスピードの編集で物語は矢継ぎ早に展開していき、あっという間にゴジラは凍結してしまっている。全体的な印象として、ディテールやプロセスが極度に省かれており、ただミッションの遂行だけを見せられているという感が強い。これももちろん敢えてのことだろう。そういう映画なのである。

もう一点、どうしても触れておかなくてはならないのは、言うまでもなくゴジラ誕生の理由である。周知のように『ゴジラ』第一作は「水爆大怪獣映画」と称されており、ビキニ環礁でのアメリカによる一連の核実験に警鐘を鳴らすスタンスのもとに制作された。香山滋によるノベライゼーションの冒頭に据えられた「作者のことば」を引用してみよう。

読者のみなさんも、すでに御承知のように、この物語の主人公「ゴジラ」は、想像上の大怪獣であって、じっさいには地球上のどこにもおりません。
しかし「ゴジラ」に姿をかりている原・水爆は、じっさいに作られていて、いつなんどき戦争目的に使われるかしれません。

そうなったら、東京、大阪どころではなく、地球全体が破滅してしまうでしょう。

そのような恐ろしい、悲惨なことにならないように、世界各国は、いっしょうけんめい、原・水爆使用反対の、もうれつな運動をおこしております。

私も、その運動のひとつとして、小説の形式で参加したのが、この物語です。

どうぞ、そのつもりで読んでいただけたら、いっそう為にもなり、興味もふかいことと信じております。

(「作者のことば」『ゴジラ』)


ところがしかし、というか、当然にも、というべきか、その後の「ゴジラ」シリーズでは次第にこの要素は後退していくことになる。「ゴジラ」が大ヒット・シリーズになるにつれて、ゴジラの存在は物語世界のデフォルトとなり、その出自や生誕が重要なエピソードとして顧みられることはほとんどなくなっていく。次第に「ゴジラ」は普通の怪獣映画に変容していった。ハリウッドで撮られた二本の「ゴジラ」映画を観てみると、エメリッヒ版『GODZILLA』ではゴジラを生み出した核実験を行ったのはアメリカではなくフランスになっており、エドワーズ版『GODZILLA ゴジラ』での水爆実験はゴジラを駆除するためにアメリカとソ連が密かに共同で行った作戦ということになっている。まったくひどい改変だが、まあハリウッド映画ならそうなるよね、とも思えてしまう。

では『シン・ゴジラ』のゴジラは、いかなる理由で生まれたのか？　作中で与えられる情報を総合することで知れるのは、海洋に不法投棄された大量の放射性廃棄物によって深海に生存していた古代海洋生物（恐竜？）が放射能に適応進化した結果生まれた突然変異生物である、というものである。不法投棄をしたのは「各国」とだけ語られる。つまり核実験という前提は完全に消去されているのだ。米国政府は、その生物を「GODZILLA」と名付けて以前から密かに調査対象としており、カヨコ・アン・パタースンが日本に派遣されてくるのもゴジラが海から姿を現したからである。「各国」にはアメリカも含まれているのかもしれないが、率直に言ってこれもかなり苦しい説明というか、逃げを打っていると思われても仕方がないだろう。だが庵野たちは、その代わり（？）にゴジラを駆除するためにアメリカに主導される多国籍軍が核兵器を使用しようとする設定を付け加えることで、いわばプラマイを合わせている。更にカヨコを被爆三世にして「おばあちゃんの国を同じ目に遭わせたくない」と言わせている。「矢口プラン」すなわち血液凝固剤によるゴジラの凍結は「核による解決」への代案であり、ここにメッセージを読み取らない観客はいないだろう。だが、それでも『シン・ゴジラ』は「反核映画」とまでは言えない。その要素もあるが、そこに主眼があるわけではない。

ただ、次のことは言える。『シン・ゴジラ』の教え、少なくともそのひとつは、問題解決の唯一絶対に思える結論に代案を見出す、ということである。そしてこれは『シン・ウルトラマン』にも引き継がれることになる。

私は公開時に『シン・ゴジラ』を劇場で観ていたが、本論のために約六年ぶりに同作を再見した。記憶も朧《おぼろ》げだったが、初見とあまり印象は変わらなかったと思う。ただし六年前にはメディアのあまりの盛り上がりに観る前からややげんなりしており、例によっての考察本、研究本などの多発にも「そこまで語ることがある作品なのだろうか?」という疑念を禁じ得なかった。もっともそれは庵野秀明だからというだけでなく、題材がゴジラだったから、という点が大きかったことは言うまでもない。「シン」以前に「ゴジラ」について語りたい論客は政治的立場やイデオロギーを問わず沢山いただろうし、注目の若い書き手に「ゴジラ」を語らせたい編集者も沢山いたのだ。そうした論客や編集者は私や庵野秀明よりも上の世代であったと思う。日本の「ゴジラ」シリーズは十二年ものあいだ新作が撮られていなかったのだが、『シン・ゴジラ』はシリーズの続きというよりも、いちばん最初の『ゴジラ』への原点回帰的な「リブート」として受け取られたのだった。

どうしてそうなったのかといえば、最大の理由はやはり「3・11」があったからだろう。『GODZILLA ゴジラ』では東日本大震災と原発事故について、悪質と言うほかない歴史改変が施されていたが、それは取りも直さずハリウッドの製作陣が「3・11」を無視出来なかったということだし、その大ヒットが呼び水になった『シン・ゴジラ』の製作も、当然ながら「ポスト3・11」というアクチュアルな問題と無関係ではあり得ない。そもそも一種の確信犯でもなければ、どうしてフクシマからたったの五年で「水爆実験によって誕生させられた怪獣の映画」を作ろうなどと考えられるだろうか？

『シン・ゴジラ』という作品には『ゴジラ』から始まった六十年以上の大きな歴史――それはつまり、ほぼ「戦後」ということだ――と、より近距離の「3・11」以後の数年間という小さな、だがおそろしくデリケートでシリアスな歴史が二重写しになっている。

だからこそ『シン・ゴジラ』は大いに論じられたのだ。

2　加藤典洋の『シン・ゴジラ』論

加《か》藤典洋《とうのりひろ》はゴジラにこだわり続けた批評家だった。彼には『さようなら、ゴジラたち』（二〇一〇年）という著作もある。加藤は『シン・ゴジラ』公開まもなく「シン・ゴジラ論（ネタバレ注意）」という評論を発表した（「新潮」二〇一六年十月号）。この文章はのちに『敗者の想像力』（二〇一七年）に収録されている。同書は雑誌に連載された批評的エッセイに同論考と大《おお》江《え》健三郎《けんざぶろう》の『水死』論を加えた構成になっているが、本編の中でも「ゴジラ」は――『さようなら、ゴジラたち』をはじめ、加藤の過去のゴジラ論をトレースするかたちで――取り上げられている。

まず「シン」以前の加藤典洋のゴジラ論の要点を述べておこう。加藤は「ゴジラ」について二つの問いを立てる。ひとつ目は「なぜゴジラは、いつも日本にやってくるのか」である。確かにゴジラは「何度も繰り返し、日本だけをめざしてやってくる」。そして「そのことを、日本の観客の多くがまた不思議に思わないで当然のように考えてきた」。それはいったい、なぜなのか?

加藤の答えは明快で、いかにも『敗戦後論』の著者らしいものである。彼はこう述べている。「そのことは、ゴジラが、戦後の日本人にとって、第二次世界大戦で死んだ兵士たち――戦争の死者たち――の客観的相関物、つまりその体現物として、むろん無意識のうちになのだが、受けとめられていることを示唆しているのではないだろうか」「つまり、ゴジラは、やってくるのではない。帰ってくる」。加藤はフランス語の「再来者（ルブナント）」が「亡霊」も意味することを（おそらくジャック・デリダの『マルクスの亡霊たち』を念頭に）踏まえて、ゴジラもそれと同じだと指摘してみせる。ゴジラの出現は「来襲」ではなく「再来」なのだと。

ここにはもちろん、デビュー作『アメリカの影』（一九八五年）以来、戦後の日本とアメリカの関係のねじれを粘り強く論じ続けた加藤の批評家としての問題意識が色濃く反映されている。彼は「かつて敵と戦った彼ら（引用者注：戦死者／再訪者たち）には帰る場所がない」と書く。ゴジラの咆哮《ほうこう》は「自分がそのために死んだ国は、どこにいったのだ」という叫び、「祖国はどこにいった?」という悲痛な問いかけなのだと。

戦後の日本人にとって、戦争の死者は、「なつかしい」、「恩義も感じる」と同時に「うしろめたい」、面と向かって会うのが「恐ろしい」、そういう多義的な存在――不気味(unheimlich＝ウンハイムリッヒ)な存在――に変わってしまっている。(『敗者の想像力』)

「ゴジラは、当初、原水爆の恐怖の権化としてつくられたのだが、観客の目にさらされると、そのさまざまな矛盾の凝集体として、スクリーンに焦点を結ぶことになった」。これが加藤のゴジラ論の核心である。「ゴジラは、妙に「後を引く」。そういう不気味な存在として、日本の社会に受けとめられ、受けいれられ、ある意味で、なくてはならないものとなっていったのである」と加藤は述べている。

だが「その後、ゴジラは、明るく、軽くなって」いった。シリーズ化の過程でゴジラはその聖なる怪獣の座から急激に単なる一匹のモンスターへと格下げされ、いわば量産型ゴジラに成り果てていく。加藤の二つ目の問いはこうである。にもかかわらず「なぜゴジラはかくも作られ続けるのか」。大ヒット商品だから、東宝のドル箱だから、という安易な正解を加藤は許さない。「なぜ、戦後の日本人にとってゴジラからきっぱりと手を切ることは、かくも難しいことなるのか」と彼は問う。その答えはひとつ目の問いと繋がっている。加藤は、ゴジラ＝戦死者たちをフロイトに倣って「不気味（ウンハイムリッヒ）なもの」と規定した。それは「反・ホーム的、アン・ファミリアー」ということである。ウンハイムリッヒは「怖いものと身近なものが重なるところ、その相矛盾する潮境で意味が多義的に拡散する地点」に生じる。そこで、先の問いへの答えは次のようなことになる。

ゴジラは、単に怖いのではない。つまり、原水爆の恐怖というだけではない。それは、身近なもの、つまりかつての自分の身近な死者＝戦争の死者たちが、遠ざけられ、素直に哀惜できないばかりに怖いものへと転移した、その姿でもある。だから、戦後の日本人は、これを恐れる。しかも、それが消えると、一抹の寂しさ、哀切の感を禁じえないのだ。

では、どうすればこのやっかいな不気味な存在としてのゴジラを撃退できるのか。退治できるのか。それは、単に押し戻し、圧伏するだけではなくならない。それは再来者＝亡霊なのだから。これを退治するには、逆に、これをなんとか自分たちに同化し、消化して、無害化、衛生化するしかない。「こわい」ものなら撃退すればよい。しかし「不気味なもの」は撃退できない。これを無化し、退治するには、この「こわい」ものを「かわいい」ものに変える、「かわいく」（cutify）する以外には方法がないのである。（同）

「こわい」から「かわいい」への転換／変換。「こうして、「不気味なもの」を、日本の社会にとって無害な、むしろ「かわいい」存在になるまで、飼い慣らし、馴致《じゅんち》することが、その後、日本の文化を駆動する一つの導因となる」。不気味なものをキューティファイせずにいられない日本人の、日本社会の心性が、ゴジラをマスコット的怪獣へとトランスフォームし、その結果として「ゴジラ」は半世紀を超えて延々と復活し続けてきた、というわけである。

このように、加藤典洋のゴジラ観、彼のゴジラ論は、ゴジラを先の戦争の死者たちと同一視するという、独特と言ってよい見方に支えられている。これは確かに加藤の問題意識に非常に強く引きつけた視点ではあるが、一定の説得力を持っていると思う。だが、それが世代や時代に強く拘束されていることは否定出来ない。先の戦争への距離感によって、つまり若い世代になればなるほど、戦死者に対する「うしろめたさ」は減衰せざるを得ないし、「ゴジラ」も近年は、加藤の主張を首肯することはかなり難しくなっていったのではないかと思える。だから加藤の二つの問いと答えは、ひとつ目の根拠がおおかた失われてしまったあとも「それでもゴジラで儲けたい／ゴジラを観たい人たち」が居続けることを加藤自身が納得するための理屈が二つ目なのであり、その二つ目はひとつ目の解釈を忘却させせないがための理屈なのだと言っていい。だが実際のところは、ゴジラがキュートになったのは、要するに『リング』の貞子や

『呪怨』の少年がキャラクター化していったのと同じなのだと考えるほうが妥当だろう。

話が少し脇道に逸《そ》れるが、私がよく思うのは、加藤に限らず、日本の（文芸）評論家にはマーケティングという観点が著しく欠けている人が多いということである。こんにちの芸術文化には「作品」であると同時に「商品」としての側面があるわけだが、値段の付けられた芸術的／文化的な「作品＝商品」が流通し売買されるという素朴な意味での資本主義的な回路への考察が、意識的なのか無意識的なのかは知らないが、大きく欠落している論者が少なくない。資本主義的な体制にアンチの立場を標榜《ひょうぼう》している人でさえ（むしろそれゆえに）そうであって、単純に「売るため」とか「売れるから」と考えれば済むことにどうにかして深遠な理由を見出そうとする一種の潔癖さは、態度としては美しいし、ある意味で正しくはあっても、敢えて言えば時間と労力（思考力）の無駄ではないかと思えてしまう。もちろん一見そうは思えないような事象の背後に重要な問題を明視するのが批評の仕事ではある。だがしかし、マーケティング、すなわち売らんかなという戦略の分析抜きに現在の芸術文化は批評出来ないと私は思っている。むろん、良くも悪くも、という但し書きを付してのことではあるが。

「ゴジラ」もまた「商品」で（も）ある。もちろん『シン・ゴジラ』も。それに庵野秀明はこの点にもきわめて自覚的・意識的だと思う。作家性と商業性は矛盾しない。それらが場合によっては両立するということを言いたいのではなく、両者は――しばしば矛盾を来たしつつも

――常に必ず「作品」に共在しているのである。

　いちおう断っておくが、私は加藤典洋のゴジラ論を否定しているわけではない。おそらく彼はちゃんとわかっていたが、だからこそ、そう考えたくなかったのだ。加藤の態度は小林秀雄から江藤淳へと連なってきた日本の文芸批評の正統に属している。他者の営み／試みを論じることが否応無しに自己へと反射してくるさまを、そしてまた自論の突き詰めが否応無しに自己ならざるものへと開かれていくさまを、ともに受け止め／受け入れること、すなわち「批評とは竟《つい》に己れの夢を懐疑的に語る事ではないのか！」ということだ。

　さて、ここでようやく加藤典洋の「シン・ゴジラ論（ネタバレ注意）」に向かうことにする。まず最初に加藤は『シン・ゴジラ』を「第一作に匹敵する、まともな作品として面白く見た」と述べる。これだけだと控えめに思えるが、加藤はこの作品を絶賛している。彼は『シン・ゴジラ』は「これまでの第二作以降の凡百の「ゴジラ」映画」とは一線を画すものだと、庵野秀明は『ゴジラ』の「更新」にはじめて成功したのだとさえ述べている。そして、その「成功」の端緒が「これまでの「ゴジラ」を「チャラ」にし、「なかったこと」にしていること」にあると指摘する。確かにシリーズ化されるということは「毎度お馴染み」になっていくことを意味しているわけで、いつのまにか作品の内外でコンセンサスと化してしまっていた「ゴジラありき」をキャンセルし、物語を「ゴジラが（まだ）いない世界」からやり直す／語り直すことこそ、庵野たちがやったことだと言っていい。そして、なぜそのような語り口になったのかという問題こそ、加藤の『シン・ゴジラ』論の最大のポイントなのである。「この映画では、誰もが、ゴジラなんて知らない。主人公は、GODZILLA？　何だそれは、という顔をする。というか、映像はいま私たちが見る通りのふだんの東京の街並みと東京近郊を映し出すのだが、この映画のなかの日本社会には、（ゴジラ・シリーズのこれまでの作品と異なり）そもそもゴジラが存在しないだけでなく、（それ以外の一般日本映画が描く日本社会と異なり）ここに描かれている社会のなかに、もはやゴジラ映画自体が、存在していないのである」。そこで援用されるのが、吉本隆明《よしもとたかあき》による「全体的な喩」という概念である。

「全体的な喩」とは、吉本が『初期歌謡論』（一九七七年）において提出した言葉である。

（引用者注：古事記の歌謡において）雲がおこり、風が騒ぎ、木の葉が揺れるといった自然の描写が、不安な、まがまがしい事件の象徴としてつかえるという識知にたっていた。そのため、〈喩〉のない叙景の歌とみえるものは、一首の背後に歌の中心を潜ませた〈全体的な喩〉の表出とみなされた。

（『初期歌謡論』）

一見すると「喩」が存在していないかに思われる歌が、実はその全体で一個の「喩」として読めるということである。このやや晦渋《かいじゅう》な用語を加藤は『シン・ゴジラ』に適用してみせる。

これまでのゴジラ映画では、いわば「喩」である架空怪獣のゴジラが、「地の文」である現実の人間社会に到来していた。またこれまでの一般の日本映画では、「地の文」のなかにゴジラ映画が書きこまれていた。私たちは、ゴジラ映画をこういう約束ごとの枠組みに則《のっと》って見ていたのだが、『シン・ゴジラ』では「喩」のレベルが、いってみるなら映画の全体に及んでいる。これまでのゴジラとゴジラ映画をすべて「なかったことにする」という全体的な虚構が、この映画の全体を覆い、社会それ自体を宙に浮遊させ、登場人物を含んですべてが同じ材料からできた一種超平面的なアニメ的世界に変成させている。映画それ自体が、一様なエンターテインメントの要素、いわば「全体的な喩」（吉本隆明）に変わってしまっているのである。

（『敗者の想像力』）

「超平面的」とは、アーティストの村上隆《むらかみたかし》が世紀の跨《また》ぎ目（二〇〇〇年～二〇〇一年）に自らキュレーションして開催した展覧会「スーパーフラット」のことであり、コンセプトには東浩紀も深くかかわっていた。加藤は吉本由来の「全体的な喩」――ここでの文脈に即せば、これは「喩の全面化」とも言い換えられるだろう――を「超平面的」という概念に接続してみせる。

それは「アニメ的世界」とも呼ばれる（この後で加藤は「SFアニメ的」という表現もしているが、それも吉本隆明の用語だと述べている）。

これは『シン・ゴジラ』の制作プロセスとも合致している。『シン・ゴジラ』は実写映画だが、いわゆるプリヴィズ――絵コンテのかわりにCGでシーンをあらかじめ作っておき、それを基にして実際の撮影を進める――を採用した、いわば「実写×アニメ」的な手法で作られたことはよく知られているからだ。スーパーフラットとは、すべてが表層にせり上がっている超絶／超越的な平面性ということだが、重要な点は、それが奥行きを持たないのではなく、むしろ無限に（近い）奥行きが表面に重ねられているということである。パースペクティヴの無化というよりパースペクティヴ自体の平面化なのだ。こう考えてみると、確かに『シン・ゴジラ』は多くの意味で徹底的に「奥行き」を欠いている。それはストーリーテリングから登場人物のキャラクタライゼーション、俳優の演技態にまで及んでいる。基本的に（本質的に?）アニメーション作家である庵野秀明の作品なのだから当然とも言えるが、それは甚だ「アニメ的」な実写映画なのだ。プリヴィズはモーションキャプチャー（生身の人間の動作を記録してCGに適用する手法）の逆の方法論だが、庵野にとって映像に映し出される人物は、言ってしまえば人間ではない、イメージに過ぎないのだ。

加藤は「シン・ゴジラ論（ネタバレ注意）」発表と同時期に収録されたインタビューで「スー

パーフラット＝超平面的な世界」を「出生率ゼロの世界」とも呼んでいる（「今度のゴジラはひとり。――次の時代への試金石として」、『『シン・ゴジラ』をどう観るか』収録）。「つまり登場人物には現実と地続きの意味での内面はない。だから、家庭がなくて、出産がなくて、恋愛がない。古代ギリシャ的にいうと、オイコス（家政）がない世界。ただポリス（公的生活）しかない。セラミック仕様で、ポリスの世界だけに薄版化されています」（同）。実際、主人公の矢口をはじめ、この映画に出てくる人物には家庭が存在していないように見える。彼らはまったく家には帰らないし、そのような描写もない。恋人や配偶者や子の写真を眺めるといったシーンもない。矢口とカヨコは何度も二人きりで会っているが、彼と彼女の間にロマンスが生まれることはない（ハリウッド映画だったら間違いなく描かれていただろう）。かくのごとく生活や感情の描写が一様にクリアカットされているさまを「出生率ゼロの世界」と呼んだのは卓見である。そしてそれは要するに、この映画がドラマ＝「劇」ではないからだ。これはやはりそれ自体として、作品そのものにまで全面化された「喩」なのである。では、それは何の喩なのか？

だが加藤は、ここから一足飛びに結論に向かおうとはしない。複数の論点を巻き込みながら怒濤《どとう》のように展開していく加藤の理路をつぶさに追うことは出来ないが、出来るだけ圧縮して述べると、加藤は『ゴジラ』一作目公開の四ヶ月前に自衛隊が創設されたこと、以後の「ゴジラ」が「自衛隊」と――物語上、当然のことだが――付かず離れずの関係性を保ってきたことに注目する。「軍」ではなく「自衛」のための組織である自衛隊のパラドキシカルな存在のありようは、日本が怪獣＝外敵に襲われるという物語の設定上、絶対に避けることの出来ない要素だが、その描き方には慎重を要する。日本とアメリカのいびつな関係の象徴というべき自衛隊と在日米軍の関係も厄介である。加藤は『シン・ゴジラ』が曖昧さに逃げずに自衛隊を物語の重要なパーツとして嵌《は》め込んだことを評価する。

戦後の日本映画で「戦争」を描くことは明らかな難儀を伴う。それはどうしても、映画（とその制作者たち）が「戦争」を肯定しているのか否定しているのかという単純極まる二項対立に陥りがちであるからだ。「反戦映画」か「好戦映画」かの二択しかあり得ないかのようになってしまうのは、取りも直さず、日本の映画観客が、日本国民が、そのような二項対立でしか思考出来なくなっている、そう思い込んで（思い込まされて）いるからに他ならない。そこには当然、ナショナリズムや愛国心（とやら）の問題も絡んでくる。

「自衛隊」も同じで、ただひたすらヒロイックに描くことも、明白な矛盾を孕んだ、あるべきではない存在として描くのも、どちらも極端に過ぎることはわかっていながら、なかなか適切な置き所が見つからない。自衛隊とは賛美することも嫌悪することも困難な存在なのである（これに似たもうひとつの存在は、言うまでもなく「天皇」である）。

だがしかし、東日本大震災を筆頭とする大規模自然災害の際の自衛隊のめざましい活躍ぶりは誰もが知るところであり、攻撃でも防御でもない、人命救助というミッションにおいては、自衛隊がとても頼りになる、頼りにしてよい存在であるということは今や多くの国民に共有された認識である。少なくとも近年、自衛隊が問題視されるのは海外派遣の是非を問われた時だけだろう。ともあれ昔と比べたら自衛隊は描きやすくなっていると言っていい。『シン・ゴジラ』では自衛隊が非常にポジティヴに描かれる。加藤はこの点にも注目しているが、それは「自衛隊容認論」ということではない。ここにも「全体的な喩」がかかわってくる。加藤はそれを『シン・ゴジラ』という「超平面的なアニメ的世界」である「映画それ自体が、一様なエンターテインメントの要素」と化すことだと述べていた。重要なのは「エンターテインメント」ということである。加藤は日本映画に比べて韓国映画がある時期から一挙に面白くなったのは、政治的なタブーや歴史的な問題を「エンターテインメント」に昇華して描けるようになったからだと指摘する。そして、次のように述べる。

なぜなら、政治的なタブーは、いま、私たちが生きているような世界では、文化的にしか、解除できない。つまり、日本が米国の属国にすぎない、などということは、これまで政治の世界、思想の世界で、何度も、言われてきたのだが、これらの「シリアス」な言説に、タブー解除の力はない。私たちは、ああ、またか、とこれを聞き流すだけである。だから、こう考えてみなくてはならないのだ。なぜ、私たちはたとえば昭和天皇を、シリアスにならなら批判できるのに、いまだに十分に「視覚的に楽しめる」形では、エンターテインメント化できないのかと。（略）しかしそのような試みが実現しなければ、「菊のタブー」といわれるものは解除されない。政治的なタブーは、ある文化的機制のもとでは、それが「視覚的に楽しめる」ようなものに、つまり、エンターテインメントに転化されたとき、はじめて最終的に、政治的に、解除されるのである。（同）

だからこそ庵野秀明はそれをやったのだ、と加藤は言っている。このあと、加藤の論は「電通」批判、すなわち体制（政権与党）や既得権益（大企業）の共犯者としての大手広告代理店が介在している限り、日本では韓国のような作品づくりは望むべくもない、と進み、『ゴジラ』第一作で「米国」が座っていた椅子に今や「電通」が座っているのだ、と述べる。確かに『シン・ゴジラ』には「特別協力」として電通がクレジットされている。庵野たちはそのことにも自覚的なのだと加藤は言う。それが彼らの戦い方なのだと。

おおよそこのような理路を経て、加藤はもう一度問う。「ゴジラとは何か」。

それはたぶん、この映画では、戦後にも、災後にも帰着しない、一つの大きな「空白」、いわば日本人の「無意識の器」である。人はそこにどのような意味を投げ込むこともできる。ゴジラはそれをすべて受けいれるが、そのいずれからも逃れてゆくだろう。（同）

これが「全体的な喩」の正体（?）である。だがこれでは何も言っていないように思えてしまうかもしれない。なので私なりにパラフレーズすると、加藤が見出す「ゴジラ」という「空白」は、かつてロラン・バルトが日本を訪ねた際、皇居を「空虚」な「中心」と評したことを思い出させる。「天皇（制）」も「そこにどのような意味を投げ込むこともできる」し「それをすべて受けいれるが、そのいずれからも逃れてゆく」ものという側面を持つからだ。それは無意味なのではない。むしろありとあらゆる意味が充満し、それゆえに意味がなくなってしまうという事態を指している。

ゴジラは「東日本大震災」のことでもあるし「福島第一原発事故」のことでもあるだろう。それ以外の、かつて起こったすべての災厄や凶事の「喩」でもあるし、これから起きる（かもしれない）すべての悲劇の「喩」でもある。この「喩」は観念的であり、即物的でもある。ゴジラは台風のように、誰のせいとも言えない自然災害なのだと言ってもいいし、いやそうではなく、ゴジラ＝自然が壊れたのは人間のせいなのだ、異常な気象変動による超大型台風がそうであるように、と言うことも正しい。偶然と人為が判別し難いことだってある。そして、このような真実（！）を、私たちはほんとうはよくわかっている。問題は、真実を受け入れるだけでは生きていけない、ということなのだ。加藤の言う日本人の「無意識の器」とは、そういう意味なのだと私は思う。

加藤は最後に、『シン・ゴジラ』は、なぜこのような映画になったのか、なぜ庵野秀明は、彼だけが、このような映画を撮れたのか、という問いを発している。加藤の答えは二つある。ひとつ目は「この映画が、これまで『ゴジラ』シリーズをささえてきた日本社会の戦後的なるものが枯渇しきった後に企てられた最初の「ゴジラ」映画だったということ」である。二つ目は、庵野が「これまで『ゴジラ』シリーズを手がけてきた監督たちのなかで、自分のなかの「挫折」や「屈辱」といったネガティブな経験を直接にかいくぐって映画の制作に入った、ただ一人の制作者だったということ」である。二つ目は庵野が『ヱヴァンゲリヲン新劇場版：Q』公開後、うつ状態に陥ったことを指しているが、重要なのはやはりひとつ目だろう。庵野が自分の意志で「ゴジラの／と歴史」をキャンセルしたのではなく、歴史のほうが過去のゴジラをキャンセルしてしまったのだ。「庵野は、彼自身のなかにいわば敗者の想像力の源泉をつくり出し、それをゴジラに共振させるようにして、この映画をつくる。ゴジラの本質は敗者たることだ。そういう直覚をこの彼自身の経験が、彼にもたらしているのである」。

こうして『シン・ゴジラ』は、加藤典洋の「敗者」論に接続される。加藤は庵野秀明が産み直した新しい「ゴジラ」へのシンパシーを隠そうとはしていない。「シン・ゴジラ論（ネタバレ注意）」へと至る彼の一連の「ゴジラ」論は、もうひとつの「敗戦後論」なのである。加藤の『シン・ゴジラ』論は、他のあまたの論者によるそれとはまったく異なっている。これまで見てきたとおり、加藤は終始徹底して「歴史」的な視点で作品を解析しており、この章のはじめに提出しておいた「公」と「私」というテーマには、ほとんど触れていない。彼が問題にしたのが「全体的な喩」という喩であったということも、この点とかかわっている。

『シン・ゴジラ』が「空白」であり、日本人の「無意識の器」であったのだとしたら、では『シン・ウルトラマン』は、いったい何なのだろうか？

残念なことに、二〇一九年五月に没した加藤典洋に、もはやこの答えを求めることはかなわない。もしも彼が『シン・ウルトラマン』を観ることが出来ていたとしたら、どのような感想を持っただろうか。彼の『シン・ゴジラ』論、庵野秀明論は、いくらかでも更新、修正されることになったのだろうか。

3　『シン・ウルトラマン』誕生

庵野秀明のクレジットが「総監督」から「総監修」へと微妙に変わった『シン・ウルトラマン』は、庵野が単独でシナリオを手がけたことに変わりはない。『シン・ゴジラ』と同じく、この作品も日本人の多くがその時々のシリーズ作品を観て育ったであろう「ウルトラマン」の基本設定を踏まえている。しかしこれも『シン・ゴジラ』と同様、いやそれ以上に、いくつかの要素がかなり大胆に改変されている。まずストーリーラインをかいつまんで記しておこう。

ある時から、巨大不明生物が次々、なぜか日本にだけ出現するようになる。自衛隊が駆除に成功するが、次にいつ現れるかわからない。やがてそれは敵性大型生物「禍威獣《カイジュウ》」と総称される。防災庁と禍威獣災害対策復興本部が新設され、同省庁の配下に官僚と科学者の混成チームによる禍威獣特設対策室専従班、通称「禍特対《カトクタイ》」が設立される。ある時、透明化する能力を持ったステルス禍威獣ネロンガの前に、とつぜんどこからともなく現れた巨人が立ちはだかる。巨人はネロンガをビームで倒し、宙へと去る。その戦いの最中に、近くの森で逃げ遅れていた子どもを守ろうとして、斎藤工《さいとうたくみ》演じる禍特対作戦立案担当官の神永新二《かみながしんじ》は命を落とす。それを不憫《ふびん》（?）に思った巨人は神永と合体し、彼は禍威獣が出現すると巨人＝ウルトラマンに変身し、ひとびとを救うために戦うようになる……。「怪獣→禍威獣」「科学特捜隊（科特隊）→禍威獣特設対策室（禍特対）」という、いささか面妖な用語変更が為されてはいるものの、ここまでの設定はオリジナルの『ウルトラマン』と同じである。

しかし異なる点もある。まず、新しいウルトラマンにはカラータイマーがない。活動に時間的制限はあるようだが、それは「三分間」ではないのだ。これはもともとの「ウルトラマン」

シリーズがテレビの三十分枠で放映されていたがゆえの「三分間」だったので、上映時間一時間五十三分の映画では、この条件を外したということらしい。それからオリジナルの怪獣は宇宙からやってくるが（宇宙怪獣と呼ばれる）、禍威獣は外星人によって地球に密かに配置され、ウルトラマンをおびき出すために目覚めるのを待っていた生物兵器とされている。

この設定はクロエ・ジャオ監督のマーベル映画『エターナルズ』（二〇二一年）を思い出させる。だがMCU（マーベル・シネマティック・ユニバース）とは異なり、「シン」の諸作品は相互に繋がってはいないようである（おそらくマルチバースでもない）。『シン・ウルトラマン』の物語世界は『シン・ゴジラ』のそれとは別だと思われる。時代がいつなのかもはっきりとはしない。いちいちテロップで地名などが表示されていた『シン・ゴジラ』とは違って、『シン・ウルトラマン』では場所や土地が明確な記名性を持っていない。これは作品テイストの違いによるものと言えるが、結果として『シン・ゴジラ』よりもどこかアナクロニスティックな雰囲気を纏《まと》っている。

もちろん『シン・ウルトラマン』には『シン・ゴジラ』との共通項もある。『シン・ゴジラ』が過去の「ゴジラ」シリーズをキャンセルしていたように、『シン・ウルトラマン』もまた、加藤典洋の言い方を借りるなら、これまでの「ウルトラマン」シリーズを「「チャラ」にし、「なかったこと」にしている」。言い換えるなら、庵野は最初のテレビシリーズ――前にも触れたが彼はそれを再放送で観たはずである――に立ち返って、いや、実はこの映画の冒頭で異様に切り替えの速い字幕で矢継ぎ早に語られる「これまでのあらすじ」で言及される巨大不明生物――ゴメス、マンモスフラワー、ペギラなど――は『ウルトラマン』より前の「ウルトラ・シリーズ」第一作『ウルトラQ』(一九六六年)に登場する怪獣なので、そこまで遡って、誰もがよく知っている物語を、あらためていちから語り直そうとしたのである。キャンセルやチャラというと不遜な感じが漂うが、庵野はもちろん「ゴジラ」にも「ウルトラ」にも最大限の敬意を払っている。なにしろ彼は重度のおたくなのだ。

おたくは造型にこだわる。『シン・ウルトラマン』の禍威獣たち、外星人、ウルトラ星人(ウルトラマン、ゾーフィ)などのビジュアル面に庵野は相当こだわったことだろう。だが申し訳ないが私は、その美学を鑑賞する感性も、その仕上がりを評価する能力も持ち合わせていない(私は幼少の時分からメカやヒーローや怪獣などへの関心が非常に薄かった)。『シン・ウルトラマン』には『シン・ゴジラ』以上に庵野のおたく性が発揮されていると思われるが、そちら方面について私は語る言葉を持たない。私に語れるのは、これまでと同じく物語と主題について、のみである。

では問おう。『シン・ウルトラマン』には、何が物語られており、何が問われているのか?

とりあえずは二つある。ひとつは超越性(ウルトラ!)について。もうひとつは自己犠牲について。この二つは『シン・ゴジラ』や『シン・エヴァンゲリオン』とも共振しつつ、「「公」の一部である（しかない）「私」なるもの」の問題を照射することになるだろう。

一九六六年七月十七日日曜日午後七時より、TBSと円谷《つぶらや》プロダクションの制作による特撮テレビドラマ『ウルトラマン』の第一話が放送された。そのストーリーは以下のようなものである。

宇宙から巨大な赤い球と青い球が飛来し、青い球がキャンプ地の湖に落下する。地球を外敵から守るために設立された科学特捜隊（科特隊）のハヤタ隊員は偵察飛行機で現場に向かうが、誤って赤い球と正面衝突し、機は大破してしまう。赤い球の中にはM78星雲から来たウルトラマン（正確に言うとこの呼び名は、この回の終わりにハヤタによって名付けられるのだが、便宜上こう記す）がいた。ウルトラマンは宇宙の墓場への移送中に逃げ出した青い球＝怪獣ベムラーを追って地球にやってきたのだった。ウルトラマンは地球人を死なせてしまったことに責任を感じ、ハヤタに自分の命を与えることにする。そしてハヤタにウルトラマンに変身出来るベーターカプセルを与える。一方、湖に沈んだ青い球はベムラーとなって姿を現す。目覚めたハヤタはウルトラマンに変身し、ベムラーを退治する。人間に戻ったハヤタは科特隊のメンバーと再会するが、彼がウルトラマンであることは誰も知らない……六十年近くも昔の作品ではあるが、もちろん特撮技術や映像センスはプリミティヴではあるものの、筋運びのテンポが良くキャラクター造型も絶妙で、今あらためて観直しても十分に楽しめる。さすがにその後の長きにわたる大人気シリーズになっただけのことはある。

私は一九六四年生まれなので、この最初のテレビシリーズをリアルタイムで観た記憶はない。にもかかわらず今回、本書を書くためにAmazonプライムビデオで再見した際、朧げながら内容を覚えていたのは、一九七一年四月に放映が開始された『帰ってきたウルトラマン』に合わせて再放送されたのかもしれない。私は六歳になっており、これは観ていた記憶がある。とはいえ前にも述べたが私は特撮ものに対する感性が著しく乏しく、たぶん一九七三年四月から一年間放映された『ウルトラマンタロウ』以後は観るのをやめてしまったのだが。

それはともかく、記念すべき「ウルトラマン」のすべての始まりは、このような話だった。では、半世紀以上を隔てた、その「語り直し」ともいうべき『シン・ウルトラマン』は、オリジナルとはどう違うのか。

すでに述べておいたように、大枠はほぼ同じである。だが微妙な、重要な変更点も幾つかある。そのひとつは、ウルトラマンが人間の主人公と融合することになるきっかけである。今しがた見たように『ウルトラマン』においては、衝突事故によって地球人ハヤタの生命を奪ってしまった宇宙人が、躊躇《ちゅうちょ》なく自分の命をハヤタに与えることを決める。そうしてハヤタはウルトラマンに変身出来るようになるのだが、あらためて当該場面を観直してみると、この事故はハヤタにも責任がないとは言えない（彼も脇見をしているように見える）。そもそも人間よりはるかに高度な文明を持った宇宙人ともあろうものが、こんなに簡単に自らの貴重な命を、たまたまぶつかっただけのひとりの野蛮な地球人にあげてしまっていいのだろうか。しかもこの奇特な宇宙人は、今後はハヤタ＝ウルトラマンとして地球の平和を守っていくとまで宣言するのである。

もちろん『ウルトラマン』は子ども向けテレビドラマなのだから、理屈抜きに「正義の味方」が誕生しても別に構わないし、それはそういうものだろう。だが、この点に敢えてこだわるのには理由がある。前にも述べておいたように、『シン・ウルトラマン』では、禍威獣特設対策室（禍特対）専従班作戦立案担当官の神永は、禍威獣ネロンガが暴れまわる現場に、逃げ遅れた子どもを保護するためにひとりで向かい、ウルトラマンが宇宙から降り立った際の爆風によって命を落とす。『ウルトラマン』のハヤタの死は言ってしまえば過失による事故死に過ぎないが（だからウルトラマンの決断は不条理とさえ言ってよい）、『シン・ウルトラマン』の神永の死は、間接的にはウルトラマンのせいとは言えるものの、そこに「他者の救助（への意志）」という要素が加わっている。この点は見逃せない。なぜならば『シン・ウルトラマン』という物語は、この点をめぐって展開していくからである。他者（たち）の生存のために自らの命を投げ出そうとすること、すなわち一種の「自己犠牲」の精神をめぐって。

しかもそれは、単なる自己犠牲とは違う。そこにあるのは（相対的に、あるいは絶対的に？）強き者が弱き者のために進んで犠牲になろうとすること、なのだ。いうなればそれは「支配する神（＝超越的存在）」から「自らの身を民に捧げる神」への転換である。この問題は『シン・ゴジラ』から『シン・ウルトラマン』に引き継がれた「公」と「私」の関係性というテーマにかかわってくる。

だが、ここは慎重に話を進めよう。『シン・ウルトラマン』には何度か、神永の姿をしたウルトラマンが森の中で死んでいる神永を見つめているシーンがある。つまり人間である本物の神永はすでに死んでおり、ウルトラマンに変身する神永は人間の姿をしていても中身は外星人であるということが明示されている（ウルトラマンの声は斎藤工ではなく高橋一生《たかはしいっせい》が担当している）。すなわち死んで復活した神永＝ウルトラマンは「人間」の「内面」を持っていない。彼の思考と精神はあくまでも外星人としてのものである。実際、『ウルトラマン』のハヤタとは違って、『シン・ウルトラマン』の神永は人間らしく振る舞うことをほとんど最初から放棄しているように見える。逃げ遅れた子どもを保護に向かったまま行方が知れなかった彼は何の説明もなく素知らぬ顔で禍特対に戻ってきて、任務とは関係なさそうな書物を大量に机に積み上げたり、図書室で異様なスピードで読書に耽《ふけ》ったり――おそらく「人間／人類」を学んでいるのだ——頻繁に無断で単独行動を取るようになる。西島秀俊《にしじまひでとし》演じる禍特対の田村君男《たむらきみお》班長は、どういうわけかそれを黙認している。

だが神永と組んで仕事をするために公安調査庁から出向してきた長澤《ながさわ》まさみ扮する浅見弘子《あさみひろこ》は、バディ＝相棒のあまりにも非協力的な態度に憤慨する。「バディ」という呼称は神永との最初の挨拶の際に浅見が口にするのだが、この点について二人が交わす対話は興味深い。浅見が、世の中は個人だけで構成されているわけではない、私たちは誰もが誰かの世話になって生きている存在なのだ、と言うと、中身はウルトラマンの神永は「そうか、それが群れか」と独り言のように応える。外星人である彼は、地球人のそのような「群れ」としての生態に幾許《いくばく》かの感銘を受けているように見える。

このように神永は、人間の姿をしてはいるが、その内面がウルトラマン＝外星人であることをまったく隠そうとしていない。そしてほどなく彼の正体は——ネットにアップされた変身の瞬間を捉えた動画によって——あっけなく全世界に知れ渡ることになる。『ウルトラマン』では、ウルトラマンの正体がハヤタ隊員であるらしいということが回が進むにつれて少しずつ露見していき、それがストーリー上の面白みのひとつにもなっているのだが、『シン・ウルトラマン』には、そのような遊びはない。この作品が語りたいことは、それとは別にあるのだ。

神永＝ウルトラマン、日本政府、地球人類は、物語の中で三度、それぞれ異なる三人の外星人によって危機に瀕する。ひとり目は「外星人第2号」（第1号はウルトラマン）ことザラブである。ザラブは電磁波を操ることでコンピュータやインターネット上のデータの改竄《かいざん》や消去／復元を自由自在に行うことが出来る。ザラブは神永＝ウルトラマンを誘拐して監禁した上で、偽のウルトラマンに街を破壊させてウルトラマンの信頼を失墜させる一方、日本を始めとする各国政府に秘密裏に接触する。ザラブの態度は表面的には友好的だが、その真の目的は地球人類の殲滅《せんめつ》である。彼は口車と暗躍によって世界の国同士を疑心暗鬼に陥らせ、互いに争わせようと企んでいる。ザラブは言う。地球現生人類、ホモサピエンスは、高度な認知力と科学力を有していながら、未成熟でむやみに増殖する秩序のない危険な群体であり、このまま放置すると有害な存在になる、だから早急に処理するべきなのだと。それは人類が自分たちにとって有害な生物にやっていることと何ら変わらないとザラブは嘯《うそぶ》く。どことも知れぬ場所に監禁された神永にはなす術がない。絶体絶命の状況である。

ところが神永はザラブに誘拐される前にウルトラマンに変身出来るベーターカプセルを浅見に密かに託していたのだった。神永の警察庁公安部時代の同僚から追跡方法を教えられた浅見は神永が監禁されている場所を突き止める。再会した浅見は神永の頰を張り、強い口調で問う。あなたは外星人なのか、それとも人間なのか。神永＝ウルトラマンは「両方だ」と答える。「敢えて狭間にいるからこそ見えることもある、そう信じてここにいる」と。浅見によって救出された神永はウルトラマンに変身して偽ウルトラマンを倒し、こうしてザラブによる第一の危機は去る。

二番目はメフィラスである。彼はウルトラマンよりも前に地球に来ていたので「外星人第0号」と名乗る。彼の名刺には「特命全権大使」とあるが、何を代表しているのかは定かでなく、詐称かもしれない。あからさまに宇宙人だったザラブとは違い、メフィラスは人間の姿かたちをしている（山本耕史《やまもとこうじ》が演じている）。その言動もザラブよりはるかに狡猾《こうかつ》である。どこからともなく次々と出現する禍威獣たちもメフィラスが地球に持ち込んだことが判明する。「大自然の怒り、祟りみたいなものだよ」とメフィラスは言う。

メフィラスはベーターシステム（ベーターカプセルの駆動原理）を使って浅見を巨大化させる（スカートのスーツ姿のまま巨人化した長澤まさみがビル街に現れる場面は、この映画において最も話題となり、かつ最も評判の悪いシーンだろう）。その実験結果とウルトラマンという実例を踏まえ、メフィラスは人類を巨大化させることによって生物兵器への転用が可能だと判断する。この事実が知れるとマルチバース世界のあちこちから人類を欲しがる輩が出てくることだろう。その前に自分が独占管理したい。メフィラスはウルトラマンに共闘を要請するが、もちろん神永は応じない。メフィラスは、圧倒的な暴力によって人類に外星人に無条件に従うしかないという概念を植え付けたいと宣《のたま》う。自分はこの美しい星の価値を一番よく知っている。だから私にこの星を委ねるのがベストの選択なのだと。これに対して神永＝ウルトラマンは、自分は弱くて群れる小さな命を守っていきたいのだと言う。

メフィラスは日本政府にベーターボックス（箱型ベーターシステム駆動装置）を供与して人類の巨大化を推し進めようと目論む。彼の計画は成功しそうになるが、神永＝ウルトラマンと禍特対の協力によってギリギリで回避される。外星人の姿に戻り巨大化したメフィラスとウルトラマンは対決するが、とつぜんメフィラスは戦うことをやめると、君を殺してまで手に入れる価値は（人類には？　地球には？）なさそうだと何の説明もなく言って、あっさりと宇宙に帰っていく。こうして第二の危機は去る。

ベーターカプセルは、もともと「ウルトラマンに変身するための起動装置」だったが、それを「巨大化技術」に読み替えてみせたところに庵野秀明の創意がある。だが実は、このアイデアは四十年近くも遡ることが出来る。一九八三年に大阪で開催された日本SF大会「DAICON4」のプロモーションフィルムとして、DAICON FILMによって制作された短編映画『帰ってきたウルトラマン　マットアロー1号発進命令』である（現在はブルーレイBOX『庵野秀明　実写映画作品集　1998-2004』に収録されている）。この三十分弱の8ミリ映画は、脚本を岡田斗司夫《おかだとしお》が、特技監督と監督を赤井孝美《あかいたかみ》が（もともと庵野が監督だったが完成目前で解任されたため赤井が引き継いだらしい）、そして総監督と主演（ウルトラマン役）を庵野秀明が務めている。DAICON FILMは、大阪SF大会の運営に携わっていた岡田と、大阪芸術大学に在籍していた庵野や赤井、山賀《やまが》博之《ひろゆき》らによって、ひとつ前の「DAICON3」(一九八一年)でオリジナルの8ミリアニメーション映画を制作・上映するために立ち上げられた組織であり、顔ぶれを見てわかる通り、のちのガイナックスの母体となる。

ここで唐突に告白するが、当時名古屋の高校生でSFファンだった私は「DAICON3」に参加し、このショートフィルムを観ている。映像の記憶はほとんどないものの、大勢の参加者の前で上映され、会場でも評判になっていたことはなんとなく覚えている。私は四十年以上前に「庵野秀明」に遭遇していたのだ。ちなみにSF大会に行ったのは後にも先にもこの時一度きりである。

『帰ってきたウルトラマン　マットアロー1号発進命令』は、もちろんウルトラマンのパロディ/オマージュ作品なのだが、ユニークな点は、他の特撮場面や造型技術はアマチュアながら相当に頑張っているのに、肝心のウルトラマンが、まだ少年の面影を残した庵野が、素顔のまま、ただ巨大化するだけで、まったく変身しない、ということである。どうしてそんなことになったのかは定かではないが、これが『シン・ウルトラマン』の長澤まさみの巨人化や、ベーターシステムの新解釈に繋がっていることは間違いないだろう。

確かによく考えてみれば、そもそもウルトラマンは「変身して巨大化」なのか「巨人に変身」なのか、今ひとつ判断のつかないところがある。前者だと解するなら、ウルトラマンになることは二段階のステップとなり、変身と巨大化は別々の現象として捉えることが出来る。等身大のウルトラマンもあるし、巨人化した人間だってあり得ることになるわけだ。だが、変身ではなく巨人化という発想には、どこかオブセッシヴなニュアンスも感じられる。

もちろん『シン・ウルトラマン』では斎藤工がそのまま巨大化するわけではない。だがこのあたりに、重度のおたくである庵野秀明が抱える二重性というか、奇妙にアンビヴァレントな感覚のようなものが覗いていることは確かだと思われる。一言でいえば、それはリアリズムへの傾きである。だがこの問題を論じるためには、庵野が「シン」以前に手がけた一連の実写映画をあらためて観直してみる必要があるだろう。

さて、最後はゾーフィである。『ウルトラマン』では「ゾフィー」なのだが、当時の新聞だか雑誌だかに「ゾーフィ」と誤植されたというファンの間で知られているエピソードから、このネーミングになったらしい(いかにもなことである)。ゾーフィはウルトラマンと同じくM87星雲の光の星(『シン・ウルトラマン』では『ウルトラマン』の「M78星雲」が「M87星雲」に、「光の国」が「光の星」に変更されている)からやってきた使者であり、地球人類の生物兵器への転用可能性がマルチバース世界に知れ渡ったため、全宇宙的に危険な存在となった人類を、地球もろとも、いや、太陽系もろとも消滅させることが決定したとゾーフィはウルトラマンに伝える。そのために天体制圧用最終兵器ゼットンが地球の衛星軌道上に配置される。ウルトラマンはゼットンに戦いを挑むが、まったく歯が立たず、神永の姿に戻って昏睡状態になってしまう。人類と地球の命運も尽きるかと思われたが、禍特対のメンバーである物理学者、滝明久《たきあきひさ》の発案によって世界中の科学者が知力を結集し、ベーターシステムを用いて次元に裂け目を生じさせ、ゼットンを別次元に放逐するという作戦が案出される。その任務の遂行もウルトラマンにしか出来ないのだが、ゼットンとともに次元の向こうに飛ばされたまま戻ってこられなくなる可能性が高い。それゆえ班長の田村は作戦の実施を躊躇するが、神永＝ウルトラマンは、そうなっても自分は構わないと言い、最後の使命へと赴く。

作戦は成功し、ゼットンは異次元に追いやられるが、ウルトラマンも次元の裂け目から脱出出来なくなってしまう。そこにゾーフィが現れ、ウルトラマンと対話を交わす。ゾーフィは、人類には今後も存続する価値があると判断し、地球の破壊は中止したと告げる。そしてウルトラマンに光の星に帰ろうと言うのだが、ウルトラマンは人類の未来を案じ、自分の命を神永に授けてほしいとゾーフィに懇願する。ゾーフィはウルトラマンの気持ちを汲んで、その願いを受け入れる。神永は目を覚まし、禍特対の面々が彼を迎える。これが第三の危機の顛末《てんまつ》、そして物語の結末である。

ウルトラマンは、次のようなことを述べる。他者のために自らの命を差し出す興味深い生命体、それが人類だと。そんな人間を信じて、自分も最後まで争うのだと。死への覚悟と生への渇望が同時に存在するのが人間の心だ。要するに、何もわからないのが人類なのだ、と。そんな認識に立ち至って、この外星人は地球現生人類の一個体に過ぎない神永に自分の生命を与える。ウルトラマンは、人間であった時の神永が見ず知らずの子どものために自分の命を——結果としてではあれ——抛《なげう》ったという、より進化した知的生命体にとっては理解不能な事実に人類の本質を見出し、その美徳に殉じることを決意し、それを最後まで貫いた、ということである。

このように考えてみると、『シン・ウルトラマン』の結末は、まるで『ウルトラマン』の第一話で描かれた、そもそもの始まりへと繋がっていくかのようにも思われる。神永の姿をしたウルトラマンは見た目は地球人でも、あらゆる意味で人間ではなかった。その内にいる／在るのは、あくまでも超（ウルトラ）人（マン）＝神（超越的存在）だった。ところが物語の最後の最後で外星人と地球人は真の意味での融合を果たす。超人は人間に、「神」が「人」になるのである。

『シン・ウルトラマン』の監督は『シン・ゴジラ』に引き続き樋口真嗣が務めた。前にも述べたように庵野秀明のクレジットは脚本は『シン・ゴジラ』と変わらずだが、「総監督」から「総監修」へと微妙に後退している。だがこれは制作期間が『シン・エヴァンゲリオン』と重なってしまったため、庵野がそちらに集中する必要があったからであるらしい。
庵野の全幅の信頼を得て現場を仕切った樋口は、雑誌「Pen」の『ウルトラマン』特集のインタビューで、こんなことを話している。

人間と外星人の〝狭間〟の存在であるウルトラマンから見えてくるのが、人間とはなんなのかということ。人類はこれまでどのように生きてきて、これからどういう未来が待っているのか。それを描くことがこの映画の本質なんじゃないかと思いました。

＊

禍特対は、人間の代表としてふさわしい人たちを集めた感じがあります。誰ひとり心に陰りや濁りのない人たち……。そういうポジティブな心の清らかさというのは、僕らが子どもの頃見ていたオリジナル版の登場人物にあったような気がするんですよね。『ウルトラマン』をいまの時代でつくるなら、その感覚を再現したいという思いがありました。僕らが子どもの頃に見た『ウルトラマン』は、心に濁りのない人たちと一緒に怪獣を退治していたわけで、そういう人たちが抱いていた「理想」とか「未来」を、こういう世の中だからこそ、もう一度ちゃんと提示できないだろうかと考えた。

樋口は他のインタビュー記事でも、庵野から監督を打診された際に『ウルトラマン』第一作を語り直そうと言われたと述べている。それは一九六〇年代半ばの時代の心性を、二〇二〇年代に移植することである。だが、そんなことが果たして可能なのだろうか？

『ウルトラマン』で描かれた未来は、とっくの昔に過去になってしまっている。「だとしたら、いまの時代の「ステキな未来」の話をきちんと映画にしようと思った」と樋口は言う。「あまりにも希望的だし、現実離れしているかもしれませんが、そういうことを思わないと、世の中もっと酷いことになってしまうんじゃないかな。そういうのはたとえウソでもやるべきなんじゃないかな、と」。要するに「人間ってまだやれるんだよ」と、この映画を通して言いたかったのだと樋口は述べている。正しい現状認識であり、好ましい創作姿勢だと思う。「特に根拠はないけれど、こういう先が見えない暗い時代だからこそ頑張らないといけないと思うんです。僕らが最初に『ウルトラマン』を観た時と同じように、観客が当時の僕らと同じような気持ちになれるようにと、つくりました」。『シン・ウルトラマン』の、それまでの暗く押し詰まったような空気感からすると明らかに唐突で、いささか御都合主義的とも思われかねないラストの展開は、少なくとも監督の樋口にとっては、以上のような意志に支えられていたのである。

とはいうものの、やはり『シン・ウルトラマン』という作品は、「希望的」とまでは呼べないのではあるまいか。確かに結末では希望の光が暗示されている。しかしそれは必ずしも「ステキな未来」とまでは言えない。全体を通してみると、どちらかといえばこれは楽観的というよりも悲観的な、そこまでは言わなくとも懐疑的な物語だと言わねばならない。それは樋口真嗣が、ポジティヴな発言をするにあたって「特に根拠はないけれど」と前置きしなければならなかったことにも表れている。

ゼットンにウルトラマンが一度敗れてからの地球人の突然の覚醒と総決起は、明らかに『シン・ゴジラ』の再話＝反復である（禍特対の滝は『シン・ゴジラ』の巨災対＝巨大不明生物特設災害対策本部の矢口の縮小再生産である）。最後の、そして最大の危機に瀕して唐突に人類はやる気を起こすのだが、それはウルトラマンが役に立たなかったからである。『シン・ウルトラマン』のウルトラマンは実はほとんど活躍していない、という指摘は公開時からしばしば為されていたが、実際そうである。端的に言って『シン・ウルトラマン』のウルトラマンはあまり強くない。三つの危機にかんしても、それは言える。

第一の危機ではザラブに簡単に眠らされ監禁されてしまう。それを見越して手を打っておいたとはいえ、油断するにも程がある。浅見が助けに来なかったらどうするつもりだったのか。第二の危機ではこれからというところで敵のメフィラスが戦闘を放棄する。その理由も説得的とは言い難い。あのまま闘っていたらどうなっていたのかはわからない。第三の危機ではゼットンに敗退して眠り続けている間に人類が頑張る。二度目のチャレンジでゼットンを駆逐するのに成功するが、自分も異次元から戻れなくなり、ゾーフィによって救われる。つまり実際には三つの危機のどれひとつとしてウルトラマンは自分の力だけで解決していないのだ。すべてが（敵を含む）相手任せなのである。それはつまりウルトラマン自身が「誰かの世話になって生きている存在」だということであり、「他者の救助（への意志）」の対象だということである。何しろメフィラスでさえ「君を殺してまで」と言って戦いをやめてくれたのだ。ウルトラマンは、けっして強くはない。むしろどちらかといえば、弱い。『シン・ウルトラマン』は、表面的にはほとんどそうは見えないが、実のところは「アンチ・ヒーロー映画」なのである。

だが、その一方でウルトラマンは、この地球で最も「神」に近い存在、とも言われる。なるほど彼の能力は、地球上のあらゆる人間のそれを軽く凌駕《りょうが》している。だが、神に限りなく近い存在は、神ではない。しかも、限りなく神に近いはずの彼は、人になることを選ぶのである。あるいはこう言ってもよいだろう。彼は、ある種の「人間」にとってはごく自然な行いである「自己犠牲」を実装してしまったからこそ、強くなくなってしまった、弱くならざるを得なかったのだ。「自己犠牲」を学んでしまった神、すなわち「自らの身を民に捧げる神」は、たとえ超越性はそのままだとしても、もう「神」ではいられない。

庵野秀明が代表取締役社長を務める株式会社カラーが発行元となったビジュアル・ブック

『シン・ウルトラマン　デザインワークス』には、ウルトラマンや禍威獣といった作中に登場するキャラクターのデザイン・コンセプトやスケッチなどとともに、氷川竜介《ひかわりゅうすけ》のメールによる質問に答えるかたちで構成された庵野の「『シン・ウルトラマン』手記」と、庵野が円谷プロに提出した一連の企画書が収録されている。この「手記」によると、「ウルトラマン」のリブートというアイデア自体は二〇一三年の末まで遡るという。当時、難航する「エヴァ」からなんとか逃げ出したかった庵野は「帰ってきたウルトラマンプロットメモ」という企画書を書いた。その後、二〇一七年の終わりに実現の可能性が見えてきたことで企画書を書き直し、現在のかたちへと変化していった。

プロットで先ず大きく悩んだのは、主人公がウルトラマンと融合する段取りです。初代『ウルトラマン』だとウルトラマンのミスによる人身事故の責任を取る流れでしたが、それは避けたかったんです。他天体からの高度な生命体を描くならば、最初は人間とは違う価値観等から人間に興味を持ち、人間を理解したいという流れにしたかったんですね。初代の第1話だと出会った時点で対等な関係なんですが、そこは変えておきたかったんです。自分だけだと中々まとまらず（以下中略。スタッフにも意見を求めたが）ピンと来なくて結局、（2018年）8月頭に自分で考え直した主人公の自己犠牲から始まる本編の流れになりました。

自己犠牲というシチュエーションを軽々しく描くべきではないと思っているのですが、ウルトラマンが人間に興味を持つ流れをなるべく観客と共有出来るシンプルな段取りで描こうとしたら、主人公の自己犠牲しか考え付かなかったんです。これは僕の力不足ですね。

(『シン・ウルトラマン　デザインワークス』)

これを読むと「自己犠牲」はいわば苦肉の策であったかのようにも思えるが、たとえそうだったのだとしても、最終的にこのアイデアが選ばれたことはすこぶる興味深い。なぜならば、自己犠牲という主題は『シン・ゴジラ』には皆無と言ってよく、新旧「エヴァ」では何人かの登場人物が自己犠牲的な死を遂げるものの、それらはストーリー展開の都合以上の意味を持たされてはいなかった。『シン・ウルトラマン』で、庵野秀明は初めて真正面から「自己犠牲」に向かい合ってみせたのだ。

『シン・ウルトラマン　デザインワークス』の「シン・ウルトラマン(仮題)企画メモ」の一項目である「アイディア・メモ」には、次のような記述がある。

ウルトラマンと人類は同種。だから融合出来る。究極まで進化した人類型。スタンドアローン。他者を必要としない。寄り添って健気に生きる人類に好意を持つ。保護者であり監視者の立場。
個で生きるウルトラマンと群で生きる人類。
また、「シン・ウルトラマンプロット案」には、こうある。
ウルトラマンが主人公と出会い、別れるまでの物語。
そして、人間になろうとするウルトラマンの話。

非常に明快である。「個」と「群(れ)」の対比は、本論が問題にしてきた「個」と「公」の対比の変形と言える。では「群」と「公」はどう違うのか。簡潔に言ってしまえば、「群」が自らを維持するために種々の内規を生み出し社会化することによって「公」が、その内部に発生してくる。ここで言われる「群」すなわち人類は、他者を互いに必要とし、ある状況において、ある条件が揃えば、相互的な自己犠牲を厭《いと》わない存在である。では「群」が社会化、すなわち「公」に変容するにあたって、人類のこのような属性はいかなる変化を遂げることになるのか、あるいは変化しないのか?
本章のはじめに、私はこう述べておいた。

だが、少なくとも『(シン・)エヴァンゲリオン』と『シン・ゴジラ』『シン・ウルトラマン』の二作は、私の考えでは「主題」が異なっている。まず簡潔に述べてしまえば、前者は「私の問題」を、後者は「公の問題」を扱っているのだ。すぐさま断っておくが、もちろんどちらにおいても、一方だけではなく「私」と「公」は複雑に絡み合っている。だからもう少しだけ丁寧に言い直すと、『(シン・)エヴァンゲリオン』では「私」の内なる「公」の行方が、『シン・ゴジラ』と『シン・ウルトラマン』では「公」の一部である(しかない)「私」なるもののありようが、それぞれ問われているのである。そして『シン・ウルトラマン』は、この意味において、明らかに『シン・ゴジラ』を反省的(批判的?)に引き継いだ作品になっており、更に言えば「エヴァ」の完結編である『シン・エヴァンゲリオン』とも共振する部分を含んでいる。

庵野秀明は「手記」でこう語っていた。「初代の第1話だと出会った時点で対等な関係なんですが、そこは変えておきたかったんです」。『シン・ウルトラマン』で出会い、別れる、ひとりの外星人とひとりの地球人は、まったく「対等な関係」ではない。両者には神と人ほどの違いがある。物語の視点は明らかに外星人の、ウルトラマンの側にある。これは「神」に限りなく近い者が、自己犠牲という無意味な行為の重要な意味に気づくことで（あるいはその「意味」に囚われて？）、最終的に「人」になることを選ぶ、という物語なのである。

『シン・ゴジラ』で描かれた「「公」の一部である（しかない）「私」なるもの」とは、自ら進んで「公」たろうとする「私」、自信と確信を持って積極的に「公」の一部になることで自己実現を果たそうとする「私」、そしてそれに成功する「私」だった。これを受けて『シン・ウルトラマン』が語った、少なくとも語ることを試みたのは、それならば「私」から「公」はどのように発生してくるのか、という問題である。そこに「自己犠牲」というテーマが絡んでくるのだが、これは見た目ほど単純な話ではない。

なぜならば「公」とは基本的に「自己」よりも「他者」の「犠牲」を要請するものであるからだ。だから逃げ遅れた子どもをたったひとりで助けに行くという行為、そのために自分の生命が損なわれたとしても、それはそれで本望だという、正当性を欠いた、とても合理的とは言えない、どこかやぶれかぶれの、やみくもな意志のような何か、ここでは「自己犠牲」と呼ばれている何かを、「公」に背反するものではなく、その種子だと考えること、考えようとすることは、結局のところは「「公」の一部である（しかない）「私」なるもの」の「私」を、もう一度あらためて摑《つか》み直すことに繋がるのかもしれない。

だが、先走るのはよそう。「〈シン〉の構造」を解き明かすには、まだ材料が足りない。

第三章　庵野秀明は「実写」の夢を見るか

1 「実写」で／を撮るということ

庵野秀明は『シン・ゴジラ』（二〇一六年）以前に三本の実写の長編劇映画を監督している（『シン・ゴジラ』のクレジットは「総監督」だが、一本の作品のクリエイティヴな面の最高責任者＝作者という意味で、この場合の「監督」と「総監督」はほぼ同じと理解してよいだろう）。『ラブ&ポップ』（一九九八年）、『式日』（二〇〇〇年）、『キューティーハニー』（二〇〇四年）である。『キューティーハニー』と『シン・ゴジラ』の間隔が十年以上開いているのは庵野が「ヱヴァンゲリヲン新劇場版」に専念していたためだと思われる。『シン・ゴジラ』は「新劇場版」の三作目に当たる『ヱヴァンゲリヲン新劇場版：Q』（二〇一二年）と最終作『シン・エヴァンゲリオン劇場版』（二〇二一年）の合間に撮られたのであって、この点も興味深い。庵野秀明の「成熟」は、この時期に急速に進行し、『シン・エヴァ』で完成（?）に至ったのだと考えられるからである。

本章では「庵野秀明の実写映画」を取り上げる。庵野のフィルモグラフィにおいて特別な位置を占めていると思われる実写作品、言い換えるなら「非アニメ映画」の最初の三本をあらためて観直してみることで、何が見えてくるのかを考えてみたい。というのも、庵野にとって「実写」という表現手段は、本来は「アニメ」の補完物であったはずなのにもかかわらず、それがまさしく「実写」、すなわち現「実」を「写」し取るものであったがゆえに、必然的かつ不可避的に「リアリズムへの傾き」を帯びていくことになったからである。もちろん、ここで重要なのは、その「リアリズム」とは、いかなるものであったのか、ということなのだが。『ラブ&ポップ』『式日』『キューティーハニー』の三作品は、ジャンル的にもスタイルの上でも、まったくと言っていいほど似ていない。クレジットを伏せられて観たら別々の監督かと思ってしまうほどである。庵野秀明という作家の手札の多さとテクニシャンぶり、映像センスのレンジの広さを証立てるものだが、もちろんそこには共通点もある。

ひとつ目は、言うまでもなく「非アニメ性」、アニメーションとの差異化である。庵野は自分が長年作ってきたアニメでは出来ないこと、実写だからこそやれることをやろうとした。文字通りの「LIVE ACTION（＝実写）」であることだけでなく、それらを司るメカニズムとテクノロジー、完成に至るまでの制作プロセスが、アニメーションとは根本的に違っているということ、何よりもまず「実写映画」はムービーカメラと呼ばれるマシンによって撮影／記録されるものであるという大前提に庵野は極めて意識的だった。

アニメートという動詞、アニメーションという名詞は、ラテン語で「魂」を意味する「アニマ」に由来し、生命なきところに魂＝いのちを吹き込むこと、動きなきものに動きを与えるという意味である。対して実写映画は、今まさにそこで動いているものを動いているがままに記録する――たとえその後にさまざまなポスト・プロダクションが施されるのだとしても――ものである。庵野のように実写とアニメを両方手がける監督がけっして多くはないのは、両者が同じ「映画」という言葉で呼ばれていても実はまったく異なる表現であるという端的な事実が齎《もたら》す本質的かつ職能的な条件による。

庵野秀明という表現者の軸足が――少なくともこれまでは――アニメーションにあることは疑いない。むしろだからこそ庵野が撮る実写映画には実写しか撮らない監督とは別様の「非アニメ性」が刻印されており、それこそが彼が実写映画に向かった動機でもあったのだとひとまずは言えるだろう。

もうひとつは、三作とも「原作もの」であるという点である。『ラブ&ポップ』は村上龍の長編小説、『式日』は主演も務めた藤谷文子《ふじたにあやこ》の短編小説、そして『キューティーハニー』は言わずと知れた永井豪《ながいごう》の有名マンガが、それぞれ「原作」としてクレジットされている。だが観ればわかるように、どれもオリジナルに完全に忠実というわけではなく、さまざまな（作品によっては大胆な）アダプテーションが加わっている。改変や処理の有様も三作はそれぞれ違っているのだが、「エヴァ」のようなオリジナル作品ではなく、他者（たち）の創作物が出発点に置かれているという点は共通している。むろんこのことは一連の「シン」の試みとも繋がっているだろう。いや、それを言うなら「エヴァ」も先行する「ロボットアニメ」の歴史と蓄積を踏まえた上で「新世紀」を掲げてみせた試行だったわけで、だからこのことは、何であれ誰であれそれはそういうものなのだということ以上に、庵野秀明が他者たちの表現に深く共振しマニアックに耽溺《たんでき》する「おたく」であった／あるということ、そうであるがゆえに基本的に他者たちの表現を通してしか自己表現に向かえない（する気にならない？）メンタリティと志向性を持っていた／いるということを明瞭に示しているのだと思われる。庵野はアダプテーションによって（のみ？）イマジネーションが駆動され、オマージュを通して（こそ？）オリジナリティを発揮するタイプの映像作家なのであり、だがしかし、そこに込められた熱量とこだわりが、しばしばあまりにも過剰で、時として歪《いびつ》でさえあるということが個性であり才能でもあるようなクリエイターなのだ。

非アニメとしての実写、原作もの、だが、庵野の三本の実写映画の最も重要な共通点は、どれも女性が主人公であるということである。『ラブ&ポップ』は三輪明日美《みわあすみ》演じる「裕美《ひろみ》」、『式日』は藤谷文子演じる「彼女」、『キューティーハニー』は佐藤江梨子《さとうえりこ》演じる「如月《きさらぎ》ハニー／キューティーハニー」が、物語の中心に置かれている。一見すると三人のヒロインは異なったキャラクターに思えるが、しかしこれから見ていくように、そこにはある種の一貫性と連続性がある。

だがそれ以前に、物語の中心に「女性」が据えられているという点で、三本の映画は、何人もの重要な女性キャラを配しつつも「碇シンジ」という主人公の少年＝男性の（かなり捻れた？）ビルドゥングスロマンとして進行し、最後の『シン・エヴァンゲリオン劇場版』の結末でシンジが「大人の男」になった／なれたことをあからさまに示唆して終わる「エヴァ」とも、相手役＝パートナーとして女性の登場人物が据えられ、集団劇の様相もあるがひとりの男性が主人公と言ってよい『シン・ゴジラ』『シン・ウルトラマン』とも異なっている。

「エヴァ」以前に庵野がシリーズ総監督を務めたアニメ『ふしぎの海のナディア』（一九九〇年〜一九九一年）は少女が主人公だったし、『エヴァ』の後に庵野が監督した『彼氏彼女の事情』（一九九八年〜一九九九年）は男女二人が主人公なのだが、それでもやはり三本の実写映画は「女性の映画」であるという点で庵野のフィルモグラフィの中で異彩を放っていると、とりあえずは言えるのだが、果たしてほんとうにそうなのだろうか？

2 「宝石」はけっして手に入らない——『ラブ&ポップ』

映画『ラブ&ポップ』の原作である村上龍の長編小説『ラブ&ポップ』（一九九六年）は、副題に「トパーズⅡ」とあるように、一九八八年に発表された連作短編小説集『トパーズ』の続編という位置付けだが、表題作のコールガールを始めとして金銭と引き換えに客の過激な要求に応じる売春業の「プロ」の女たちがヒロインだった前作とは打って変わって、この作品で描かれるのは伝言ダイヤルや路上ナンパでバイト代わりにライトなビジネスを行う「シロウト」の女子高生たちである。女子中高生がさほど高額ではない金品と引き換えに年上男性と時には性交渉を含めて付き合う「援助交際」は援交と略されて九〇年代半ばには社会問題化していた。またいわゆる「ブルセラ・ショップ」に学校の制服や体育着、水着、ルーズソックスなどを「売り」に来る女子学生も数多く存在した（そういう店が数多く存在していた）。当時は東京都立大学の助教授だった社会学者の宮台真司が援交少女やブルセラ少女に聞き取り調査や「フィールドワーク」を行って著した『制服少女たちの選択』は一九九四年の出版である。

しかし一九九九年に児童ポルノ禁止法が施行されるとブルセラ・ショップは次々と摘発され、あっという間に姿を消すことになる。村上龍の小説は「援交ブーム」が最盛期をやや過ぎた頃に書かれたものだが、庵野秀明はこの作品を実写映画の監督第一作（エンド・クレジットに「監督　庵野秀明（新人）」と出る）の原作に選んだ。

ブルーレイBOX『庵野秀明　実写映画作品集　1998－2004』に特典映像として収録されている第二十七回東京国際映画祭（二〇一四年）での特集上映「庵野秀明の世界」におけるアニメ・特撮研究家の氷川竜介とのトークイベントでの発言によれば、庵野が実写で映画を撮ってみようと思い立ったのは『新世紀エヴァンゲリオン』の最終二話における実写パートがきっかけだったという。スマートフォンで劇場用映画が撮れてしまう現在からすると隔世の感があるが、この頃、民生機のデジタルビデオカメラの高性能化と低価格化が飛躍的に進んでおり、スケジュール管理と物語の両面にわたって崩壊寸前の危機的状況の最中なかば苦し紛れに導入したと思しき実写映像のクオリティにいたく感心した庵野は、デジカメだけで長編劇映画が撮れるのではないかと思いつく。原作に『ラブ&ポップ』を選んだ理由は、村上龍を当時よく読んでいたのと（前述のように庵野は「エヴァ」に影響を与えた作品として『愛と幻想のファシズム』〈一九八七年〉を挙げている）、本物の女子高生をひとり出せば、それだけで一本撮れると思ったからだという。当初は五百万円ほどの低予算で製作するつもりだったが、空前の「エヴァ」ブームの中、予想以上に金が集まり、最終的には制作費一億円で『ラブ&ポップ』は撮られることになった。

だが庵野は最初のアイデア通り、最大七台に及ぶ家庭用デジカメで同時に撮影するという、当時としては斬新な方法で実写映画第一作を撮り上げた。その結果、この映画は小型カメラならではの視点ショットの多用（出演者の頭にカメラを装着して撮影された）やヒロインの身体パーツの接写、従来の映画では見られなかった凝ったアングル、手持ちの映像やダイナミックな移動撮影など、自由闊達《かったつ》で印象的なルックを獲得しているのだが、現時点から見ると、それらは「当時の最先端」の感は否めない。もちろんそれは仕方のないことであり、公開当時はスタイリッシュな映像が注目されたものである。ユニークな撮影スタイルによって誇張された少女たちの「からだ」への（必ずしも性的なものだけではない）フェティッシュな視線は、庵野のその後の実写映画にも受け継がれるが、それはそもそも庵野のアニメ作品にも言えることだし、庵野に限らず（主に男性監督の）日本のアニメ全般に言えることかもしれない。

映画は制服を着たままで水中に漂う裕美の姿で幕を開ける（それはあからさまに「エヴァ」の綾波レイを想起させる）。「一九九七年七月十九日」と字幕が出る。物語はこの日、知佐《ちさ》、奈緒《なお》、千恵子《ちえこ》の同級生三人と夏休みに海に行くための水着を渋谷まで買いに行った裕美が、アクセサリーショップに陳列されていたトパーズの指輪をどうしても欲しくなり、店が閉まる夜九時までに十二万八千円の代金を用意するべく、何人かの男性との援交を試みる、というものである。シナリオライターは「エヴァ」シリーズにも参加している薩川昭夫《さつかわあきお》で（余談だが薩川は私の大学時代の映画サークルの先輩で、私は彼が監督した八ミリ映画の撮影を手伝ったことがある）、ほぼ原作そのままのストーリーになっている。庵野は脚本にはクレジットされていないが、当然あれこれ口を出していただろう。庵野は撮影現場で当時本物の高校生だったメインキャストの自然な演技を優先するため台詞を変えても構わないという方針を採っていたとのことであり、後で述べるようにラストシーンも当初のシナリオから変更されている。

この映画はたった一日の出来事を随所に裕美のモノローグ（三輪明日美ではなく商業映画第一作『萌の朱雀』で第五十回カンヌ国際映画祭のカメラ・ドール＝新人監督賞を受賞したばかりだった

河瀬直美《かわせなおみ》がナレーションを担当している）を交えながら語っていく。映画の最初と最後に裕美が見た夢の内容が出てくる。はじめの「1997年7月19日の朝に、吉井裕美が見た夢」は、次のようなものである。

会ったことのないデブの男が、とても高い山の中腹の小道で、看守にキノコ採りをさせられている。何か修行のようでもあるし、罰のようでもある。キノコは見たことのない形で、シュウマイに似ている。非常に乾燥していて、表面に粉を吹いている。二箇所でキノコを採取したあと、デブの男は岩山に貼り付いているサソリを見つける。小型の、赤と緑のサソリ。こんなことやってられませんよ、刺されたら死にますよ。デブの男は看守にそう訴えるが、紺色の制服の看守は聞こえないふりをして知らん顔している。

奇妙で不穏な夢である。女子高生がこんな変な夢を見るだろうかとも思うが、こんな夢を見てしまう女子高生としてヒロインが設定されているということだろう。吉井家の朝の光景。父親はリビングに鉄道模型のジオラマを広げている。母親は朝食にフレンチトーストを用意してからいそいそと水泳の試合に出かけてゆく。姉（三輪明日美の実姉の三輪ひとみが演じている）はまもなくひとり暮らしをするために家を出ることになっている。この日は土曜日で高校は午前中で終わり。裕美は友だちと渋谷に繰り出す。当時コギャルと呼ばれた女子高生たちの空虚で生き生きとした／生き生きとしつつも空虚な生態がリズミカルに描かれていく。

彼女たちは路上で声を掛けてきた男にお金と条件次第で躊躇《ちゅうちょ》なくついていく。しゃぶしゃぶを奢《おご》りながら裕美たちと同世代の自分の娘の自慢話を延々として、ちゃんと話を聞いてないと激昂する男、ケータイを貸すので伝言ダイヤルで若い男性からのメッセージを集めてくれと依頼する男、裕美がトパーズの指輪に魅せられると、友人たちは協力して資金を得ようと羽振りよさそうな中年男とカラオケに行く。ひとしきり歌った後、男はおもむろにアタッシェケースから果物のマスカットを出してきて、裕美たちに何度か噛んで口から出してくれと頼む。彼はそれをコレクションしているのだ。そんな変態的な要望に応えた結果、ひとり三万円の四人分でトパーズの代金はゲット出来たが、裕美はみんなで稼いだお金はみんなで使いたいと言い、自分ひとりで夜九時までにトパーズを買うお金をゲットすることに決める。だがそれも援交以外に術《すべ》はないのだった。

それから裕美が会う男たちは、恋人のふりをしてレンタルビデオショップに一緒に行ってくれと依頼する青年など変わり者ばかり。そして裕美は最後に、手に持ったぬいぐるみと話す不思議な男とラブホテルに行くことになる。彼女はまだ一度も体を売ったことはない。だがあのトパーズの指輪は絶対に自分のものにしたい。欲しいものや、やりたいことは、その時を逃したらダメなのだと、彼女はなかば強迫観念的に思い込んでいる。

ここで語られているのは、宝石の魔力でもなければ、少女の物欲でもない。「トパーズの指輪」は、裕美が駆られている刹那的な衝動と得体の知れない焦燥の象徴であり、それ自体にはさほどの価値も意味も本当はありはしない。彼女が欲しがっているのは、もっと不確かな、それゆえに厄介な、目には見えない何か、なのだ。このことは映画の始めから示されている。裕美はモノローグで「世の中のものは唐突に変わるときがある」と言う。

（略）男も女も、大人も子供も、お父さんだって二回変わった人がいる。生きていた人も、ある日、お墓や写真に変わる。目に見えるかたちがいつの間にか消えてなくなっていく。心の中のかたちも変わっていく。曖昧になっていく。いずれ消えてしまう。ただ、変わらないと思っていたものも、変わってしまう前に終わっているだけかもしれない。わたしは変わってしまうのだろうか。変わっていけるのだろうか。これは、考えたところでわからないのがわかった。世の中のものは必ず終わっていく。人の気持ちも終わっていく。中学の友だちも終わっていく。しかし、新たな環境は新たな友だちを作ってくれた。世の中は同じことの繰り返しなのかもしれない。でも私は消えてしまうもの、うつろいゆくものの今を繫ぎ止めておきたいと思う。そのために、カメラを手にした。

裕美は小さなカメラで写真を撮っている。この設定は原作にはない。裕美という名前は原作通りだが、それは九〇年代半ばに十代で登場するや写真シーンに旋風を巻き起こし、映画の舞台と同じ一九九七年に渋谷パルコギャラリーで個展が開催されるなど人気絶頂だったフォトグラファーHIROMIX（本名は利川裕美《としかわひろみ》）と同じである。庵野がこの偶然（？）を認識していたのかどうかは不明だし、裕美のカメラの趣味は（ラストシーンを除けば）映画の中でさほど強調されるわけではない。それはただ「消えてしまうもの、うつろいゆくものの今を繋ぎ止めておきたい」という彼女のそれなりに切実な想いを表す道具として出てくるだけにも思える。それに、おそらく裕美にはHIROMIXのような才能はない。

裕美は友だち三人に引け目を感じている。ストリートダンスをやっているチサはすぐに辞めると思っていたのにどんどんハマってゆき、学校を中退してプロになると言う。ナオはパソコンをお金を貯めて自力で買ったし、ダイエットにも邁進《まいしん》している。ちいちゃんは四人の中でいちばん大人っぽくて経験豊富だ。裕美は自分には何もないと感じていて、そのからっぽを今はトパーズで埋めようとしている。だが同時に、彼女は「大切だと感じたものでも、たった一晩で平凡なものに変質してしまう」ということも最初からわかっている。

青年とラブホテルに入った裕美は、彼が始終話しかけているぬいぐるみの尻尾が取れてしまったのを縫ってあげる。男は裕美が裁縫が出来ることに感心し、あれ聞いてみようかとぬいぐるみに確認してから裕美に質問する。もしここに神様が来て、なんでもひとつだけ願いを聞いてやると言われたら、何を願う？　一兆円だっていいんだぜ。裕美はお金は要らないと答える。指輪が欲しいって言ってたよな。指輪でもない。彼女は笑わない。と聞いてから、胸が大きくなりたい、と願いを口にする。胸が小さいから。他の部分はだいたい好きで、許せるっていうか。世界一頭良くなりたいとかじゃないのか、と男に言われると、そういう人って辛そうだからと裕美は答える。女子高生ってみんなそういう感じなんだ？　たぶん。

いよいよセックスする流れになり、裕美は裸になってバスルームに行く。だがなかなか決心がつかずに浴槽でぐずぐずしていると、男が入ってくる。さっきまでの穏やかさは消えて、キレている。別に胸小さくないじゃないか。彼は全裸の裕美に殴りかかり、服を着たまま彼女の足を抱える。彼は裕美にこんなことを言う。知らない男の前で平気で裸になったりしたら駄目なんだよ！　誰だって自分のことを必要としてる人間がひとりはいるんだよ！　そいつが死ぬほど悲しい思いをして死ぬほど苦しんで泣きたいようなつらい思いをして、お前はいったい何をやってるんだ！　私のことなんか誰も考えてないと思ってるんだろう？　彼は完全に激怒している。スタンガンを取り出して、これで失神させて死体同然になったのをレイプして金を盗って置き去りにするつもりだったのだと彼は言う。しかし彼は彼女をレイプしない。お前は許してやる。話してて面白いし、ぬいぐるみを直してくれたから。男は超少額の金を残して去る。バスルームに取り残された裕美は静かに泣く。

ラブホテルを出て、渋谷を彷徨《さまよ》う裕美。映像の右下にカウントダウンの時刻が表示される。やがて「午後九時　閉店」の字幕。結局、トパーズの指輪は買えなかった。裕美は若い男たちからのメッセージ集めを依頼した中年男にケータイを返しに行くが、ふと思いついて、先ほどのぬいぐるみ青年に言われたことを話してみる。するとその男は「そのセリフ考えた人って優しい人だね」と言う。だってそれは、お前には価値がある、だから安売りするな、って言ってくれてるんだからね。それから裕美は帰宅する。何も知らない両親は鉄道ジオラマで仲良く遊んでいる。自室に入った裕美はバッグの中身をベッドに放り出すが、当然ながらその中に指輪はない。ふとカメラに目を留めた彼女はフィルムを装塡しようとするが、やめる。そして彼女は脳内で自問自答を始める。

——家族の優しさが鬱陶しいのね?

うん　でも誰も何も悪くない　私が悪いことしてるんだと思う。

——あの指輪はどうするの?

諦めたくない　でも自信がない。

――一度失敗したことをもう一度手に入れようとする、自信がないのね。

（略）

――自分には何かが足りないと思いながら、友だちとはしゃぐのはむつかしい。何かが足りないという個人的な思いは、その人を孤独にするから。時が経てば、あの指輪との繋がりもゆっくりと消えていく。何かが欲しい、という思いをキープするのは、その何かが今の自分にはないという無力感をキープすることで、それはとてもむつかしい。

「きっとわたしには出来ない」と彼女は声に出して言う。フィルムケースを見ると、いつの間にか中身がクシャクシャに丸められた紙と入れ替えられている。そこには先ほどの青年からのメッセージが書かれている。お前だけに教える。ぬいぐるみの本当の名前はミスターラブ&ポップだ、と。

映画の終わりに「１９９７年7月19日の夜に、吉井裕美が見た夢」が語られる。

暗く狭い地下の廊下を手探りで歩いていた。突き当たりに大きい古い冷蔵庫があった。冷蔵庫の扉は錆びついていて、重い。開ける時にやな音がした。中には何匹かの犬が凍ったまま入っていた。さまざまなポーズで凍りついた犬たち。手前の一匹をわたしは抱きしめた。

犬は腕の中で解け、やがて尻尾を振って、うれしそうに吠え始めた。

朝の夢と同様の不穏さを醸し出しつつも、しかし最後は文字通り氷が解けるような温かみがある。裕美役の三輪明日美が歌うテーマ曲「あの素晴しい愛をもう一度」(加藤和彦《かとうかずひこ》と北山修《きたやまおさむ》が一九七一年に発表した大ヒット曲)が流れ出す。当初シナリオに書かれていたラストシーンは裕美たち四人の女子高生が宮古島の海で渋谷で買った水着を着てはしゃぐというもので、実際にロケも行われたそうだが、仕上げ段階で庵野はその幕切れに強い違和感を抱き、渋谷川を四人が延々と歩いてくるのを長回しの後退移動でワンショットに収めるというラストに変更し、急遽《きゅうきょ》追加撮影が行われた。このパートだけ三五ミリフィルムで撮られている。

映画は原作の物語をほぼそのままなぞっており、裕美が見る二つの夢の内容も小説と同じだし、重要な台詞もおおよそ村上龍が書いた通りである(多少の違いはあるが制作側の意図なのか役者による変更なのか判別出来ない)。しかし変更点はもちろんある。まず原作は「一九九六年八月六日」の話なのだが、映画は「一九九七年七月十九日」になっており、これは実際に映画が撮影された日付だと思われる。些細な違いのようだが、夏休みとそれ以前の違いは見逃せない。それから裕美のカメラ。先ほども述べたように、これは原作には出てこない。裕美の両親の趣味——水泳と鉄道ジオラマ——も原作にはない。

だがもっと重要な変更は、原作の裕美のきょうだいは弟だということだろう。実の姉妹である三輪ひとみ（冒頭シーンにしか出てこない）と三輪明日美を両方出演させなくてはならない事情があったことも考えられるが、そもそもこの映画には裕美と同世代の少年が——もちろん渋谷なので沢山映っているが主要登場人物としては——まったく出てこないのである。裕美には彼氏がいるが（これは原作と同じ）、彼女のモノローグで恋人との関係が言及されても、その姿が映し出されることはない。この映画の男性の登場人物たちは全員、裕美たちよりかなり年上なのである。これは意図的な設定だろう。庵野は「女子高生」を描きながら「男子」は露骨に排除しているのだ。

というように気になる変更点は幾つかあるものの、それでも映画は原作小説を尊重していると言ってよい。それは庵野の村上龍へのリスペクトを物語るものでもある。だが、だとすればここで考えるべきは、庵野がこの物語をどう撮ったのかということ、それからより重要な問いとして、なぜこの物語を撮ったのか、ということになるだろう。

まず前者だが、庵野は先に触れた氷川とのトークショーで、『ラブ&ポップ』を映画化するにあたって最も重要視したのは「今あるものしか撮らない」ということだったと語っている。渋谷という街に出て、とにかく「そこにあるもの」を撮りたかったのだと。それは「自分でイメージしない」ということだと庵野は言う。彼がこれまでやってきた／いるアニメという表現は、二次元のイメージをゼロから創り出すものである。何かを描画しなければアニメは生まれない。実写で映画をやるのなら、そうではなく、現に目の前にある光景をそのまま撮る、ということでなければならない。でなければアニメと変わらなくなってしまう。だがしかし、あるがままを切り取る映像には新しさを加味したい。他の映画とは見た目からしてなるべく変えたい。そこに小型カメラという新製品が登場した。カメラポジションとレンズの画角の工夫によって、そこにあるありふれた日常を非日常に変容させることが出来るのではないか。庵野はこう考えたのだろう。

アニメが個人的／集団的なイメージ＝想像力の産物だとすると、実写、それもロケーションは、いわば想像力の外部としての現実＝リアルの反映である。それはそうなのかもしれない。だが興味深いのは、にもかかわらず映画が裕美の心象風景のように見えてくるということである。複数の小型カメラが自由奔放に駆使された映像は、コギャルたちのポップで浮薄な日常を鮮やかに切り取っている。渋谷の路上や店先でゲリラ的に撮影されたと思しき画面には、ドキュメンタリー的な感じもあるが、映像のギミックがあまりにも過剰であるがゆえに、随所でリアリズムを逸脱してしまっている。それは確かに「今そこにあるもの」だったのかもしれないが、最新のテクノロジーを搭載した庵野秀明の視線＝イメージの回路を通すことによって現実とは異なるものに変質してしまっている。

冒頭と末尾に置かれている裕美の二つの奇妙な夢は、原作小説とほぼ同じ文言のモノローグで語られるのみで、映像で具現化されることはない。だがその代わりとばかりに、裕美の父親の趣味の鉄道ジオラマが巨大化して「家＝内」から「街＝外」へと広がり出してゆく。それはあたかも裕美の夢が現実世界を侵食していくかのようだ（いや、あれは「裕美の夢」なのだろうか？）。この映画で庵野が目指したものは確かに「リアル」だった。そのはずである。だが出来上がったのはファンタジーだったのではないか？

「援交女子高生」「制服少女」「コギャル」は、言ってしまえば「おたく」から極めて遠い存在、ほとんど対極と言ってもいいような存在である。生粋にして真正のおたくであり、それを自認してもいる庵野秀明は、敢えて自分とは正反対の存在を初の実写映画の題材に選んだ。そこにはさまざまな動機や要因が作用していたのだろうが、私としてはむしろ逆の主張をしてみたい。それはこうである。表面的にはまったく違って見えるが、この映画の「裕美」は「碇シンジ」なのではないか？

むろん裕美とシンジは多くの点で異なっている。だがしかし、自分という存在の寄る辺のなさと、他者たちとの関係構築の複雑さと、世界との接続の困難と、社会／共同体の成員になることへの疑念と憧憬、自己承認をめぐる苦悩と社会性の欠如にナイーヴに苛《さいな》まれているという点で、少女と少年は、ほとんど同じ存在なのだ。

映画の最後近く、裕美が部屋で自問自答するシーンは、『新世紀エヴァンゲリオン』の最終話でシンジが登場人物たちに囲まれて詰問される、あの有名なシーンの反復に見えてくる。議論（！）が押し詰まったあげく、前触れもなく唐突に「出口」（のような何か）が提示され、よく考えてみると説得力があるとは到底思えないのだが、なぜだか表層的にはハッピーエンドに見える結末を迎える、というところもよく似ている。

村上龍はコギャルという「他者」を描こうとして、それはそれなりに成功していると言ってよい。だがそれを映画化した庵野秀明にとって、裕美たちは「他者」なのだろうか？　そのように装われてはいるが、そして庵野自身もそう思っていたのかもしれないが、ほんとうは違うのではないか。むしろ彼女たちに寄ってくる年上の男たちの方が、庵野にとって（も）「他者」なのではないか。

裕美にとってのトパーズと、庵野にとっての「リアル」は、自分でもどうしてそれが欲しいのかよくわからないのだが、だが強烈にそれを欲しており、いや、自分はそれを欲しているのだ、自分にはそれがどうしても必要なのだとやみくもに思い込んでおり、だからそれをどうにかして得ようとするのだが、どういうわけかけっして手に入れられることはなく、だが、その獲得の失敗、その残念な結果自体が、そもそもの問題の思いも寄らなかった解決（？）を齎《もたら》すという意味で、ほとんど同じなのである。

庵野秀明は、はじめての実写映画で、『エヴァ』とほとんど同じことをやったのではないか。本人はそのつもりではなかったのかもしれないが、結果としてはそうなったのだ。「実写」である『ラブ&ポップ』は紛れもない「非アニメ映画」だが、しかしここにあるのは断絶というより連続なのである。庵野秀明は「実写」に向かうことによって、自分のイマジネーションの世界、彼自身の「内面」から、外側の世界=「現実」へと足を踏み出そうと試みた。だがしかし、この段階では、彼はまだそこから出(られ)なかったのだ。『新世紀エヴァンゲリオン』が、あのような素晴らしく無残な終わりを迎えた後、庵野は「劇場版」と「新劇場版」で、何度もシンジの物語の「ほんとうの終わり」に到達しようと試みていくことになる。『ラブ&ポップ』も、その試行錯誤のひとつだったと考えてよい。吉井裕美は碇シンジなのだ。

『龍以後の世界――村上龍という「最終兵器」の研究』という著作(映画の公開と同じ一九九八年に出版されている)もある陣野《じんの》俊史《としふみ》は、村上龍の『ラブ&ポップ』文庫版(一九九七年)の解説で興味深いことを書いている。陣野は「吉井裕美」を『愛と幻想のファシズム』の「鈴原冬二」と比較する。二人の生きる時代には約十年の隔たりがあるが、その間にこの国ではあらゆる面で「絶対的な価値基準」の不在、すなわち「価値の相対化」が不可逆的に進行した。冬二が「狩猟に絶対的な価値の基準を置いてカリスマ化していったことと、『ラブ&ポップ』で吉井裕美が価値の相対化を幾度も反芻しながら援助交際に踏み切ることとはきちんとした対照関係を成している」と陣野は言う。

（略）そして『ラブ&ポップ』のヒロインは、日本という国家が自分たちに強要しているあらゆる規範が相対的なものでしかないことをも告げている。その国家主義が明快な基準を示しえない曖昧で相対的なものでしかないことを見抜いている。（略）この受容、これこそが『ラブ&ポップ』を強く特徴づけている。

（『ラブ&ポップ』文庫版解説）

陣野は村上龍が「女性」を描いた他の小説――『トパーズ』や『ピアッシング』――にも見出せるこのような「受容」を「男根主義」ならぬ「女陰主義」と呼んでいる。「要するにそれらの小説は、げんに存在するものをすべて受容するところから始まっているということが重要なのだ。日常のどんなに醜悪なものであれ、それが存在することを打ち消すことはできない。だから国家主義にがんじがらめになりながら女陰主義は呻吟するしかないのだ」。立論の前提となるジェンダーにかんする認識や「女陰主義」というワードは現在ではかなり問題があるが（それは陣野も最初から承知だろう）、それはそれとして陣野はこう続けている。「しかし村上龍はそんな終わりなき日常を生きろなどと無責任な命令形を振りかざしているわけでは決してない。もしそんな命令の言辞が、かりに残響であったとしても小説の中から響いてきたならば、自分のこととして読んでいた女子高生たちは一人の例外もなく閉口したことだろう。冗談じゃない。村上龍は説教オヤジではない。原文にも強調傍点がふられている「終わりなき日常を生きろ」は、言うまでもなくブルセラ社会学者＝宮台真司がオウム事件を論じた書物の題名である（一九九五年刊）。『制服少女たちの選択』以上の話題と物議を呼び、ベストセラーとなった同書における宮台の主張は、その後の二十年余をかけて他ならぬ「日常」の獲得と維持が限られた者たちの特権と化していったことを思うと色々と考えさせられもするのだが、ともかくもここでの陣野は宮台への反感を隠そうとはしていない。

だが、とりあえず今、確認しておきたいのは、では村上龍は『ラブ&ポップ』で何を言わんとしたのか、という問いを陣野がどう考えたのか、ということである。陣野はぬいぐるみ青年が裕美に言い放つ台詞を引用してから、こう述べている。

繰り返しておくが、伝言ダイヤルで女と出会うことを希求しているような救いのない男から、体を売ってまで金を貰おうなどとするな、と村上龍は語っているわけではない。それは単にモラルの問題であって、小説の問題ではない。村上が言っているのは、私たちは個体として共同体に内属しているわけではない、ということだ。私たちは最小限の、二人からなる共同体を基体として形成しているのだが、それは国家主義のような巨大で曖昧な共同体に絡め取られ、それを受容するしかない。たしかにそうなのだが、一方でその最小限の共同体にしか透かし見ることのできない何かが確実に存在するのだ、ということを村上は語っている。その関係性に価値を見出すこと（略）（同）

陣野の文章は『ラブ&ポップ』の映画化よりも前に発表されたものだが、この「二人からなる共同体」に「価値」を見出そうとする態度は、偶然にも庵野秀明の二作目の実写映画の内容を予告していた。では、その映画『式日』は、いかなる作品なのか？

3 「二人」になることの病――『式日』

『式日』は主演の藤谷文子による短編小説「逃避夢」が原作だが、庵野秀明はヒロインの基本的な設定を踏襲しつつも、大胆なアダプテーションを施している。シナリオには庵野のみがクレジットされているが、一部の台詞やナレーションのテクストは他者に委ねられている。この点については後で触れる。

物語の舞台は庵野秀明の故郷、山口県宇部市である。庵野の強い希望だったというアナモフィック・レンズ（シネマスコープサイズの画面を撮影するために開発されたレンズで独特のフレア＝光彩が出る）を多用した三五ミリフィルムの映像に、時間の経過から取り残されたかのような宇部の風景が印象的に刻印されている。庵野は自分の生まれ育った町をロケ地に選んだ理由として、ずっと宇部を好きではなかったが、久しぶりに帰ったら思いのほか良いところだと思えたからだと語っている（氷川竜介とのトークによる）。創作と人生に行き詰まって――だがその詳細が語られることはない――長年離れていた故郷に一時的に帰ってきた「カントク」と呼ばれる男が、複雑な家庭環境と過去の不幸な経験――だがそれも明確に語られるわけではない――のせいで心を病んだ「彼女」とだけ呼ばれる少女と出会い、自己否定と死の誘惑に囚われた「彼女」を何とかして救い出そうとする。この映画は庵野の師匠である宮崎駿のスタジオジブリのサブレーベル、スタジオカジノの第一回作品として製作され、「カントク」役を岩井《いわい》俊二《しゅんじ》が演じたことでも話題となった。

黒煙を吐く煙突が聳《そび》える工場。「或時（once upon a time)」「故郷にて（returning to my hometown)」という字幕が出る。故郷に舞い戻った「カントク」は、奇妙ないでたちの「彼女」と知り合う。雨も降っていないのに赤透明の傘を携え、目を引く奇抜な格好と濃いメイクをした「彼女」は最初に出会った時、線路上に横たわっており、これは儀式なのだと言う。願いを叶《かな》えるための儀式なのだと。「願いが叶うと、わたしは綺麗に消えてくれるの。この世界に何も残さず、消えてくれるの。そのために儀式を続けないといけないの。赤い傘はその時までわたしを守ってくれるの」。そして「彼女」は「カントク」に尋ねる。「あしたなんの日だかわかる?」。もちろん彼にはわからない。「あしたはわたしの誕生日なの」。だが翌日、「カントク」が「彼女」に誕生日おめでとうと言うと、違う、あしたがわたしの誕生日なの、と言う。この問いと答えは、このあと何度も二人の間で繰り返される。

「彼女」は七階建ての廃ビルに勝手に入り込んで住んでいる。下の階からワンフロアずつ「カントク」を案内していきながら、上に昇るたびに「秘密の○階!」と機嫌よく言い放つ。そして「秘密の屋上」に出ると「彼女」はビルの縁に立って手すりを摑《つか》んで「時々ここに来て確認するの」と言う。「何を?」「まだ大丈夫かどうか」。大丈夫?「空が綺麗、星が綺麗、月が綺麗、光が綺麗、わたしが存在しなければ、みんな綺麗。わたしいないほうがいいのかな、わたしの血はどうだろうか? それくらいは綺麗かな。見てみようかな。ほら今日も大丈夫、手を離さなかった。まだ生きてていいみたい」。

線路での「儀式」と屋上の「大丈夫」は、「彼女」にとって、自分の生を終わらせようとすることと、終わらせまいとすること、という相矛盾する思いを表しているように思われる。「彼女」は「カントク」に、父親の死、母親の仕打ち、姉の不在を語る。「カントク」は最初はあまり関心を抱いていないように見えるが、次第に「彼女」に心惹《ひ》かれてゆく。彼は思う。「彼女」にとっては「毎日が死へのカウントダウンなのだ。おろそかには出来ない」。そして「カントク」は「彼女」を映画に撮ろうと思い立つ。

「カントク」のモノローグ（彼がノートに書いている日記の文面？）は、役を演じている岩井俊二ではなく、映画には出演していない松尾《まつお》スズキがナレーションを務めており、庵野によるとテクストも松尾によって書かれたという。だがその内容はおそらく庵野の指示によるものだろう。たとえば「カントク」はこんなことを呟《つぶや》く。

映像、特にアニメーションは、個人や集団の妄想の具現化、情報の操作選別、虚構の構築で綴《つづ》られている。存在をフレームで切り取る実写映像すら、現実を伴わない。いや、すでに現実が虚構に取り込まれ、価値を失っている。ひさしく言われる現実と虚構の逆転。すでに私にはどうでもいいことだ。私の意識、私の現実、私の被写体は「彼女」に集約されつつある。

『式日』という作品を支える庵野の動機と意識が、前作『ラブ&ポップ』の反省（？）を踏まえ、一歩進んだものになっていることがわかる。彼には「実写映像すら、現実を伴わない」ものであり、「現実が虚構に取り込まれ」ていることが、すでにわかっている。だが、だとすればもちろん問題は、ならばどうするのか、である。

『ラブ&ポップ』の裕美と『式日』の「彼女」は、まったく違っているように見える。裕美は平和で幸福な家庭に育ち、友達にも恋人にも恵まれ、それゆえにこそ「特別ではない自分」「普通でしかない自分」に思い悩んでいた。だが「彼女」の場合、その生い立ちと境遇は明らかに「普通」ではない。「彼女」は裕美が持っているものを何ひとつ持っていない。この意味で二人は対照的と言ってよい。「彼女」は「普通ではない自分」を持て余しており、それが自分をこの世界から消滅させようとする衝動と欲求、そして責務に繋がっている。「カントク」は呟く。「おそらくは妄想に逃げ込みたい彼女。おそらくは妄想から逃げ出したい私。この相反する事象を映像として切り取っておきたかったのだ。だが、その行為も所詮は映像を通してしか他人とコミュニケーションが取れない自分の言い訳に過ぎない」。

この述懐は『式日』という作品の成り立ちを赤裸々なまでに示している。もちろん「カントク」は庵野秀明そのひとではない。両者を安易にイコールで結ぶことは避けなくてはならない。だがそれでも、むしろ庵野自身が、そのつもりであるかのように思えてくる。

今日も私は彼女を映像に切り取る。現実の存在を自分の意志で、自分の都合で、自分の当為で切り取る行為は、私を安心させるからだ。映像はこうした現実の私の過去を虚構に変える。誰しもが行う記憶の編集、記憶の改竄《かいざん》、それらに映像というかたちを与え、具現化し、存在させることで、私は過去をやり直し、綺麗事で塗り固められた理想の過去へと変えているのだ。私の現在を、自らを脅かすものが何もありえない虚構と妄想の世界に作り変えているのだ。彼女と私は同じだ。所詮は方法論の違いに過ぎない。

劇映画としては明らかに異様な、こんなやたらと理屈っぽいモノローグが差し挟まれる『式日』という映画は、やはりこれは庵野秀明自身の「私映画」なのではないかと訝《いぶか》ってしまうような、内省的で思弁的な内容になっている。自己言及的と言ってもよい。「カントク」はこんなことも呟く。「今や映像を始めとする日本の数々の表現媒体は、為すことのない人々にとっての、暇つぶしとしての娯楽、あるいは傷つくことを恐れた人々にとっての刹那な癒し。そのための装置として機能しているに過ぎない」。これは『式日』の物語とは何の関係もない。だがおそらく『式日』という映画がなぜ撮られたのかということには大いに関係があるのだろう。

人々が求めるものは、赤裸々に増幅された現実の中のスキャンダル、あるいは美しく脚色された虚構の中のイリュージョンである。

私自身もそうだ。他人との適切な距離が測れず、妄想を日常として成り立つ、虚構の世界へ逃避しているに過ぎない。この映画ですら、完成すれば不確定要素のない適度な刺激と安心した時間をもたらす装置のひとつになる。それ以外の映像を誰が望み、誰が必要とするのか。

そして「カントク」は、このように吐露された葛藤の出口として「彼女」を見出すのである。彼は「彼女」を被写体にして一本の映画を撮ろうとすることで、目の前に立ちはだかった矛盾から逃れようとする。それは「彼女」のために、そして自分のためだけに映画を撮るということ、他の誰のためでも何のためでもなく、ただ撮るということ、「彼女」という存在、「彼女」の「実」在を「写」し取り、あとに残すために撮るということである。だがしかし、それでもやはり、ここには一種の逆説が、彼が解消しようとしたのとはまた別の意味の矛盾があるのではないか。しかしそのことを述べる前に、映画の物語を先に進めておこう。

「カントク」は「彼女」に翻弄され、衝突したりうんざりしたりしながらも、日々を過ごしていく。おそらく「彼女」の心の状態は病名がつけられるようなものであり、原因なのか引き金なのかはわからないが、そこには家族との関係、とりわけ母親との問題が強く作用している。母親は「彼女」を姉と事あるごとに比較し、姉を褒めそやし、そして「彼女」の存在を否定した。「彼女」はそう思っている。しかも姉はいなくなってしまったので、もはや立場を逆転することも出来ない。姉には男が居り、更に他の男性とも関係していた。「彼女」は姉のようになりたくない（姉のようになりたい？）がゆえに恋愛を自らに禁じている。だから「彼女」は

「カントク」に「嫌いにならないで」と懇願しながらも「こんなことしたらお姉ちゃんになっちゃう」ので恋人にはなれない。「いつのまにか彼女と居る時間が楽しいと感じるより鬱陶しいと感じる時間のほうが長くなっていること」に「カントク」は気づく。

混乱と逆上の果てに、ある朝「彼女」は「姉」に変身(?)している。服装もメイクも一変しているが、誰が見てもそれは「彼女」のままだ。「姉(を演じる彼女)」は、あの子も思えば可哀想だ、母親からあんな仕打ちを受けて、などと言う。「カントク」は「姉(を演じる彼女)」が男と再会するのに立ち会う。それは一種の対決だ。男は「彼女」を(姉を)罵倒する。だがその男は、姉がいなくなった後に「彼女」に好きと言った。誰からも愛されず、なのに愛されたくもない者からは偽の愛を押し付けられる。誰にも必要とされず、都合のいい時だけ必要だと言われる。それが「彼女」には耐え難い。「彼女」は「カントク」に「居なくなれ、あんたも居なくなれ」と言葉をぶつけながら線路を早足で歩いていく。みんな居なくなった、みんな居なくなるのだから、あなたも居なくなるのだろうから、ならば今すぐ居なくなれ。「カントク」は「逃げんなよ」と言い返す。逃げてないもん。逃げてんだよ。嫌なことからどんどん逃げてさ、結局全部自分の世界じゃねえかよ。違うもん。嫌なことは認めないんだな、認めたくないんだよ。違うもん。居なくなれ!　だが、彼は居なくならない。なんで居なくなれって言ったのに居なくなんないの?　それは、俺が、君と、一緒にいたいと思ったからだよ。そして「カントク」は「彼女」に言う。「俺は、君のことが、好きです」「嘘！」「ほんと。好きだよ、好きです」「嘘、みんなとおんなじだ！」。だが彼は居なくならない。殺伐とした、だがロマンチックなシーンである。

こうして二人の関係は新しい段階に至る。そしてこの映画のクライマックスが訪れる。「彼女」の母親から電話が掛かってきて、「カントク」は母親が「彼女」と会いたがっていることを知る。「彼女」は会いたくないと言うが、「カントク」に説得され、意を決して再会、いや対決することにする。暗い部屋で「彼女」と母親が左右に対峙《たいじ》し、手前に二人を見守る「カントク」の背中がある。固定カメラの長回しによるこのシーンは、語られるべきことの大枠のみを伝えただけで台本なしの即興で撮られたという。

「彼女」の母親は大竹《おおたけ》しのぶが演じているのだが、普段は即興の演技はやらないという大竹が、さすがの緊張感ある芝居を披露している。母親は娘に自分のしたことを詫びる。あなたを嫌いなわけじゃなかったのだと。母親の話は「彼女」の記憶や認識と微妙に異なっていたりもするが、おそらく何が真実であったのかは問題ではない。結局のところ重要なのは「彼女」がどう感じるのか、過去から連なる現在を「彼女」がいかにして受け止められるのか、であるからだ。

だが、二度と会うつもりのなかった（会えるとも思っていなかった）母親との再会と対話が、結果として「彼女」を自己否定の牢獄から解放する。少なくとも、そんな希望が生じる。そして母親は去るが、果たして今のは本当にあった出来事なのだろうか?「カントク」は「まだ俺たちは夢の中にいるのかな」と言う。でもこれが俺たちの現実、君の現実。彼は「彼女」に言う。「君の誕生日は、君の生まれた日にやってくるんだよ」。

翌朝、陽光が漏れ差すカーテンを開ける二人。「カントク」が構えるカメラのファインダーの中の「彼女」が壁に貼られたカレンダーに赤丸を付けている。「この日はなんだっけ?」と「カントク」が尋ねると、「彼女」は「十二月七日。わたしの誕生日です」と答え、はにかんだように笑う。こうして『式日』という映画は終わる。ちなみに十二月七日は藤谷文子の誕生日だという。

『式日』の映像は、「カントク」役の岩井俊二の作品を彷彿《ほうふつ》とさせる部分もあるが、庵野秀明の原風景である宇部という土地が持つ独特な雰囲気も相俟《あいま》って、往年のATG映画やある種のアングラ演劇を想起させるような、幻想的でノスタルジックな(アナクロニスティックな)トーンに支配されている。幾度も出てくるひなびた鉄道は前作『ラブ&ポップ』のジオラマと繋がっているが、受ける印象は大きく異なっている。

よく知られていることだが、現実の山口県の宇部線と、そこから見える風景を、庵野は「エヴァ」シリーズに、さまざまなかたちで登場させている。「彼女」がスクワットしているのは「太陽家具」の宇部本店ビルであり、映画の撮影後に取り壊されて現在は別の建物が立っているのだが、庵野は『シン・エヴァンゲリオン劇場版』のラストシーンに宇部新川駅周辺の実景を使い、CGで今は存在しない太陽家具ビルを再現した。このことから『シン・エヴァンゲリオン』のラストが『式日』のそれの反復であるという推察が成り立つのだが、『式日』では「カントク」が「彼女」を救うのに対して、『シン・エヴァンゲリオン』では碇シンジが真希波・マリ・イラストリアスに救われる。この変化／転換は興味深い。だが、これは男女逆転ということではない。なぜなら「彼女」は／が「シンジ」なのだから。『ラブ&ポップ』の「裕美」と同様に『式日』のヒロインも「エヴァ」の主人公の分身なのだ。では「カントク」とは何者なのか？　それはやはり「庵野秀明」なのだと言ってしまってよいだろう。そしてシンジは「庵野」の分身で（も）ある。

『ラブ&ポップ』の援交女子高生も、『式日』の心を病んだ少女も、「エヴァ」のシンジの分身なのであり、したがって庵野にとっては「他者」ではない。それどころか彼女たちは、ほとんど彼自身でもある。だが、もしもそうなのだとしたら、どうやって自分自身と「二人」になれるというのだろうか。陣野俊史は『ラブ&ポップ』に「二人からなる共同体」の可能性を見ていた。それは社会に、公なるものに、そして国家に、否応無しに包含されてゆく引力から逃れるための術として提示されているのだろうが、見方を変えてみれば、二人になることが共同体の始まりなのである。だからそこには、二人になることの困難と、二人になったことから始まってしまう共同体への導線が孕《はら》み持つ危うさの、その両方があるのだと考えなくてはならない。実際、二人になること、「他者」としての「あなた」と遭遇し共生することは、けっして容易ではない。なぜならば、「あなた」だと思っていたら、その正体は「私」だったということがあり得るからだ。むろん現実世界は「他者」で溢れている。だが、これはさしあたり、映画の、物語の、フィクションの話である。

「カントク」は、こう呟いていた。「おそらくは妄想に逃げ込みたい彼女。おそらくは妄想から逃げ出したい私」。では「カントク=私」は「妄想」から、いったいどこに逃げ出すというのか。現実？　リアル？　それはどこにあるのだろう？　それはほんとうにどこかにあるのだろうか？

4　「シン」の「第〇作」？――『キューティーハニー』

庵野秀明の三本目の実写映画『キューティーハニー』（二〇〇四年）は、前作『式日』（二〇〇〇年）の翌年の公開が予定されていたが、クランクインが大幅に遅れ（庵野作品にスケジュールの遅延はつきものだが、この時は主演女優のキャスティングの難航や製作会社側の事情だったようである）、二〇〇三年にようやく撮影が開始され完成に至った。庵野としては、内省的で極私的な、文学的と呼んでもいい内容の芸術映画『式日』と、永井豪の有名コミックを原作とする明朗快活な娯楽活劇『キューティーハニー』を続けざまに世に問うことで、自らの作品世界の幅広さを見せたかったのかもしれない（もっと本質的な理由があったのではないかと私は考えているが、それは後で述べる）。結果として公開時期は少し開いてしまったが、前作からの大きな変化／落差は多くの庵野ファンを驚かせ、戸惑わせもした（私もそうだった）。

『ゴジラ』や『ウルトラマン』や『仮面ライダー』ほど大メジャーではないが、時代を超えて人気を博してきた文化的コンテンツの鳴り物入りのリメイクという意味で、この映画は『シン・キューティーハニー』と名付けられていてもおかしくはなかった。だがおそらく、この時点では庵野の脳内に「シン」というコンセプトはまだ存在していなかったのではないか。「シン」の第一作『シン・ゴジラ』（二〇一六年）が登場するまでに、それから十二年もの歳月が流れることになる。

『キューティーハニー』は、東芝、ワーナー・ブラザース、日本テレビの三社の共同出資による映画会社トワーニ（各社の頭文字のトとワーとニを繋げ、おそらくは「永遠に」とも掛けたネーミング）の製作だったが、同社がそれ以前に製作した映画はいずれも興行的に成功しておらず、『キューティーハニー』も――庵野曰《いわ》く予算規模がどんどん縮小されたのにもかかわらず――期待されたほどの収益を上げられず、トワーニはこの映画の公開後に倒産してしまった。もしも『キューティーハニー』が大ヒットしていたら、その後の庵野の歩みはかなり変わっていた可能性もある（「エヴァ」のリブートにも影響を与えていたかもしれない）。だが現実には庵野の「実写」映画は『キューティーハニー』をもって一区切りとなり、三年後の二〇〇七年から「ヱヴァンゲリヲン新劇場版」がスタートすることになる。

永井豪とダイナミックプロが『キューティーハニー』の雑誌連載を開始したのは一九七三年のことである。マンガとほぼ同時にテレビアニメの放映も始まっており、最初から映像化ありきの企画であったものと思われるが、当時としてはかなりエロティック（エッチと記した方がニュアンスは近い）な描写がPTA的に物議を醸しつつも（掲載誌は秋田書店の「週刊少年チャンピオン」だった）、マンガ、アニメともにヒットを記録し、キューティーハニーは永井豪が生み出した数あるキャラクターの中でも人気の高いヒロインとして、その後何度もアニメとしてリメイク／リブートされていくこととなった。だが庵野の『キューティーハニー』は、史上初の実写によるリメイクである点がポイントだった。

何度か参照してきた『庵野秀明　実写映画作品集　1998-2004』に特典映像として収録されている第二十七回東京国際映画祭（二〇一四年）の特集上映「庵野秀明の世界」における氷川竜介とのトークイベントでの庵野自身の発言によれば、三作目の実写映画の原作に『キューティーハニー』を提案したのは樋口真嗣だったとのことである。庵野もこの題材なら「アニメと実写の良いとこ取り」すなわち「アニメ的な実写」であり「実写によるアニメ」でもあるような映画づくりが出来るのではないかと考え、実現に向けて動くことになった。「変身特撮ヒーロー（ヒロイン）もの」をやってみたいというのは庵野のかねてよりの希望でもあった。実写となると日本人離れしたルックスのハニーを誰が演じられるのかが懸案だったが、時間は掛かったものの佐藤江梨子という理想的な主演女優に決まった。サトエリというまたとない逸材を得て、庵野らは「ハニメーション」という手法を編み出した。あらかじめ作画されたマンガチックなポーズを佐藤に取らせて（普通の役者には出来ないようなアクロバティックなポーズを佐藤が難なくやってのけて庵野たちは目を見張ったという）スチール撮影＝コマ撮りを行い、それらを繋げてまるでアニメのような動きを実現するというもので、出来上がった映画では冒頭のアクションシーンからコミカルな効果を上げている。だが庵野によれば予算の大幅な縮小により理想的な仕上がりからは程遠かったようである。

　基本設定は原作をほぼ踏襲しているが、庵野たちは幾つかの改変を加えている（脚本には庵野と高橋留美《たかはしるみ》がクレジットされている）。原作の如月ハニーは十六歳の少女だが、映画では商事会社に勤務する「ＯＬ」に変更されている（主演の佐藤が撮影時に二十歳を超えていたため女子高生に見えなかったからかもしれない）。ハニーの亡き父親の如月博士が発明した「空中元素固定装置」は映画では「Ｉシステム」（イマジナリー・インダクション・システムの略称で「ナノマシンによるクォークレベルでの物質の分解と再構成」と説明される）にアップデートされているが、如月ハニーがキューティーハニーに変身する際にハート型のチョーカーのボタンを押す（ハニーフラッシュ）のは原作と同じである。物語は、ハニーのおじの宇津木《うつぎ》博士が悪の組織パンサークローに誘拐されたことから、ハニー、警視庁公安部所属の警部秋夏子《あきなつこ》、新聞記者を名乗る謎の男早見《はやみ》青児《せいじ》が協力して、宇津木博士の奪還と、永遠の生命を得るために若い女性の肉体を「養分」として吸収することで植物との融合を進めているパンサークローの首領シスター・ジルの野望に挑むというものである。秋夏子役の市川《いちかわ》実日子《みかこ》は、これが庵野作品への初の出演だったが、その後も『シン・ゴジラ』『シン・仮面ライダー』（二〇二三年）と脇役ながら重要な人物を演じていくことになる。

前二作とは一変して庵野秀明のおたくとしての本領発揮というべき企画だったが、本人ものちに語っているように今ひとつ不完全燃焼感が拭えない仕上がりになってしまった。予算削減のせいもあるのかもしれないが、全体として妙に弛緩したチープな作りであり、筋運びはそれなりに軽快なのだが、随所にもたつきと奇妙な暗さが感じられる。とはいえマンガ／アニメ的な実写映画としての、変身特撮ヒロインものとしての評価を述べたいわけではないし、私にはその資格も能力もない。ここで見ておきたいのは『ラブ&ポップ』『式日』の人物造形、女性像との比較である。企画の成り立ちからして当然と言えるが、『キューティーハニー』のキャラクタライゼーションはかなり単純化されており、ハニーには『ラブ&ポップ』の「裕美」や

『式日』の「彼女」のような陰影や屈託は、ほとんど感じられない。もちろんまったくないわけではなく、ハニーは父親の如月博士の命を奪ったパンサークローに復讐《ふくしゅう》心を抱いているのだが、そのことに悩み、秋夏子に「人を憎む心が怖い」と漏らす。夏子が「人を愛する心も怖いよ」と言葉を返すと、ハニーは「どうせ怖いのなら愛するほうがいい」と言う。このくだりは『式日』のラストシーンのメッセージを踏まえているとも取れる。だがやはり、むしろそれゆえに、いささか取ってつけた感じがしてしまう。もちろんこの深みのなさは意図的なものであり、敢えてそうすることで『式日』とのコントラストを狙ったのだと考えるべきだろう。庵野は前作とは対照的なウェルメイドなエンターテインメントを作るつもりだったのである。だが、そこまで振り切った快作にも残念ながらなっていない。しかし、もちろん言えることはある。

私は前に、庵野の「実写」映画のヒロインについて、こう述べておいた。「『ラブ&ポップ』の援交女子高生も、『式日』の心を病んだ少女も、「エヴァ」のシンジの分身なのであり、したがって庵野にとっては「他者」ではない。それどころか彼女たちは、ほとんど彼自身でもある」。問題は、しかし庵野自身は彼女たちを「他者」として召喚したつもりだった（のではないか？）ということである。『式日』では誰が見ても庵野自身がモデルだと思う「カントク」を「彼女」の対面に置き、映画の語り手に設定したが、それでも「彼女」は「他者」として立ち現れることはなく、自己愛と自己嫌悪の堂々巡りに苦悩してみせる「カントク／シンジ／庵野」の鏡像のごときものになってしまった。そこで取り得る戦略は、いっそのこと「苦悩」をあっさりと乗り越えて以後の存在——それこそ「カントク＝監督」にとっての真の「他者」ということにならないか？——としての主人公を造形することである。ハニーのあっけらかんとした明るさと、他人を愛することに対するポジティヴさは、だから敢えて選ばれた単純明快さなのだ。

また、私は「カントク」の「おそらくは妄想に逃げ込みたい彼女。おそらくは妄想から逃げ出したい私」という独白にもこだわりたい。ここでの「妄想」は複数の意味に解することが出来るだろうが、たとえばそれは「アニメ」という表現手段のことでもよい。「カントク」すなわち庵野は「アニメ（＝妄想）」と「実写（＝現実）」との（だが本当にそうか？　アニメが「現実」で、実写が「妄想」なのではないのか？）、逆説と矛盾に満ちた、ややこしく込み入った関係について（も）語っていたのである。だからこそ、実写にしか出来ないことをやろうとした『式日』と、アニメと実写の融合を目論んだ『キューティーハニー』は連続して撮られなくてはならなかったのだ。二本の映画は、いわば全然似ていない二卵性双生児的な姉妹作として構想されたのである。

より重要なことは、必ずしも成功作とは言い難い『キューティーハニー』が、にもかかわらず『シン・ゴジラ』『シン・エヴァンゲリオン劇場版』『シン・ウルトラマン』『シン・仮面ライダー』と、十数年後に次々と撮られる「シン」が題名に冠された作品群を幾つかの点で予告していたと考えられるということである。むろんその「予告」は不完全かつ未消化なものでしかなかったが、それはこの時点では仕方のないことだった。なぜならば、「シン」と呼ばれる一連の試みは、「エヴァ」のリブートである「ヱヴァンゲリヲン新劇場版」、すなわち「エヴァ」という物語を語り直すという、おそるべき困難、その不可能性の只中から立ち上がってきたものだからである。

もしも「シン」の時代になってから『キューティーハニー』が撮られていたとしたら、それは今観ることの出来る作品とはまったく別の映画になっていただろう。そしてそれは『シン・キューティーハニー』と題されていたはずである。誤解を恐れずに言えば、『キューティーハニー』が傑作にならなかったから、作品として成功しなかったから（いずれにせよいつかはそうしたのだとしても）庵野は「エヴァ」の語り直しに着手したのだし、そこでまたもや直面することになった、語ることの、語り終えることの途方もない難儀こそが、一連の「シン」を生み出すことになったのである。

「シン」とは先人たちの偉大なる作品のリメイク／リブートであり、語り直しである。そこで問われなくてはならないのは、第一に、なぜ庵野にはそれらを語り直す必要があったのか、という問題、第二に、誰もが知っている物語をわざわざ語り直すことによって、庵野がいったい何を語ろうとしたのか、という問題、第三に、それは成功したのか、という問題である。この三点については『シン・仮面ライダー』について述べた後で、あらためて考えてみたい。

『キューティーハニー』には「シン」に受け継がれる要素が多数存在している。たとえば、京本政樹《きょうもとまさき》扮する宇津木博士が（特に意味もなく）巨人化するシーンがあるが、それは『シン・ウルトラマン』の長澤まさみによって反復されることになる（それよりはるか昔からの庵野の「巨人化」への欲望——オブセッション？——については前に触れた）。また、オリジナルのSF的なアイデアを最新のテクノロジーと独自のターミノロジー（用語法）に合わせてアップデートしている点も『キューティーハニー』と「シン」諸作は共通している。そしてキャスティング。市川実日子のことは先に触れたが、『キューティーハニー』に出演している松尾スズキ（『式日（ナレーション）』『シン・ゴジラ』『シン・仮面ライダー』）、手塚《てづか》とおる（『ラブ&ポップ』『シン・ゴジラ』『シン・仮面ライダー』）、岩松了《いわまつりょう》（『シン・ウルトラマン』）などといった（なぜだか皆、小劇場演劇出身の）俳優たちは「シン」にも繰り返し起用されていく。このように庵野の「実写」映画と「シン」連作は『キューティーハニー』を蝶番《ちょうつがい》のようにして繋がっている。

とりわけ見逃せないのは『シン・仮面ライダー』との繋がりだろう。実は氷川竜介とのトークの『キューティーハニー』にかかわる部分で、すでに庵野は「『仮面ライダー』をやりたい」と発言している。「仮面ライダー」の最初のテレビシリーズの放映開始は一九七一年で、

『キューティーハニー』とは二年しかずれていない（このことも庵野と氷川の対話で言及されている）。オリジナル版『キューティーハニー』は、いわゆる「美少女戦士もの」の先駆け（のひとつ）だと言えるし、「仮面ライダー」は「特撮ヒーローもの」の嚆矢《こうし》である。両者は「変身」と「正義」の乗算から成る日本独特のサブカルチャーの歴史の始点に位置している。もしも二〇〇〇年代頭の時点で庵野が本人の希望通りに『キューティーハニー』ではなく「仮面ライダー」のリメイクを撮れていたら、いったいどんな作品になっていただろうか？

そして何よりも『キューティーハニー』と『シン・仮面ライダー』は、主人公の闘う動機、彼／彼女がヒーロー／ヒロインになる物語上の出発点が、広義の「復讐」それも「親の仇《かたき》」にかかわっているという点が同じなのだ。もちろんそのような物語は古今東西に膨大な先例があるとはいえ、「エヴァ」がそうであるように「親子関係」は庵野秀明の作品世界の最重要テーマのひとつであり、この共通点を無視することは出来ない。ある意味では『キューティーハニー』の約二十年後の「語り直し」として『シン・仮面ライダー』を捉えることも出来るのではないかと思う。逆に言えば、このような視点を採用する限りにおいて、庵野秀明の初期「実写」映画の三本の中では作家性が希薄に感じられる『キューティーハニー』は、今なお重要さを残しているのである。

二〇二三年三月十八日に公開された『シン・仮面ライダー』は、『シン・エヴァ』のあのラストシーンと、それを挟み込む「シン」と題された作品群、そしてそれ以前の庵野のアニメ／実写の両面にまたがるフィルモグラフィ、つまり彼のすべての試行錯誤と悪戦苦闘に、ひとつのピリオドを打つかのような力作（だと私は思う）になっていた。実際に観るまでは、いつもながらの庵野組の徹底した秘密主義も相俟って、果たしてどのような内容になっているのか予測も立てられず、正直言って多少とも心配していたのだ。もしも箸にも棒にもかからぬような失敗作（と私には思えてしまう作品）になっていたらどうしたものか……。

だが、そのような心配は杞憂《きゆう》だった。庵野秀明は答えを出したのだ。

第四章　「シン」の再生
——『シン・仮面ライダー』論

1　暴力論／正義論としての『シン・仮面ライダー』

テレビシリーズ「仮面ライダー」は、一九七一年の放映開始以来、ほぼ毎年（現在は基本的に週一回の放映で一年間の四十九回前後で完結）、ブランクを挟みながらもじつに半世紀以上にわたって継続している超長寿シリーズであり、アメリカのマーベルやDCにも匹敵する巨大にして複雑な「ユニバース」を構成している。令和に入ってからも『仮面ライダーゼロワン』『同セイバー』『同リバイス』『同ギーツ』『同ガッチャード』と五作が作られている。長編映画『シン・仮面ライダー』は「仮面ライダー生誕50周年企画作品」として企画されたものである。『シン・仮面ライダー』の庵野秀明は「監督」であり（今回は「総監督」は置かれていない）、脚本も庵野が単独で書いている。これは実は『式日』以来のことである。クレジット上の表記に過ぎないとはいえ、庵野は脚本のみで樋口真嗣が監督した『シン・ウルトラマン』（二〇二二年）、庵野が総監督と脚本、樋口が監督と特技監督を務めた『シン・ゴジラ』よりも庵野個人の作品という側面が強いという見方も出来る。あるいはこう考えてもいい。庵野はこの作品（だけ）は自分（ひとり）で作りたかったのだと。もちろん一本の映画は多数のスタッフ、キャストによる集団創作物であり、監督はまとめ役と責任者に過ぎないということも事実だし（アニメでは尚更《なおさら》そうだろう）、庵野もたびたびそのような発言をしている。だが同時に庵野が作家としての主張が極めて強い、アーティストエゴの塊のような存在であることも、ドキュメンタリー番組などに記録されている通りである。とはいえ『シン・仮面ライダー』の劇場パンフレットで庵野はこう述べている。「本作に関する最初のメモの日付は、2016年1月8日。それから完成までの7年強の間、自分を支えた最大のモチベーションは「僕の考えた仮面ライダーを作りたい」ではなく「仮面ライダーという作品に恩返しをしたい」でした」。「2016年1月8日」は『シン・ゴジラ』がクランクアップしてから約二ヶ月後である（『シン・ゴジラ』の公開は二〇一六年七月）。

一九六四年生まれの私は、「仮面ライダー」の最初の放映時に小学一年生で、リアルタイムで観ていた。シリーズ第二作の『仮面ライダーV3』も観た。だが記憶にあるのはそこまでで、第三作『仮面ライダーX』からは、もうたぶん観ていない。どうしてなのかはわからないが、おそらく読書に興味が移ってテレビ自体をあまり観なくなったせいではないか。その後、特撮やヒーローものに関心を抱くことはなく、親になることもなかったので、私は最初の二作以後の「仮面ライダー」シリーズについては完全に無知なのである。「ゴジラ」や「ウルトラマン」の場合と同じく、私には『シン・仮面ライダー』を「仮面ライダー・ユニバース」の内に位置付けることは出来ないし、そういうことは他の論者たちによって盛んにやられているだろう。

私に出来るのは、私がしたいのは、庵野秀明というひとりの表現者が、テレビアニメ、長編アニメ、実写映画などの多種多様な表現形態を経巡りつつ、時には迷走や停滞を見せながらも、四半世紀以上にわたり展開してきたひとつながりの歴史において、『シン・仮面ライダー』という作品が持つ意味を問うことである。『シン・仮面ライダー』は『仮面ライダー』第一作の「語り直し」である——それは『シン・ゴジラ』が『ゴジラ』第一作の語り直しであり、『シン・ウルトラマン』が『ウルトラマン』第一作の語り直しであったのと同じことだ——と同時に『シン・ウルトラマン』や『シン・ゴジラ』、そして『シン・エヴァンゲリオン』の「語り直し」にもなっていると私には思えるのだ。

『シン・仮面ライダー』のひとつの特長は、これも『シン・ゴジラ』や『シン・ウルトラマン』と基本的に同じだが、庵野秀明という自他ともに認める重度のおたくによって作られたのにもかかわらず、けっしてマニア向けというわけではなく、それぞれのシリーズを未見の観客にも広く開かれているということである。パンフレットで庵野は「『新作』を作ることでオリジナル作品を自作で越えるのではなくオリジナルの魅力を社会に拡げ、オリジナルの面白さを世間に再認識して貰う」と、そのために「現在まで続くシリーズとは別ラインでの再構築を目指し、半世紀の歴史が作った特撮ヒーローファンとのハイコンテクストと特撮ヒーローを知らない世間の方々のローコンテクストの融合・共存を目指し、作っていく」と述べている。公式声明の感もなくはないが、本音でもあるだろう。これまでの作品についても、庵野自身やスタッフ、キャストのインタビューなどを読む限り、現場の庵野は筋金入りのおたくならではのディテールへの異様なこだわりを全開にしていたようだが（『シン・仮面ライダー』では赤いマフラーの見え方に徹底してこだわっていたという）、そうしたマニアックな要素に気づかない（気づけない）私のような観客にもじゅうぶんに伝わる作品になっている。

先にも述べたように、「シン」の基本的な方針は、シリーズ第一作を語り直すということである。『シン・仮面ライダー』も、仮面ライダーの誕生、SHOCKER（＝Sustainable Happiness Organization with Computational Knowledge Embedded Remodeling＝計算知識埋め込み型リモデリングによる持続可能な幸福の組織化。ショッカーという呼称はオリジナルと同じだが、この長い正式名称は庵野による創案）との闘争、仮面ライダー2号の登場と、幼い頃の私も観ていた第一作のストーリーラインをなぞっている。二人の仮面ライダーの役名も「本郷猛《ほんごうたけし》」「一文字隼人《いちもんじはやと》」で、オリジナルと同じである。だがそれ以外については庵野は他の「シン」と同様、随所にかなり大胆なアダプテーションを施している。

オリジナル版からの変更点は大小多数あるが、まず最初に挙げるべきは、本郷猛が仮面ライダーになる経緯である。第一作の本郷はスポーツ万能の若き科学者で、人並み外れた身体能力のせいで悪の組織ショッカーに拉致されバッタ人間にされてしまうが、脳を改造される直前に緑川《みどりかわ》博士によって助け出され、正義の味方仮面ライダーとしてショッカーと戦うことを決意する。だが映画の本郷には、もっと複雑な動機がある。警官だった彼の父親は通り魔殺人犯に丸腰で対峙《たいじ》して殉職した。父が死んだのは最後の最後まで他人――たとえ無差別殺人犯であっても――に暴力を行使することを避けたからだと彼は考えた。本郷は緑川博士の改造手術を受け、生体エネルギー・プラーナによって超人的な能力を発揮する「昆虫合成型オーグメンテーションプロジェクトの最高傑作」であるバッタ型オーグメント=バッタオーグへの変身が可能となる。

ショッカーの邪悪な目的に気づいた緑川博士とその娘ルリ子の手引きにより本郷は組織から脱出するが、緑川はクモオーグにあっけなく殺されてしまう。博士に娘を頼むと言い残された本郷は、ルリ子を護ることを自分に誓い、彼女とともにショッカーに戦いを挑んでゆく。つまり本郷の動機は、第一に父親を無意味に殺された不条理へのやりきれない思いであり（犯人は別の警官に射殺されてしまったので仇《かたき》討ちも出来ない）、第二に良心を貫こうとした緑川博士（いわば本郷の「第二の父」）の死に起因する復讐《ふくしゅう》心であり、第三に緑川ルリ子への同情心と共感である。いずれも個人的かつ切実な理由であり、オリジナル版の仮面ライダー誕生プロセスの単純さ、曖昧さ（前に触れたように、これは『ウルトラマン』と『シン・ウルトラマン』にも言えることであり――御都合主義の前者に対して後者には「自己犠牲」が深くかかわっていた――時代的にも致し方ないことではある）とは大きく異なっている。

重要な点は、映画の本郷が抽象的な大文字の「正義」の手前に留まっているということである。この意味で本郷は「正義の味方」ではない。だがそれと同時に、彼は単なる復讐者とも違う。『キューティーハニー』のハニーの敵は父の仇のパンサークローだったが、『シン・仮面ライダー』が最初に直面する「敵」は、人間の愚かさ、いや「人間（性）」そのものである。この点も『シン・ウルトラマン』と似ている。『シン・ウルトラマン』の「外星人」は「人間」の弱さと醜さを理由に人類を滅ぼそうとするが、ウルトラマンは、そんな「人間」にかけがえのない価値と存在意義を見出し、自分の命と引き換えにしても守り抜こうとする。連続する二作の「シン」は、否定的な評価を多分に含む「人間」観という前提を共有している。

本郷猛＝仮面ライダー（と一文字隼人＝仮面ライダー第2号）の戦いは、最終的に緑川博士の息子でありショッカーの一員でもある緑川イチロー（にしてチョウオーグ、かつ仮面ライダー第0号）との対決に至る。実はイチローの母親（緑川博士の妻）も本郷の父親と同じく無差別殺人の犠牲者であり、イチローがショッカーに入ったのはその事件がきっかけだった（緑川がショッカーに協力したのもそれが理由だったのではないかとルリ子は言う）。本郷とイチローは同じ悲劇に見舞われていたのである。これはオリジナル版『仮面ライダー』には存在していなかった設定であり、むしろ庵野の過去作品との関連性において理解するべきだろう。

だが前提は同じでも、そこからの本郷とイチローが選んだ道は大きく異なっている。イチローについては別の話題ともかかわるので後で触れることにして、まず本郷について述べよう。彼は父親を死なせないために必要だったのは、理由もなく襲い来る他者＝敵＝悪に（場合によっては致死的な）暴力を振るうことから逃げない勇気と意志、そしてフィジカルな強さだと考えた。だから彼は改造人間になったのだ。しかしそれでも彼はいざとなると自らの暴力／性を恐れ、他者を殺《あや》めることを怖れてしまう。仮面ライダーに変身するマスクには生存本能を増幅するシステムが搭載されており、闘争心を増幅し、人を殺すことへの忌避感を減らすように設計されているとルリ子は説明する。自分が生き残るためなら敵を殺すことも厭《いと》わぬようになるのだと。最初の戦闘を終えた後、本郷は言う。「このマスクをかぶると暴力の加減がまるで出来なくなる」。そして彼は苦しげに漏らす。「思ったよりも辛い」と。ルリ子は、そんな本郷を見て「優し過ぎる」と呟《つぶや》き、ショッカーとの戦いには不向きだという評価を密《ひそ》かに下す。

このように『シン・仮面ライダー』の前半は、一種の暴力（批判）論とでも呼べるものになっている。大切な存在を護るためには、優しさだけでは足らず、時には暴力と呼ばれる強大な力をふるわねばならぬという真理（？）をめぐり本郷は苦悩する。ここで指摘しておくべきは、実際には本郷は幾度となく戦闘と殺戮《さつりく》を回避するということである。仮面ライダーは、この映画の中で「敵前逃亡」を繰り返す。彼は何度も逃げる。そう、「エヴァンゲリオン」の碇シンジの「逃げちゃ駄目だ」とは反対に。いや、シンジも何度も逃げてはいたが、本郷はほとんど躊躇《ちゅうちょ》なく、確信犯的に逃げまくるのだ。仕方なく戦ったとしても、敵にとどめを刺す前に、これ以上やると殺してしまうからとマスクを脱いでしまったりする。だから彼の「暴力」の肯定（あるいは受容）は、いわば頭で考えた理屈でしかない。現実の戦いにおける本郷は、ひとを殺すくらいならその場から逃げることを厭わない。しかしそれは弱腰ということではない。いわば彼は逃げることから逃げないのだ。そして本郷を「優し過ぎる」と思っていたルリ子も次第に彼に同調していくのである。だがしかし、そんな本郷も、最後には一文字隼人とともに緑川イチローとの死闘を繰り広げることになる。なぜか？　ルリ子が死ぬからだ。『シン・仮面ライダー』は物語の途中でヒロインが死んでしまう（そして第二のヒロインも現れない）、かなり珍しい「ヒーローもの」なのだ。だがそこに向かう前に、幾つか触れておきたいことがある。

本郷とルリ子は最初の戦闘の後、ショッカーの撲滅という共通の目的を持つ国家組織から接触され、情報共有と行動支援に関する契約を結ぶ。「政府の男」と「情報機関の男」は彼らをさまざまにサポートするが、目的のためには手段を選ばぬところがあり、お互いに信頼しているとは必ずしも言えない（その関係も変化してゆくのだが）。仮面ライダーは、ルリ子の幼馴染だったハチオーグと戦って勝利し、だが殺さずに済まそうとする（ルリ子もそれに同意する）。

だが、その直後に「情報機関の男」がハチオーグをあっさりと始末してしまう。このシーンは、それがどれほど超人的なものであっても所詮は個人の範疇《はんちゅう》でしかない暴力と、国家という冷徹な暴力装置との根本的な違いを表している。

なぜ戦わなくてはならないのか、という問いは、あらゆる「ヒーローもの」が抱える根本的な問題、いわばアポリアである。自らの一方的な利得のために仕掛ける戦闘＝戦争、侵略や討伐といったことでないならば、それは自衛（どこまでが「自衛」に含まれるのかという議論は別途必要だろうが）ということになる。つまり「外敵が攻めてくるから」戦う、ということである。ここでの「外敵」は「他国」であったり「宇宙人（外星人）」であったり「怪獣（禍威獣）」であったり「使徒」であったりする。「正体不明の敵」であることもある。これらの「外敵」は、そうであるがゆえに「悪」と認定されるのであり、その逆ではない。外からやってきて内なる世界の平穏を脅かすものが「敵」であり、すなわち「悪」なのである。そしてそのような「敵＝悪」を迎え撃つ自分（たち）は、論理的に「正義」ということになる。

言うまでもないが、この論理は可逆性を有している。「敵」側から見たら、こちらの方が「敵」であり「悪」であり、それゆえに向こう側が「正義」とされることがあり得る。歴史を紐解《ひもと》いてみても、そして現在の世界情勢を見回せば尚更《なおさら》のこと、こうした「悪」と「正義」の可逆性と相対性が極まっているのは周知の通りである。絶対的な悪も、絶対的な正義も、今日の世界には、もはや存在していない。そんな世界で「ヒーロー」であるとは、どういうことなのか？　「ヒーロー」を描くフィクションに限るなら、さしあたり考えられる対応策は、それでも無理やり「悪」と「正義」をフィクショナルに仮構して二項対立を温存させるか、あるいは「正義」と「悪」の可逆性、相対性そのものを描こうとするか、もしくは「正義」とは「悪」とは何なのかをあらためて問い直してみせるか、といったことになるだろう。

　ここに「公」と「私」という別の対立軸が重なると、更に構図が複雑に見えてくる。「内／外」そして「正義／悪」の物語であった「ヒーローもの」に「公／私」の問題を見出すこと、「内／外」と「公／私」の組み合わせ／掛け合わせを「英雄譚《えいゆうたん》」に導入すること、庵野秀明が「シン」で行ってきたことのひとつはこれである。

『シン・ゴジラ』のキャッチコピーは「現実対虚構」で、「現実」には「ニッポン」、「虚構」には「ゴジラ」とルビがふられていた。あの作品が「ゴジラ」を明確に「日本国家」の「専守防衛」の物語として描いていたのは前に見た通りである。つまりあの作品では国家＝公権力は「正義」だった（公開時にはそのことへの批判もあった）。『シン・ウルトラマン』は設定上、『シン・ゴジラ』よりも現実離れした物語にならざるを得なかったが、その主人公も「公」的組織の一員であり、同時に彼は「外」から来た存在でもあった。だがそこで真に問われていたのは、実は「私」の問題だった。

この点について、第二章で私はこう述べた。

『シン・ゴジラ』で描かれた「「公」の一部である（しかない）「私」なるもの」とは、自ら進んで「公」たろうとする「私」、自信と確信を持って積極的に「公」の一部になることで自己実現を果たそうとする「私」、そしてそれに成功する「私」だった。これを受けて『シン・ウルトラマン』が語った、少なくとも語ることを試みたのは、それならば「私」から「公」はどのように発生してくるのか、という問題である。

『シン・仮面ライダー』では「私」と「公」の関係の問題は後退している。それは『シン・ゴジラ』と『シン・ウルトラマン』でやったということだろう。その代わりに前景化しているのは、「暴力」と「正義」のパラドックスと、そこに「私」がどうかかわってくるのか、という問題――もちろんそれは「エヴァンゲリオン」の主題と通底している――である。だが、ハチオーグの死の場面だけは、国家＝公権力による非情な暴力の発現というかたちで、『シン・ゴジラ』『シン・ウルトラマン』とテーマ的に繋がっている。しかもハチオーグを殺す「情報機関の男」を演じているのは『シン・ウルトラマン』の斎藤工なのだ。庵野はキャスティングにおいても「シン」の連続性を強く意識している（この意味で興味深いのは何と言っても『シン・ゴジラ』『シン・ウルトラマン』『シン・仮面ライダー』の三本全てで同じキャラクターを演じている竹野内豊《たけのうちゆたか》だろう)。ルリ子が「(ハチオーグを殺した)あなたの行動は理解できる」と言うと「情報機関の男」は「恨まれるのも仕事のうちだ」と返す。もちろん寡黙で無表情な男に設定されている彼が本心では何を考えているのかを観客が知ることはない(彼はウルトラマンかもしれない)。

『シン・仮面ライダー』の本郷猛は「必要かつ正当化される暴力」の存在意義を認め、欲してさえいながら、現実には暴力を避けようとするし、殺すことに躊躇する。それは大義と心情の争いである。正義を成すためには殺さなくてはならない、それはよくわかっている。だが、それでもなお、出来れば暴力を行使せずに済ませたい、他者を殺めることは避けたい。それはひとりの人間としては当然の感情だが、ヒーローとしては失格の烙印《らくいん》を押されかねない欠陥であり弱点である。だが繰り返すが、それは本郷が「優し過ぎる」からではない。この点が重要である。本郷が暴力から、殺すことから逃げるのは、彼はそれこそが正義だと思っているからなのだ。しかも、その「正義」は「彼にとっての」正義ということではない。本郷はそれを「誰にとっても」正義であると考えているのだと私は思う。だが、ひとまず緑川イチローの話をしなくてはならない。

2　幸福論としての『シン・仮面ライダー』

SHOCKERの正式名称が「Sustainable Happiness Organization with Computational Knowledge Embedded Remodeling＝計算知識埋め込み型リモデリングによる持続可能な幸福の組織化」であるということは先に述べたが、そこには以下のような設定がある。大富豪だったショッカーの創設者（松尾スズキが演じている）は、人類の幸福を追究するために莫大《ばくだい》な資金を調達して世界最高の人工知能アイの開発に成功した。アイは自立型ＡＩのジェイを作り出し、ジェイは後継モデルのケイにヴァージョンアップされた。その後、創設者はアイとケイに「人類を幸福に導く究極の命令」を与えてから自害する。「第2世代外世界観測用自立型人工知能」であるケイは戦闘行為には加わらず、ルリ子と本郷の行動を間近で観察してはアイへの報告を続けることになる。アイはケイによる人間世界／社会のリサーチを踏まえて計算を行い、功利主義的な「最大多数の最大幸福」が人類の真の幸福なのではなく、最も深い絶望を抱えた人間を救済する行動モデルこそが人類の目指すべき幸福であるという解を導き出した。人類を救済するのは「希望」ではなく「絶望」なのだということである。ショッカーは、この理念に基づいて運営されている。

緑川博士の息子であるイチローは、アイの回答を実現するために、人間の肉体はそのままにプラーナだけ異空間に転送するテクノロジーを開発する（これには緑川ルリ子もかかわった）。送り先は「ハビタット世界」と呼ばれており（habitatとは動植物の「生息地」のこと）、イチローは人類をそこに転送したあと、彼自身が「最後の人間」としてハビタット世界に旅立つことを自分の使命だと考えている。「全人類のプラーナの完全掌握と全人類のハビタット世界への放逐」。「放逐」という言葉に端的に示されているように、それはまさに人類の家畜化を意味している。しかも飼い主が存在しない――プログラムがその代わりということだろう――ハビタットに。イチローはそれこそが人類の究極の幸福なのだと考えているが、ハビタット世界のことをルリ子はこう表現する。「俗に言う地獄」「本心だけの世界」「嘘のない世界」そして「人間に耐えられる世界ではない」。

例によってハビタット世界の詳しい説明は映画内ではほとんどなされないので、あくまでも想像と推測の域を出ないが、私がまず思い出したのはトマス・ホッブズの『リヴァイアサン』である。ホッブズは同書で、人間の初期設定＝「自然状態」を「万人の万人に対する戦い」と措定し、そこから主権者への諸権利の全面的な譲渡＝社会契約を経て「政治的共同体（コモンウェルス）」としての国家が誕生するプロセスを描出した。ハビタット世界は、それを遡行させたようなものなのかもしれない。しかもそこはプラーナすなわち魂＝意識＝精神のみとなった、肉体を欠いた（元）人間どもの生息地である。少なくともそこがあらゆる「法」が存在しない世界として想定されていることは間違いないだろう。コモンウェルスから巻き戻された自然状態は、確かに「地獄」かもしれない。

もうひとつ、頭に浮かんだのは伊藤計劃《いとうけいかく》の『ハーモニー』（二〇〇八年）である。あの小説の結末では、全人類が「WatchMe」というソフトウェアを自身にインストールし、肉体と精神にまたがる究極の医療予防ツールである「ハーモニー・プログラム」が発動することによって、最終的に「全世界数十億人の「わたし」が消滅」する。それは「意識の消滅」であり「社会と構成員の完全な一致」である。そして次のような世界が現出する。

新しい世界では、すべてが自明であり、選択することなど何ひとつ無かった。
いま、わたしたちは生きている。
すべてのものが、そう在るべき世界に。
迷いも、選択も、決断も存在しない、限りなく天国に近いものに。
（『ハーモニー』）

私は最初にこの箇所を読んだ時――私だけではないと思うが――それは天国なんかではない、むしろ地獄だと思った。『ハーモニー』が立ち至る世界とハビタット世界は正反対である。「ハーモニー・プログラム」によって人間は「動物であることを完全にやめ」るのだから。それはむしろコモンウェルスの完成である。「太古からそれに向かい目指し続けてきた完全な社会的存在に、ようやく到達したのだ」。その結果として「人類社会から自殺は消滅した。ほぼすべての争いが消滅した。個はもはや単位ではなかった。社会システムこそが単位だった。システムが即ち人間であること、それに苦しみ続けてきた社会は、真の意味での自我や自意識、自己を消し去ることによって、はじめて幸福な完全一致に達した」。こうして表面上は何も変わらぬまま人間社会は決定的に変容する。「個」は消滅し、「社会システム」という一者が出現する。

わたしはシステムの一部であり、あなたもまたシステムの一部である。
もはや、そのことに誰も苦痛を感じてはいない。
苦痛を受け取る「わたし」が存在しないからだ。
わたし、の代わりに存在するのは一個の全体、いわゆる「社会」だ。

（同）

「天国なるものがこの世のどこかにあるとしたら」と『ハーモニー』は語りかける。「完全な何かに人類が触れることができるとしたら。／おそらく、「進化」というその場しのぎの集積から出発した継《つ》ぎ接《は》ぎの脊椎動物としては、これこそが望みうる最高に天国に近い状態なのだろう。社会と自己が完全に一致した存在への階梯を昇ることが」。

このように、ハビタット世界とハーモニー世界はむしろ真逆なのだが、にもかかわらずどこか似ている。おそらく庵野秀明はこの小説を読んでいるだろう。ありようは正反対でも、人間の自己意識が不可避的に孕《はら》み持ってしまう——というよりも「自己意識」の定義そのものともいうべき——「業」のようなものを如何《いか》にして処理するか、という難問に対する伊藤計劃の繊細だが残酷な解答を踏まえたうえで、庵野はある意味で、よりドライでドラスティックな答えを提出してみせている。だがどちらも、そうして出現する「世界」がユートピア（天国）なのかディストピア（地獄）なのか判別出来ないということ、それが人類の「救済」なのか「殲《せん》滅《めっ》」なのか判断出来ないという点は同じなのだ。

両者に共通しているのは「人間自体を信頼しない」という認識である。人間は信じるに値しない。それは確かにそうかもしれない。こうして緑川イチローはショッカーの一員チョウオーグとして羽化し、強い信念を持ってハビタット計画を押し進めていく。そして彼がそのような認識と信念を抱いたきっかけは、母親を通り魔に不条理に殺されたことへの哀しみと怒りなのだ。イチローは誤作動の可能性を排除出来ない人間という種を、自分自身も含めて丸ごと処分してしまおうとする。だが、同じ境遇であるはずの本郷猛が、それを命懸けで阻もうとするのである。

3 「継承の物語」としての『シン・仮面ライダー』

緑川ルリ子の死は、本郷猛の父親や緑川イチローの母親のそれと同じく無意味で不条理なものである。まず一文字隼人の登場から述べよう。ジャーナリストだった一文字は（おそらく本郷と同じくショッカーに誘拐され、オーグメントに改造された。イチローは身体能力を更に強化された一文字を第2バッタオーグとして戦いに送り込み、二人のバッタオーグは対決するが、一文字にもショッカーへの疑念があることに気づいたルリ子は彼をパリハライズ（これも造語だがやはり説明がないので詳細は不明、洗脳解除という意味だと思われる）する。「自分の内にある悲しみに気づいて」とルリ子に諭された一文字は無意識のうちに涙を流し、人間の味方、ショッカーの敵である仮面ライダー第2号として覚醒する。だがそこに突如としてカマキリ・カメレオン（K・K）オーグが現れる。その存在をルリ子も知らなかったK・Kオーグによって彼女はあっけなく殺されてしまう。一文字との戦闘で動けなくなっていた本郷にはなす術もなかった。こうして緑川ルリ子は物語の半ばで帰らぬ人となる。

実はルリ子はヒトではない。彼女は緑川博士に造られた生体電算機であり、人造人間なのだ。だから彼女は緑川博士ともイチローとも血の繋がりはない。だから若かりし頃の博士がバイクにまたがり、のちに無残に殺害される妻、まだ幼い息子のイチローと撮った写真にもルリ子は写っていない。ルリ子はそのことをわかっており、電算機にふさわしく非情かつ冷徹に振る舞おうとするが、彼女には豊かな人間的な感情が宿っていることが次第にわかってくる。「私は常に用意周到なの」が口癖のルリ子は、イチローに刃向かった自分の末路を見越して仮面ライダーのマスクに動画の遺言を仕込んでおいた。彼女の死後、本郷はマスクを被って、それを再生する（暴力を発動させるマスクがまったく異なる機能を持たされていることに注意してほしい）。自撮りによるルリ子の率直かつ真摯なメッセージは、この映画の中で最も哀切で美しいシーンである（浜辺美波《はまべみなみ》も非常に好演している）。彼女は本郷にハビタット計画を頓挫《とんざ》させるための秘策を伝える。最強のオーグメントであるイチローに勝利する方法も教える。そして緑川一家の写真に自分も写っていたかったと漏らし、でもあなたのバイクの後ろに乗れてよかった、と言う。本郷は涙を流す。そして彼はルリ子の遺志を実現するために最後の戦いに挑むのである。

しかしこの後、更なる展開が待っている。仮面ライダーが、本郷猛が、チョウオーグとの、緑川イチローとの激しい戦いの果てに命を落とすのである。『シン・仮面ライダー』は、物語の途中でヒーローが死んでしまう、極めて珍しい「ヒーローもの」なのだ。オリジナル版に一文字隼人＝仮面ライダー2号が登場した理由は、本郷猛役の藤岡弘《ふじおかひろし》がオートバイで転倒して大怪我を負い、撮影に参加出来なくなってしまったことによる苦肉の策だったのだが、庵野はこの「物語の途中で二人目のヒーローが投入される」という、ある意味でかなり不自然な設定を逆手に取って、『仮面ライダー』を「正義の継承の物語」としての『シン・仮面ライダー』に「変身」させた。

自分の命と引き換えに、本郷は一文字にイチローの野望の粉砕を託し、仮面ライダー第2号はそれを果たす。瀕死のイチローに瀕死の本郷がマスクを被せると、ルリ子からイチローへのメッセージが再生される。自分の肉体はなくなったが、このマスクの中で——ハビタット世界ではなく——永遠に生きているのだと彼女は言う。兄さんもここに来たらいい。本郷猛も加わった、親を喪った同じ境遇の三人で、ここでいつまでも一緒にいよう。イチローは妹（の魂）と和解するが、「そこは三人には狭すぎる」と言い、ひとり（おそらくは）ハビタット世界へ去ってゆく。

こうして仮面ライダー第2号＝一文字隼人だけが生き残る。映画のラストシーンで、一文字は「政府の男」から本郷猛の後を継いで仮面ライダーとしてショッカーとの戦いを続けてくれと依頼され、もともとの性分である個人主義を撤回して、了承する。続編を示唆するエンディングだが、実際に庵野秀明の頭にはその考えがあるようだ。二〇二三年四月九日、東京・丸の内TOEIで『シン・仮面ライダー』の「大ヒット御礼」の舞台挨拶が行われた。一文字隼人役の柄本佑《えもとたすく》から続編の構想について訊かれた庵野秀明は、こう答えている。「企画は、これの脚本を書いた時からあります。最初に続編が可能なものにしようと思っていたからああいうラストになった。現実的には白紙なんですけど、構想的には残っていますね」。『仮面之世界（マスカーワールド）』という仮タイトルも口にされているので、実現の可能性は低くはない。とはいえ実現するとしても、庵野のことなので、それがいつになるのかはまったくわからないのだが。

4 緑川ルリ子とは「何」か？

あらためて述べるが、緑川ルリ子は人間ではない。彼女は緑川博士に造られた「生体電算機」である。だが「私は常に用意周到なの」が決め台詞で、常に冷静沈着に振る舞い、最初の戦闘で自分の強さに動揺を隠せない本郷猛を「優し過ぎる」と断じたりもするルリ子は、実はその内面（?）に豊かで繊細な人間的感情を備えている。しかしそのことがはっきりとわかった時、彼女はすでにこの世にない。自らの死を予見したルリ子が仮面ライダーのマスクに仕込んでおいた自撮りの動画メッセージによって、本郷は、そして私たち観客は、はじめて彼女の素顔と本心を知る。人間ではないルリ子は、自分が人間ではないということ、自分は人間にはなれないということ、本当は緑川博士の「娘」でも緑川イチローの「妹」でもないのだということをよくよく自覚しながら、儚《はかな》く、可憐で、毅然とした、誰よりも人間らしい最期を遂げる。その姿は真に感動的なものと言ってよい。

自分自身も含めた人類全員を「俗に言う地獄」であるハビタット世界に送り込もうとする緑川イチローの計画に立ちはだかるルリ子に、イチローが「痴《し》れ者の父親にたぶらかされたか」と尋ねると、彼女は「計算以外無知な私に、外にもいろんな世界があることを教えてくれた。父が唯一、私のためにしてくれたことよ」と答える。ルリ子が「人は人を信じることで生き延びてきた」と言うと、イチローは「他人を信じることで裏切られてもきた」と返す。兄妹の考えはどこまでも平行線を辿る。そんな二人が和解するのは、ルリ子が死んだあと、イチローもまた死を迎える直前のことである。

ルリ子とイチローの人間観のコントラストは、前作『シン・ウルトラマン』（二〇二二年）のウルトラマンと外星人の対立の相似形である。「人は人を信じることで生き延びてきた」というルリ子の台詞は、あの物語のラストでウルトラマンが到達する認識と同じと言ってよい。『シン・仮面ライダー』が『シン・ウルトラマン』のテーマを引き継いでいることは、本郷猛が「僕には他人がよくわからない。だから他人がわかるように自分を変えたい。世界を変える気なんてない」と呟くことにも示されている。この「他人」を「人間（人類）」に置き換えれば、ウルトラマンの台詞としても機能する。「世界を変える気なんてない」は、そこでは「世界を変えようとすることを許さない」という闘争宣言になる。

ところで、この台詞は「エヴァ」の碇シンジも思い出させる。いわばシンジは「僕には他人がよくわからない。だから他人がわかるように自分を変えたい。でも変えられない。ましてや世界を守るなんて出来るわけがない」と思っていたのだから。他人のことがわからない自分のことを、他人がわかってくれるはずがない。たとえ自分にそんな希望が芽生えたとしても、向こうにはそんなつもりはさらさらないのだ。だから自分と他人はどこまでいっても、いつまでたっても交わることはありえず、だからはじめから諦めておくことが得策《とくさく》なのであり、下手に他人をわかろうとしたり、そうすることによって自分をわかってもらおうなどと望んだならば、必ず手痛いしっぺ返しを食らうことだろう、碇シンジの人生哲学は、おおよそこのようなものだった。だが、それでいてシンジは、どうして自分のことをわかってくれないのかと嘆いていたのである。

そんなシンジに、どうして世界を守る責任が負えるだろうか。手に余るなどという言い方では到底足りない。確かに「エヴァに乗って世界を変えるんだ」と口にしてみたりもした。だが、これはまぎれもない責苦ではないか。お願いだから世界の命運を僕に託さないでくれ。勝手に責任を負わせておいて、やり損ねたからといって失望したり非難したり、負け犬の烙印を押さないでくれ。シンジが闘いに臨む態度は、おおよそこのようなものだった。

「私」と「他人」の相互理解の問題と、「私」と「世界」との関係性の問題。だが、それでもシンジは嫌々ながらもエヴァに乗って使徒との過酷な戦いに赴き、何度も勝利したのだった。

これに対して本郷猛は、変えたいのは「世界」ではなく「自分」なのだと言い訳をして、たびたび戦闘を回避し、あっさりと敵前逃亡する。そう、彼は何度も逃げた。そして本郷が遂に逃げないことを選んだ時が、彼の最期の時だった。

碇シンジと本郷猛、庵野秀明が生み出した最初の「ヒーロー」と現時点での最新の「ヒーロー」の共通点と相違点から、どんなことが考えられるだろうか？

本郷猛と緑川ルリ子の関係において特筆すべき点は、何よりもまず、二人が恋愛しないということである。確かにルリ子は次第に本郷に心を許し、彼の肩に顔を埋めたりもする。だが本郷は常に彼女に対して親愛というよりも敬愛の念をもって接し、けっして一線を踏み越えようとはしない。そもそも本郷が内なる感情を表に出さないタイプだということだけではなく、明らかに彼はルリ子に特別な感情を抱かぬよう自分を律しているように見える。イチローに「妹とは寝たのか？」と不躾《ぶしつけ》に問われた本郷は動じることなく「僕らの関係は恋愛ではない、信頼だ」と即答する。

私は、このことは非常に重要だと思う。確かに「恋愛」という要素の希薄さは、これに先立つ『シン・ウルトラマン』と『シン・ゴジラ』（二〇一六年）にも共通する、いわば「シン」シリーズの特徴でもある。だが、前二作の主人公がプロフェッショナリズム＝職業倫理ゆえに女性登場人物との「恋愛」的な関係に向かわなかったのに対し、『シン・仮面ライダー』の本郷猛と緑川ルリ子の場合は必ずしもそうした情緒性がマイナスに働くわけではないし、二人が互いに惹《ひ》かれ合っていく描写が仄《ほの》めかし程度であれ挿入されていても別におかしくはない。いや、あの映画を観ながら本郷とルリ子のあいだにそのような感情が生起するさまを見出した観客もいるかもしれない。

むしろだからこそ、庵野秀明は本郷に「恋愛ではない、信頼だ」と言わせたのである。くれぐれも誤解しないで欲しい。これは「恋愛」の物語ではない。「信頼」の物語なのだと。『シン・ゴジラ』『シン・ウルトラマン』『シン・仮面ライダー』を「信頼」の主題による三部作として捉えることが出来るように思う。このことは「エヴァ」には「信頼」というテーマが希薄であったことを考えると興味深い。そして「シン」には「恋愛」要素がほとんど存在していない。もちろん「恋愛」と「信頼」は必ずしも対立軸というわけではない。恋愛においても信頼は大切だし、信頼から始まる恋愛だってあるだろう。だが、『シン・エヴァンゲリオン』（二〇二一年）以外の「シン」も「エヴァ」の「語り直し」の試みで（も）あるということ、いうなれば「エヴァンゲリオン補完計画」が「シン」の裏テーマ（？）であったということを考えるならば、「恋愛」から「信頼」への重心移動は、明らかに意図的なものということになる。

「エヴァ」には碇シンジを中心とする「ハーレムもの」の側面があった。何人もの女性（だけではない、渚カヲルもいる）登場人物たちは、シンジとの恋愛の予感を匂わせながらも、なかなか、けっしてそうはならず、終わりに至って唐突に現れた真希波・マリ・イラストリアスにあっけなく彼をさらわれた（もちろん敢えてこんな書き方をしている）。それでも彼女（彼）たちはシンジの欲望の対象で（も）あることを隠してはいなかった。だが「シン」三部作では、『シン・ゴジラ』のカヨコ・アン・パタースンも、『シン・ウルトラマン』の浅見弘子も（実は浅見と神永新二＝ウルトラマンのキス・シーンが撮影されていたが、最終的に編集でカットされたのだという）、そして『シン・仮面ライダー』の緑川ルリ子も、可能性としては十分あり得ても、ヒーローの「恋人」にはならないし、そうなる未来が暗示されることもない。これはむしろ「主人公」の変化を証立てるものかもしれない。それにルリ子は物語の半ばで死んでしまう。

にもかかわらず、緑川ルリ子は「エヴァ」の女性たちを想起させる。彼女は綾波レイにも、惣流（式波）・アスカ・ラングレーにも、葛城ミサトにも、少しずつ似ている。だが真希波・マリ・イラストリアスにだけは似ていないのだ。私が『シン・仮面ライダー』を『シン・エヴァンゲリオン』の自己批評／自己批判的な「語り直し」だと考える最大の理由は、ここにある。

あらためて『シン・エヴァンゲリオン』の結末——それはすなわち四半世紀もの長い時間を費やして語り継がれ／語り直されてきた「エヴァ」という巨大なサーガの結末でもあったわけだが——は、どのようなものだったか？　複雑怪奇なストーリーをここで簡潔にまとめるのは不可能だが、枝葉を取り去って無理矢理まとめれば、「使徒との戦い」と「人類補完計画」は、碇シンジの父ゲンドウの妻ユイとの「再会」へと収斂《しゅうれん》し、願いが叶《かな》えられたゲンドウは息子に謝り、シンジは父を許し、父子は「和解」を果たし、非業の最期を遂げていった他の登場人物たちも、それぞれの存在をシンジによって肯定されて「成仏」してゆき、そしてシンジはマリと結ばれることで「エヴァの呪縛」による永遠の十四歳から実年齢の二十八歳の青年へと「変身」し、二人は庵野秀明の生地でもある山口県宇部にそっくりの実写の風景の中に手に手を取って駆け出してゆく、ということになるだろうか。こう書いてみると、もはやロボットSFアニメではまったくないようだが、夥《おびただ》しい設定や謎かけの迷宮から抜け出してみれば、要するにこういう話だったのだと思う。

このかなり歪《いびつ》な（実際、それは最初のテレビシリーズのあの悪名高い結末と同じくらい異様なものだと言ってよい）、取ってつけたような結末には、当然のことながら賛否両論があった。ネット上には不満や違和感を表明する感想や反応も見受けられたが、どちらかといえば肯定的な評価が多勢を占めていたように思う。私が考えるに、その理由は主に二つある。

最初の『新世紀エヴァンゲリオン』から「エヴァ」を観続けてきた長年のファン（その中にはかつて「おたく」と呼ばれたメンタリティやライフスタイルを持った者も相当数いただろう）が、作り手の庵野秀明と同じく、それぞれに年を取って「大人」になっていたこと、それゆえシンジの「変身」を、ごく自然に、我がことのように受け止め、共感を抱くことが出来たこと、それからもうひとつ、作品外のメディア露出や報道などによって世間の庵野秀明に対する人格的な評価が高まっていたこと。つまり碇シンジの「成熟」は庵野秀明の「成熟」の結果であり、その証明として受け取られたのである。そして、そこでの「成熟」とは、母に別れを告げ、父と和解し、自分の子の母となる妻を得る、ということだったのだ。

それが「成熟」ということなのか、「大人」になるとは、そういうことなのだろうか、ほんとうに、この終わりでよかったのか、という疑問が、私のエヴァンゲリオン論、庵野秀明論の出発点だった。私にはどうしても、真希波・マリ・イラストリアスの投入は、あからさまにシンジの「成熟」を急ごしらえするためであるように思えた。それはまるでシンジが「大人」になれたからマリを得たのではなく、マリと結ばれたからにはシンジはもう「大人」なのだとでも言いたげに見えたのだ。

もちろん、このような言いがかりには、それで何が悪い?と問い返すことが可能である。結末の安易さ、その人工性を譏《そし》るなら、そもそも「エヴァ」は始めからずっと行き当たりばったりと御都合主義の連続だったではないか。それに、未来の自分の子の母となる、自分とともに親になる伴侶=女を、どのようにしてであれ獲得するということが、ひとりの男を「大人」にするのだということは、まぎれもない事実なのではあるまいか?　そう言われてしまったら、なるほどそうですか、まあそうですよね、と半笑いで曖昧《あいまい》に頷《うなず》くしかない。だからことによると『シン・エヴァ』のあのラストは、ただ率直でシンプルなだけだった、ということなのかもしれない。

だが、それでもやはり、ここには何か、もっと深く考えてみるべき問題が潜んでいる、いや、ありありと顔を覗かせていると思ったからこそ、こうして論を書き進めてきたのである。私には、ある意味でこのことは、庵野秀明のかなり特異と言ってよかろう作品歴や作家性を超えて、この国において「成熟」とは何なのかという、より大きな問題を考えさせてくれるように思われたのである。

『シン・仮面ライダー』に至って、誰よりも庵野秀明自身が、『シン・エヴァンゲリオン』の結末で提示した「成熟」を語り直す必要があると考えたのだということを私は疑わない。本郷猛は、碇シンジの、いわば修正ヴァージョンなのだ。『シン・ゴジラ』の矢口蘭堂も、『シン・ウルトラマン』の神永新二も、碇シンジではなかった（神永「シンジ」というネーミングは意図的だと思われるが、彼は物語が開始して間もなくウルトラマンに上書きされてしまう）。だが本郷は、いいかいいかい、生まれ変わったシンジなのである。この観点に立ってみると、『シン・仮面ライダー』の主要登場人物の配置は、オリジナルの『仮面ライダー』へのリスペクトを踏まえながらも、明らかに「エヴァンゲリオン」のそれを批判的に継承していることがわかる。

碇シンジ―本郷猛
碇ゲンドウ―緑川イチロー
綾波レイ―緑川ルリ子

碇シンジは、父ゲンドウに呼び寄せられ、巨大ロボットのエヴァに乗って未知の敵である使徒と戦うことを強いられる。本郷猛は、ショッカーに誘拐され、緑川博士によって仮面ライダーに改造されるが、悪と戦うことを自ら選択する。本郷の父とイチローの母は、ともに無差別殺人の犠牲者である。イチローのハビタット計画は、ゲンドウの「人類補完計画」とよく似ている。ゲンドウにとって妻ユイと人類は等価だった。それと同じようにイチローは母の無意味な死を人類全員の「死」によって贖《あがな》おうとする。妻の「復活」を願うゲンドウは最後にユイとの「再会」を果たすことで「成仏」したが、イチローは妹ルリ子の導きによって「母」の死を受け入れ、穏やかにこの世界を去る。綾波レイはゲンドウに造られた人造人間／クローンで、シンジのバックアップとしてあらかじめ彼に好意を抱くようプログラムされていた。緑川ルリ子は緑川博士の被造物だが、博士亡きあとは本郷猛の庇護《ひご》者であり、彼の相棒でもある（もちろんここには『シン・ウルトラマン』の神永と浅見の関係も踏まえられている）。ルリ子のキャラクターにはミサトやアスカの要素もあるが、最も似ているのはやはり綾波である。緑川ルリ子はミサトの姉御気質とアスカの勝気な少女性を備えた綾波レイなのだ。『シン・エヴァンゲリオン』の綾波は何体目かのクローンのはずだが、むしろ彼女はこれまでにないほどに人間味を帯び、だがしかし（クローンであるがゆえに）活動限界に達して爆死する。ルリ子もまたショッカーの罠《わな》にかかってあっけない死を遂げるが、彼女はこの世からいなくなったあとに、本郷を、イチローを、そして「仮面ライダー第2号」こと一文字隼人を動かすことになる。

二作の繋がりが見えてきたのではないだろうか。これら以外にも興味深い類似／違いはある。たとえば本郷猛の「母」の存在の希薄さ。彼が強さを得なければならないと、時にはそれを行使しなくてはならないと考えるに至ったのは、警官だった父親の死がきっかけだった。そこには「母」は関与していない。本郷の「変身」は「母の喪失」によるものではない。それから一文字隼人の存在もある。本郷猛と碇シンジの決定的な違いは、もちろん本郷が死んでしまうということである。一文字は他人との協働を好まぬ一匹狼の自由人であり、いったんは戦列から離れようとするが、考えを変えて本郷とともにイチローと対決し、本郷亡き後はその遺志を継いで仮面ライダー2号としてショッカーと戦い続けることを選択する。

ここには「継承」というテーマが覗いているが、これは「エヴァ」にはほぼまったく存在していなかった主題である。確かに碇シンジの分も綾波やアスカは戦ったが、それは「代理」であって「継承」ではなかった。シンジは「逃げちゃ駄目だ」と呪文のように唱えて戦場へと向かったが、やがてそのキリのなさと意味のなさに疲れ果てて役割を放棄し、遁走《とんそう》してふて寝を決め込んだ。にもかかわらず、そのあいだに彼は「大人」になっていた。本郷は何度も戦闘を回避し、敵前から逃げることを自らに肯定した。彼は、逃げたっていいのだし、逃げたほうがいいこともあるのだと、つまり「逃げちゃ駄目」なわけではないという世界へのスタンスを体現していた。だが、逃げてもいい、は、逃げなくてもいい、でもある。だから彼はイチローとの最後の対決からは逃げず、その結果、死を迎える。だが、そのような「ヒーロー」の役割を一文字隼人が継ぐのである。

そして何よりも重要なことは、緑川ルリ子が、綾波レイではあっても、真希波・マリ・イラストリアスではない、ということである。エヴァを終わらせるため（だけ）に召喚されたマリのごとき存在が『シン・仮面ライダー』にはいない。ヒーローもヒロインも死んでしまったのに、物語は続けられる。『シン・エヴァンゲリオン』の、そして「エヴァ」の結末とは結局、幾つもの「喪失」、とりわけ「母の喪失」が、最後の最後に、ひとつの「妻の獲得」によってチャラになる、という話だった。だが、何度繰り返しても足りないが、シンジが「大人」になれたからマリと結ばれるのではない。逆なのだ。マリはシンジに「大人」を詐称させるためにやってきたのである。だが『シン・仮面ライダー』の本郷猛は、緑川ルリ子の死＝喪失によって「大人」にな（れ）るわけではないし、彼とルリ子は恋愛関係にはならない。ルリ子は本郷の「母」でも「妻」でもない。

端的に言って『シン・仮面ライダー』には「成熟」という主題が描かれていないのだ。

本郷は緑川イチローに自分とルリ子の関係は「恋愛ではない、信頼だ」と言い切ってみせたが、ならば私はこう言おう。『シン・仮面ライダー』とは「成熟」の物語ではない。それは「信頼」の物語であり「継承」の物語ではあっても、主人公の本郷猛が「喪失」と引き換えに何かを獲得するという物語、そのことによって「大人」になるという物語、すなわち「成熟と喪失の物語」ではないのだと。

そしてこのことこそが、物語の紡ぎ手であり全ての造物主である庵野秀明の「成熟」を証明しているのだと私は思う。「成熟」という主題を敢然と退けてみせることが、自らの成熟を表すことになるのだという逆説。いや、これは逆説でもなんでもない。「成熟」を（自らに？）問わないこと、「成熟」とは何なのかを問わないこと、それこそが（それだけが？）真の成熟の証しなのだ。

私は前に、こう述べておいた。

> だからやはり、今度こそ「エヴァ」を完全に終わらせなくてはならないという要請、強制、強迫観念が、シンジを「大人」の「男」に変身させたのであり、言うなればそれは、ただそ

れだけのことなのかもしれない。

だが、いったい「大人」とは何なのか？　「大人」の（辞書的ではない）定義とは？　「大人」である／になることの必要十分条件とは何か？　もちろん、これらの問いに答えるための便利な言葉を私たちはすでに手にしている。「成熟」の二語がそれである。

では「成熟」とは何なのか？　「成熟」の定義、「成熟」の条件とは、どのようなものだというのか？　まず明らかなのは、それは年齢とはほとんど関係がないということである。年若くして成熟した大人もいれば、老いたる未熟な子どもだっている。ではそれは、今風の言葉で言い換えるなら「ソーシャル」であることが要諦なのだろうか？　むろん次の問いはこうなる。ならば「ソーシャル」であるとは、いったいどういうことなのか？

成熟の対義語は未熟である。大人の反対は子ども、ソーシャル＝社会的の対岸にいるのは、誰（何）だろうか？　成熟するということと大人になるということと社会的であるということ、これら三つの様態をイコールで繋ぐことはやめてみてはどうか。成熟しないことによって大人になることや、子どものままで成熟することや、アンソーシャルな成熟した大人だってあり得るのではないか。

「成熟」をめぐる議論は、どこかで常に理想的なモデル（＝大人）を想定している。だが、ではそれ以外には可能性はないのだろうか。成熟せず、大人でもなく、ソーシャルでもないような生き方は、けっして肯定されるべきではないのだろうか?

これらの(まったくもって大人らしからぬ)問いに私なりに答えを与えるべく、庵野秀明の作品群を導きの糸として、本論はやっとここまで辿り着いた。だが、ここでもう一度だけ、半世紀以上も昔の、あの「成熟」論の書き手に再登場してもらわなくてはならない。

そう、江藤淳である。

第五章　江藤淳と「治者」のパラドックス

1 『成熟と喪失』ふたたび

あらためて述べておくと、江藤淳の長編文芸評論『成熟と喪失――〝母〟の崩壊――』（一九六七年）は、いわゆる「第三の新人」の作家と作品、安岡章太郎の『海辺の光景』、小島信夫『抱擁家族』、遠藤周作『沈黙』、吉行淳之介『星と月は天の穴』、庄野潤三『夕べの雲』を題材として「真の近代思想と日本社会の近代化の実相のずれを指摘した先駆的評論」（講談社文芸文庫版表紙裏の紹介より）であり、そこでのキーワードが題名に掲げられている「成熟」であった。江藤の独特のうねりを持つ理路をトレースすることは省くが、その前提となっている認識は以下のとおりである。

近代日本の社会では世代の交替につれて必然的に「父」のイメイジが稀薄化されて行く。その背後に作用しているのは、母とともに父親を「恥ずかしい」ものに思った息子が、成長して妻と息子に「恥ずかし」く思われる「父」になる、という心理的メカニズムである。もし息子が「父」のイメイジに自分を一致させようとすれば、それは「進歩」の否定として社会心理上の制裁を受けなければならない。この社会で「進歩」がほとんど無条件にプラスの価値と考えられているのは、「進歩」が「西洋」＝「近代」に対する接近の同義語だからである。もともと「父」を「恥じる」感覚の底に、「他人」の眼に対してという比較の衝動が潜んでいることはつけ加えるまでもない。ここでいう「他人」が西洋人であることはいうまでもないであろう。

注目すべきことは、この「進歩」の過程で社会が急激に崩壊して行くということである。いいかえれば、「父」によって代表されていた倫理的な社会が、次第に「母」と「子」の肉感的な結合に支えられた自然状態にとりかこまれて腐蝕して行く。（『成熟と喪失』）

江藤はこの論考の結論部分、最終章に当たる「XXXV」章で、庄野潤三の『夕べの雲』の主人公「大浦」について「治者」という概念を持ち出す。

もしわれわれが「個人」というものになることを余儀なくされ、保護されている者の安息から切り離されておたがいを「他者」の前に露出しあう状態におかれたとすれば、われわれは生存をつづける最低の必要をみたすために「治者」にならざるを得ない。（同）

「治者」とは「他者」に囲まれた「個人」として「生存」を維持するために「最小限の秩序と安息とを自分の周囲に回復しようと試み」る者である。長い引用を幾度も挟みつつ回りくどいと言ってもよい筆致で進んできた江藤の論は、このワードの導入によって一挙に収斂《しゅうれん》し、そのまま終わってしまう。この後には、もう少し詳しい「治者」の説明が為されている。

近代の政治思想が実現すべき理想として来たのは、近代以前の「被治者」を一様に普遍的に「治者」にひきあげようとすることである。しかし、この過程で現実におこったのは、いわば、人間を「往還から引っ込んだところに丘や藪を背にして、いかにも風当りの心配なんかなさそうな、おだやかな様子で」立っている「藁葺の屋根」の下から引き出して、「隠れ場所というものがない」禿山の上に「全身をさらす」のに等しいことであった。これが政治思想だけによって実現された変化だとはいえない。その背景には政治思想の対立を超えた産業社会の進展があり、その結果としてもたらされた農耕文化の崩壊がある。（同）

「往還から」に続く引用はすべて『夕べの雲』からである。「このことは今日漠然と意識されはじめているが、すべての作家がその文学的な意味を明晰に自覚しているとはかぎらない。新事態をそのままに認めることは、どんな場合にも勇気を必要とするからである」と江藤は続ける。「作家はほとんど例外なくこの新事態に直面することをためらい、素朴実在論的な世界の崩壊を認めまいとするあらゆる心理的な屈折と自己防衛の姿態を示している」。

しかし、それにもかかわらず彼らは、好むと好まざるとにかかわらずなんらかのかたちで、「治者」の不幸な役割を引きうけるか否かという場所に追いつめられているように見える。「被治者」の姿勢に安住することは、概念と素朴実在論の世界に固執して、自己の内外におこりつつあることから眼をそらし、結局現代を無視することになるであろう。しかし逆に「治者」の不幸を引きうければ、作家は別種の、おそらく前人未踏の難問に出逢わなければならない。（同）

ここでの「治者」が厄介なのは、まず第一に『夕べの雲』の主人公が果たして江藤が言うような存在なのかという疑問を禁じ得ないからである。読めばすぐにわかることだが、この小説の「大浦」は良くも悪くもそのような大層な人物ではない。孫引きになるが、江藤が引用している『夕べの雲』の一節は以下の数箇所である。

「ゆうべのムカデは、もう少し大きいムカデでした。いまの二倍くらい、ありました」

二晩も続けて、寝ている部屋へ出るとは、どうしたことだろう。これでは、「ハムレット」の劇に出て来るように、不寝番の見張りを立てなくてはいけない。

「して、かの物は今夜も出ましたかな？」

「まだ何も見ません」

というようなことをいわなくてはいけない。それでないと、おちおち眠れないということになる。

しかし、見張りを立てるにしても、大浦と細君の二人でやらなくてはならない。

「ようこそ刻限通りお出でなされた」

「丁度十二時を打ったところだ。お休み」

「御交替、まことにかたじけない。ああ、ひどく寒い。心の臓が痛みます」

そういう会話を夫婦でしなくてはいけない。それならついでのことに、大浦と細君が見張りの交替をする時にかける合言葉も決めておいた方がいいかも知れない。何というのがいいだろう。「止れ、こら！　誰だ」というと、「この国の良民」

ということにしようか。

（『夕べの雲』）

江藤はこう述べる。「なぜここに「不寝番」があらわれなければならず、「御交替、まことにかたじけない。ああ、ひどく寒い。心の臓が痛みます」という劇中のせりふが鮮かなアイロニイを感じさせるかは、説明するまでもない。それはいうまでもなく大浦にいつも「不寝番」をしているという意識があるからであり、その役割がどうしても「交替」のきかぬものだという自覚があるからである。そういう主人公が、想像のなかでひそかに「眠ってい」る細君に「不寝番」の引き継ぎを頼むことを夢みている。しかし、それは現実にはまったく不可能であり、彼はいつまでも「寒さ」と「心の臓の痛み」に耐えていなければならない。なぜなら彼はすでに露出された者、「天に対して全身をさらしている」孤独な家長だからである」。

　これについて、『江藤淳は甦える』の平山周吉は「大浦の役割は「治者」といった武張ったものではなく、「不寝番」という卑小で、不恰好な務め」なのであり、江藤は「「治者」は勇み足だったと認めて、「不寝番」と訂正すれば済むものを、意地を張って「治者」と「不寝番」を並列させてしまっている。アクシデントや病気の再発を見張ることが「治者」だろうか。「不寝番」こそが適切な表現なのに」と手厳しい。だが、江藤はこれに限らず、そもそも『成熟と喪失』という一冊を通して、対象となる作品や作家を論じると見せかけて実際にはほとんど自分の話をしているようなものなのだから、これでいいのだとも言える。重要なのは『夕べの雲』の読解でもなければ、庄野潤三がどのようなつもりでこの小説を書いたかでもなく、江藤淳という批評家がそこから何を受け取り、何を引き出したか、であるからだ。だから「彼の内にある「母」が崩壊して行ったように、彼の周囲の「自然」も破壊され、一切は「もうこの世には無いもの」のように見える。大浦が実はそういう、「幻」の世界に向って立っている

「治者」なら、彼はあたかも世界が実在するかのように、そして秩序がそこに実現されるかのように、しかもそのいずれをも少しも保証されずに生きているのではないであろうか」というのは、すでに作品論でも作家論でもなく、江藤淳自身の「思想」を表しているのである。

ここで注視するべきは「あたかも」という語である。「大浦」は「あたかも「天」によってその権威を支えられた「父」であるかのように生活している」と江藤は続ける。「しかしこの沈着な家長は、いつどこからこの「父」のイメイジをあたえられたのだろうか」。なぜなら「現実の「天」は大浦を畏怖させるものであっても彼を権威づけるものではな」いのだから。彼はただ「「突然の不在」と世界の崩壊に怯えている」だけである。だが「この「恐怖」が彼を成熟させ」る。「なにものかの崩壊や不在への「恐怖」のために、人は「治者」の責任を進んでになうことがある」のだと江藤は述べる。こうして『成熟と喪失』は、名高くも問題含みのクライマックスを迎える。

しかし、あるいは「父」に権威を賦与するものはすでに存在せず、人はあたかも「父」であるかのように生きるほかないのかも知れない。彼は露出された孤独な「個人」であるにすぎず、その前から実在は遠ざかり、「他者」と共有される沈黙の言葉の体系は崩壊しつくしているかも知れない。彼はいつも自分がひとりで立っていることに、あるいはどこにも自分を保護してくれる「母」が存在し得ないことに怯えつづけなければならないのかも知れない。だが近代のもたらしたこの状態をわれわれがはっきりと見定めることができ、「個人」であることを余儀なくされている自分の姿を直視できるようになったとき、あるいはわれわれははじめて「小説」というものを書かざるを得なくなるのかも知れない。（同）

ここに唐突（?）に「小説」の一語が記されることに読者は思わずはっとさせられる。もともと小説の話しかしていなかったはずなのに、何故だかひどく驚いてしまう。ここに江藤淳という批評家の真骨頂があると言ったら穿《うが》ち過ぎだろうか。だが、私たちはこれを「小説」の話として理解してもしなくてもよい。ここでは創作と人生は、虚構と現実は、もはや分かち難く絡み合っているのだから。「それは現代の通念に合せて切りとられた才気ある物語のことではない。遠ざかった実在を虚空のなかに奪いかえし、「他者」と共有され得る言葉をさがしあて、要するに「幻」と化しつつある世界を言葉のなかにとらえ直すような試みである。作家は、「恐怖」や喪失感や渇望にかられて、おそらくこのような作業を試みざるを得ない方向に追いこまれて行くにちがいない」。このあと数行で、この長編論考は終わる。

『成熟と喪失』講談社文芸文庫版（一九九三年初版発行）に「著者から読者へ」として書き下ろされた「説明しにくい一つの感覚」という小文で、江藤は、この評論の執筆動機が、一九六二年から一九六四年までのプリンストン大学への留学中に感じた「人はこの国（アメリカ）では孤独であることが許されている、とでもいうような感覚」と深くかかわっていることを明かした上で「〝母〟の崩壊と〝父〟の不在という、一九六〇年半ばには文学作品の作品空間にだけ描かれていた虚構上の現象は、以後ほぼ三十年のあいだに日本ではごくありふれた一般的社会現象となり、定着した」と記している。

だが、だからといってこの国（日本）に、人は孤独であることが許されている、という感覚がいささかでも定着したというわけではない。（略）それはいかなるイデオロギーとも無縁な、人が瞬時も忘れることのできない、ある深い哀しみのような感覚である。それはこの国には存在しない。今後もまた存在することはないだろうと思われる。

（「説明しにくい一つの感覚」）

『成熟と喪失』は、江藤淳という今は亡き文芸評論家の、最も有名かつ最も長く影響力を発揮し得た仕事だと言ってよい。実際、この論考は後進の何人もの論者に繰り返し取り上げられてきた。その持続性と耐久性たるや論じられている小説と作家を凌駕《りょうが》しているとさえ思えるほどである。江藤が示した視座と主張は、文芸批評の枠組みを超えて、時代と社会を評するひとつのフレームを提供した。そしてそのような評価の最大の要因が、内容の晦渋《かいじゅう》さに反して実にすっきりと明快に思われる「成熟」と「喪失」の二語の組み合わせと「〝母〟の崩壊」というパワーワードであったことは疑いない。江藤の立論は、対象とした文学作品の読解としても、執筆された一九六〇年代後半の時代精神や社会状況の分析としても、ひょっとしたらほとんど正しくはなかったのかもしれないが、そういうこととは別に、江藤の「成熟論」は半世紀を優に超えて今なお読み直され論じ続けられている。

それはいったいなぜなのか、と問うことが出来るかもしれない。論の射程や正しさをはかるのではなく、どうして、かくも江藤淳の「成熟」論は長生きしているのか、と問うてみること。この問いと庵野秀明を突き合わせることが本論の最後のミッションである。

だが、そのためにはもう少し、それなりに長いまわり道をしなくてはならない。

2　加藤典洋の江藤淳

加藤典洋のデビュー作「「アメリカ」の影」（一九八二年。同論文を収録した単行本は一九八五年出版）は、ほぼ江藤淳論と言ってよい。『成熟と喪失』から十五年が経過しており、江藤の『漱石とその時代』（一九七〇年）も『一族再会』（一九七三年）も『海は甦える』（第一部、第二部。一九七六年）も、論中で詳しく取り上げられる『一九四六年憲法――その拘束』（一九八〇年）も、すでに出版されていた。プリンストンに留学した江藤と同じく北米（カナダ）に三年間留学して帰国したのちに評論活動を開始した加藤は、江藤淳が田中康夫《たなかやすお》のデビュー作『なんとなく、クリスタル』（一九八〇年）を褒め、村上龍のやはりデビュー作である『限りなく透明に近いブルー』（一九七六年）を貶《けな》したこと——加藤によれば、そのような評価を下した批評家は江藤しかいなかった——から論を起こしている。

「「アメリカ」の影」という論文の副題は「高度成長下の文学」である。江藤が「成熟」を論じた時から日本社会は大きく変化していた。一九八二年といえば、すでにバブル景気への途上にあった頃である。加藤典洋は彼ならではの批評スタイルともいうべきエッセイ風の書き方で、非常に多くのことを論じているが、その核心のひとつは江藤淳の「成熟論」の再検討である。

（引用者注：小島信夫『抱擁家族』への）このような江藤の評価の背後にあるのは、高度成長による自然の崩壊、あるいは自然性からの離反を、われわれ日本人が社会的に「成熟」するための好機、あるいはわれわれ日本人が「国家」に直面するうえでの契機として捉え直すとは、できないだろうか、という判断である。『成熟と喪失——〝母〟の崩壊』という長篇評論をつらぬく、われわれは〝母〟なる自然を失うかも知れないが、その喪失を通じてはじめて「社会」を獲得し、社会的に成熟できるかも知れない、という考え方は、ここからくる。

（『アメリカの影』）

『アメリカの影』の著者は、まず江藤の「成熟論」を簡潔にまとめてみせる。先にも述べたように、この時点で『成熟と喪失』から十五年が経過していたので、加藤はその後の江藤淳の――とりわけ「保守論客」としての――歩みを踏まえつつ、その時点での現在から逆照射するようにして、江藤の言う「成熟」を批判してゆく。その論調は、さらにそれから十一年後に『成熟と喪失』が講談社文芸文庫に入った時に江藤が著した文章に滲《にじ》むまぎれもない苦さを、ある意味では予告していたと言ってよい。

この小説（引用者注：『抱擁家族』）の主人公の場所から見る時、この時ぼく達に生じようとしていた事態を真正面から捉えようと試みた江藤の『成熟と喪失』は、鋭い指摘を含みながらも、この論考自体危うい場所で書かれ、一つの逆転の契機をその内奥に隠していたことがわかる。これまで見てきたように、江藤の自然喪失を代償に社会を獲得するという『成熟と喪失』の基本認識は、その江藤も気づかない無意識の底に、自然喪失＝高度成長の所与としての受容と肯定という一九六〇年代前半の「国民」的動向に一致した志向を、含んでいたが、江藤のその後の歩み、また日本の高度成長のその後のありようが示すのは、その志向が一つの楽観的観測に基づく仮象的見解にすぎなかったこと、即ち、この「喪失」がぼく達の眼に見えるようになるやたちまち「成熟」への志向を食い破ってしまった、という事態にほかならなかったからである。

（略）彼の批評は、盲目的な情念、情緒を現実主義に裏打ちされた市民的常識で律しようという基本的な方向を示している。しかしその方向軸は、彼がそうしたものから遠い存在で、そうしたものの価値を認めないために彼の精神に生じたというより、むしろ、そうしたパセティックなものの盲目的な力に彼が人一倍敏感だったために生じたものである。（同）

後段の指摘は江藤淳という文学者の本質を鋭く射抜いている。加藤は江藤がいかにして「日本」を「発見」し、そして「アメリカ」を発見したか（この順序は逆でもよい）を炙《あぶ》り出していく。「江藤はいわば、日本人の内面で何かが枯死しかかっている一方で、いわゆる「近代」の実質たる日本人の社会的成熟からも程遠い、つまり確固とした日本的自然はすでにない、確固とした日本的近代もまた、まだない、という、そうした「日本」に直面しなければならなかったのである」。

江藤淳は、現行の一部の評価がそうであるような、単純な保守主義者でもなければ頑迷なナショナリストでもなかった。だが、それでも彼は間違いなく、ひとりの「保守主義者」であり

「ナショナリスト」だった。その思考／思想の根本に横たわる「日本／アメリカ」という対立軸は極めてパラドキシカルなものである。精確にいうとそれは「対立」でさえない。相互補完的な関係であり、現実世界／現実政治においては「アメリカ」が「日本」を包含していながら、内面世界的には「日本」が「アメリカ」を胚胎し、いわばイマジナリーに育て上げてゆくという奇妙な構図を有していた。

加藤は、江藤が一九七〇年に当時の保守論壇の牙城というべき雑誌「諸君！」に発表した論文「「ごっこ」の世界が終ったとき」を取り上げる。

（前略）江藤はこの比喩（引用者注：「ごっこ」）から三つのことをいっている。第一は、「ごっこ」の世界は「黙契と共犯の上に成立している世界」だということであり、第二は、それが「『鬼ごっこするもの、この指とまれ』という呪文によって喚起された世界」だということである。しかし江藤は、このことに加えて、「かくして『ごっこ』の世界はきわめて排他的な様相を呈するにいたるが、同時に他人の存在を不可欠の条件としてもいる」ともいう。「なぜならこの仲間は、見られることを絶対に必要としているからである」、彼はこんなふうにいうのである。

「仲間内の黙契は、この世界を成立させるための必要条件にすぎない。それを充分に持続させるためには、外部からの視線によって限定され、承認されていることが条件となる」。

これはだいぶうがった見方だといわなければならない。しかし、「ごっこ」の世界が「子供」の世界にそのまま重なる、という考え方にたてば、素直に理解できる。逆にいえば、この、第一、第二、第三の特質と叙述していく江藤の手つきを見ていると、ぼく達はこの第三の点こそが、「ごっこ」の世界というイメージが一九七〇年当時の江藤に日本の状況の比喩として、ふさわしいと感じられた、その眼目だったのではないかという考え方にみちびかれるのである。（同）

「この「ごっこ」という考え方は、その意味で容易にぼく達に吉本隆明のあの「擬制」という考え方を思いださせる」と加藤は続ける。「「アメリカ」の影」というかなり長い批評文は、先にも記したように江藤淳による『なんとなく、クリスタル』と『限りなく透明に近いブルー』への対照的な評価から始まるが、それはすぐに江藤淳と吉本隆明の対談「現代文学の倫理」の話題となる。そこで江藤が年長の批評家に向ける舌鋒《ぜっぽう》の激しさには目を見張るものがあるのだが、それはひとまず措《お》くとして、加藤に「六〇年代＝吉本隆明」「七〇年代＝江藤淳」に続く「八〇年代＝加藤典洋」として立つ意識があったことは確かだろう。加藤はこう述べる。「この「擬制」という考え方もまた、一九六〇年の安保闘争の直後に示された戦後民主主義への疑念の表明にほかならなかった」。念のために書き添えておけば、江藤淳の「「ごっこ」の世界が終った」とき」という論文は、七〇年安保の年の初頭に発表されたものだった。

ところで、この「ごっこ」を「擬制」とくらべて明らかになることが一つある。戦後民主主義への疑念の表明として、「ごっこ」を「擬制」からわかつのは、先にあげた第一の点でもなければ、第二の点でもない、第三の点、すなわち、この世界が外部から限定と承認を受けているゆえに擬制であるとしている点であり、この第三の点が、また、一九六〇年の吉本にはなく、一九七〇年の江藤に新しく出てきている考え方なのである。（同）

そして加藤は端的に記す。「ところで、ここで日本の「ごっこ」の世界を限定し、承認している「大人」とは「アメリカ」である」。これはもちろん江藤淳がそう考えているということである。江藤の「ごっこ」、吉本の「擬制」（『擬制の終焉』の出版は一九六二年）に先立つ同種のタームとして、森鷗外の「かのやうに」（一九一二年）を置くことが出来るだろうが、そこでの「大人」とは「ドイツ」であった。それはそうだろう。まだ第一次世界大戦も起こっていないのだから。

だが言うまでもなく、太平洋戦争での敗戦後、日本にとってアメリカ合衆国は唯一無二の特別な国となった。江藤淳にとっても「アメリカ」は特別な国だった。彼は『成熟と喪失』の二年前の一九六五年に米国滞在記『アメリカと私』を出している。『犬と私』『文学と私・戦後と私』『批評と私』『妻と私』と続く「○○と私」ものの嚆矢《こうし》である。「江藤淳」と「アメリカ」は、愛憎などという言葉では表現し切れない矛盾に満ちた複雑な関係性を結んでいる。『成熟と喪失』が出版される半年前の一九六七年一月から三月にかけてアメリカから帰国後の日々を綴《つづ》った「日本と私」が雑誌連載された（が単行本化されなかった）ことも付記しておくべきだろう。「アメリカ」と「私」、「日本」と「私」、「アメリカ」と「日本」……。

『成熟と喪失』で江藤の描いた世界観は、六〇年代の末期に「喪失」が「成熟」を食い破るというかたちで崩れ去った。しかし彼は――「成熟」という考えを断念しても――「治者」という考えを捨てさったわけではない。あの大氾濫は、日本人の「社会的成熟」という江藤の考えをあっという間に押し流したが、一方「治者」という考えは、個人の「成熟」という考えが押し流された後も、ちょうど土の流れだした後の土嚢の外被のように、彼の手に残るのである。

「アメリカ」は、その土嚢《どのう》をみたすものとして彼にやってくる。　（同）

こうして、江藤的「成熟」の破綻を食い止めるものとして「治者」が招来される。巨大にして強大なる「大人」である「アメリカ」とともに。『成熟と喪失』という長編評論は、強引にまとめると「母」であった「妻」が「アメリカ」によって「女」になり、そして「息子」でも「夫」でもいられなくなった「男」が「治者」として目覚める、というストーリーを持っている。やはり問題は「治者」なのだ。

加藤典洋は言う。「「母」なる自然の崩壊を前にして、ぼく達はどのように生きていけばよいか。江藤はこの問いに答えてここにおよそ二つの生き方を示している」「その一つは、「治者」の責任をすすんでになう道、もう一つは、露出された孤独な「個人」をもちこたえていく道」。加藤はこのように「個人」と「治者」を切り分けてみせるが、私が思うに、江藤はむしろ両者を重ね合わせている、もしくは「個人」と「治者」を段階的な移行として見ている部分がある。だが、次のことは言える。「この二つの選択肢は、江藤の恣《し》意というより近代日本の知識人の可能性の二つの代表的な枠を写しえており、別にいうとそのそれぞれの雛形《ひながた》は、鷗外の道、そして漱石の道ということになる」。

つまり「かのように」→「擬制」→「ごっこ」という「あたかも『父』であるかのように生きる」、いわば「演戯」の系譜が、「治者」の道、森鷗外のタイプであり、「崩壊」と「喪失」を経て「露出された孤独な「個人」」であることを積極的に受け入れてみせる、いうなれば脱近代という意味での「現代人」が、夏目《なつめ》漱石《そうせき》のタイプということである。そして江藤は「治者」たらんとすることを選択すべきだと考え、そのような生き方（そう、これはもはや「生き方」の問題である）を自ら模索していった。

だが、加藤はこうも述べる。「ところで、その後の江藤の生き方が示しているのは、彼が、この『成熟と喪失』の最後に示した「母」は死に、「父」もいない、という現実認識に自らたええなかったらしいことである」。これに続く部分が、加藤典洋の江藤淳論の白眉である。やや長くなるが引用する。

> その役割に「耐えつづける」ためには、「彼は……自分を超えたなにものかに支えられていなければならない」。結局彼が行なったことは、この、「自分を超えたなにものか」をつくりだす、ということだったのである。
>
> 彼は、「自然」が崩壊したとき、――そして彼の内面で「世界像」の解体がはじまったとき――、そこに「歴史」を見つけた。
>
> 「歴史は外にではなく、内にある」。
>
> それが、「自然」という母の崩壊に際して彼の見出した代替物、いわばピンチ・ヒッターとしての「父」である。

それは「外」にある歴史ではない。「内」にある歴史。（略）一言にしていえば「国家」を実体とする歴史である。彼は「大地」を失ったときに「血」を掴んだ。「血」は「大地」の代替物だったが、もしこの「血」に「大地」に欠けたものがあったとすれば、それは「大地」が文字通り豊穣《ほうじょう》な「母」の象徴であるのにくらべて、「血」が彼に、「母」―「祖先」―「国家」という「母」の原理から「国家」という「父」の原理までをつらぬく、一個の垂直回路を提供したことである。

彼の「治者」という考えがここからみちびきだされていることは疑いがない。なぜなら、「治者」とは、その概念命名の仕方とは裏腹に、けっしてその治める下位対象との関係から定位されているのではなく、上位の「天」ないし、「国家」との関係から定位された概念だからである。（同）

加藤は江藤淳の思考／思想の回路、その核心部分、そしてそこに開いた陥穽《かんせい》を見事に暴き出している。「江藤は『成熟と喪失』の「自然」から『一族再会』の「血」へ、さらにその「血」の上昇通路をかけのぼって一気に『海は甦える』の「国家」へと移行していく」。更に言えば、ここでの「国家」は、「日本」と「アメリカ」に二重分裂しつつ、なかば強引に統一されている。「江藤は、日本という「国家」を見出し、それにとりつき、その頂上をきわめた時はじめて、そのむこうに、この日本という国家を一つの支山とする「アメリカ」という名の本山を発見したということができる。そこに生じていたのは、「アメリカ」が「国家」として日本を統治し、その「日本」がまたぼく達一人一人の内面を「国家」として統治するという、入子《いれこ》型構造である」。

こうして加藤は、次のように結論づける。

江藤の弱さとは、戦後日本の保守党によって領導されてきた――「アメリカ」なしにやっていけないという――「国家」の弱さである。

しかし、そのむこうにはもう一つ低位の弱さがあって、それは、無力な「個人」という価値に耐えることができずに「国家」というもう一つの価値の軍門にくだった――「国家」なしにはやっていけないという――「弱さ」と翻訳することができる。　（同）

もちろん、このような認識は、加藤典洋の視線を通した江藤淳を通して加藤典洋自身を照らし出すものである。周知のように、この問題は『アメリカの影』から十五年後の『敗戦後論』（一九九七年）へと連なり、更にその後も時代と社会の変化変容を反映させながら、たとえば白《しら》井《い》聡《さとし》の『永続敗戦論―戦後日本の核心―』（二〇一三年）などに受け継がれていくことになる。

3　上野千鶴子の江藤淳

『成熟と喪失』講談社文芸文庫版の解説は上野千鶴子が書いている。前に見たように上野は『男流文学論』(一九九二年)で『成熟と喪失』に好意的な感想を述べており、それが解説依頼に繋がった。「『成熟と喪失』から三十年」と題されたその文章は、かなりの長尺であり、実質的に江藤淳論と言ってよい。

上野は多くのことを述べているが、ここではやはり「治者」にフォーカスしたくだりを読んでおこう。上野は「「近代」に根こそぎにされた日本が、どうやって自己を回復するか、という明治以来のあの見慣れた知識人の課題」というものがあり、江藤淳や彼の「同時代人、山崎正和」などにとって「明治以来の日本の知識人の闘いは、「家長」になろうとしてなりそこねた歴史なのだ」と言う。そして次の疑問を突きつける。「だが、「治者」といい、「家長」といい、男性知識人にとって、その自己回復の道が、いつも「父」になり急ぐことなのは、なぜだろう」。上野は「男性知識人、とあえて言おう」と敢えて書いている。「男が「父」になり急ぐとき、女はどこにいるのか」「男が「治者」を目指すとき、女は安心して「被治者」になればよいのか」。当然の問いと言えるだろう。上野自身の解答は極めて明晰である。

男が「治者」になるとき、女も同様に「治者」をめざそうとしたのがフェミニズムだという誤解があるが、もしそうだとしたら、フェミニズムは最初から「近代」の仕掛けた罠にはまっていることになる。あたりまえのことだが、すべての者が「治者」になることは、定義上、不可能である。全員が「治者」になったとき、「被治者」はどこにもいなくなるからである。男が「治者」を目指そうとするとき、女はもう「治者」を求めてはいない。男が「治者」になったとき、振り返ってみれば自分に従うものがだれひとりいなかった、という逆説が、「父」になり急ぐ男たちを待っている運命である。「だれもあんたに、『父』になってくれなんて、頼んだ覚えはないわよ」と、九〇年代の時子（引用者注：『抱擁家族』の妻）は言うだろう。

（「『成熟と喪失』から三十年」）

「『治者』の不幸」を引き受けようという男の悲愴な覚悟は、そこではひとりよがりの喜劇に転落する」と上野は述べている。これはまさに『成熟と喪失』が書かれた時点の文壇／論壇には出現し得なかった、たとえ潜在的には存在していたとしても表に浮上してくることがすこぶる困難であったであろう視点である。「江藤がえぐった「母の崩壊」は、「父の欠落」のような擬似問題に置き換えられないまま、そこに残っている。超越的な倫理の不在は、「父性原理」が「母性原理」にとってかわられたせいで起きたわけではない。超越への契機は、「母性原理」のなかにも内在している」という上野の指摘は実に鋭利である。上野はいわば江藤の立論を根こそぎにしてしまっている。「女たちがもはや受苦することを引き受けず、みずからの欲望を臆面もなく追求しはじめると、「母」が支えていた日本の「近代」は内部から空洞化していく。「近代」がもはや達成すべきゴールでもなく、克服すべき抑圧でもなくなったときに、「治者」になろうとする男の努力は、だれも見ていない舞台のうえでの滑稽なひとり芝居のようなものになる」。

上野は江藤の「治者」を「ひとりよがりの喜劇」「だれも見ていない舞台のうえでの滑稽なひとり芝居」と徹底的に辛辣に評している。そして江藤の「成熟」と「治者」は「九〇年代」の今や完全に失効しているのだと宣言してみせる。

「母の崩壊」は、非可逆的な文明史の過程である。「父の回復」をおこなっても、「母の崩壊」が食い止められるわけではない。だれからもお呼びでない「父の回復」など、曳かれ者の小唄か、ひとりよがりの猿芝居にしかならない。それどころか、九〇年代の息子たちは、もう「父」になろうなどと思いもせず、娘たちの方は「受苦する母」などとっくのむかしに選択肢の中にない。

（同）

非常に興味深いことは、上野が右のように述べてから更に三十年が経った二〇二〇年代の現在、水上文《みずかみあや》の「「娘」の時代――「成熟と喪失」その後」(「文藝」二〇二二年春号)や、水上論文への言及を含む西村紗知《にしむらさち》の「成熟と〇〇」(「文學界」)など、新しい女性の批評家たちが江藤淳の『成熟と喪失』に言及することが増えているという事実である。もちろん水上も西村も、江藤だけを論じているわけではないし、今更江藤淳?という当然のツッコミへの説得力のある説明やエクスキューズも添えられてはいるのだが(そもそも以前に取り上げた杉田俊介の『ジャパニメーションの成熟と喪失――宮崎駿とその子どもたち』(二〇二一年)といい、それ以前の宇野常寛《うのつねひろ》『母性のディストピア』(二〇一七年)といい、そして何よりも本書自体が、男性批評家どもが繰り返し江藤淳を論じたがってきた/いることを露骨に示しているわけだし)、しかしそれにしても――西村もその連載の第一回で述べているように――江藤淳と「成熟」のこの保《も》ちの良さ、たびたびの復活ぶりは、ほとんど異様でさえある。「どうして、かくも江藤淳の「成熟」は長生きしているのか」(「成熟と〇〇」)。だが、これを問うためには、あともう少しまわり道をしなくてはならない。

4 福田和也の江藤淳

江藤淳の「後継者」というべき存在がいるとしたら、それはまず第一に福田和也ということになるだろう。第二はいないかもしれない。福田を慶應義塾大学湘南藤沢キャンパスに招聘《しょうへい》したのは江藤だった。学術上の繋がりはないが、自他ともに認める師弟関係だった二人の馴れ初めと関わりを詳しく述べる余裕はないが、ここでは福田が江藤について書いた長短さまざまな文章を集めた『江藤淳という人』（二〇〇〇年）から、江藤の生前に書かれた「江藤淳氏と文学の悪」（「新潮」一九九六年二月号）と追悼論文「江藤淳の文学と自決」（「文學界」一九九九年九月号）という長めの論考二編を取り上げる。

「江藤淳氏と文学の悪」で、福田和也は江藤淳の「喪失」に着目する。この批評文の際立った特徴は、明らかにそれについて論じられているのにもかかわらず、全編を通してただの一度も『成熟と喪失』からは引用されておらず（江藤の他の著作からは夥《おびただ》しく引かれている）、それどころか「成熟」という語が一度として書かれていない、という点にある。これは間違いなく意図的な仕業だろう。福田は数多の『成熟と喪失』論から一線を画そうとしている、自分ならば「成熟」の二文字を使わずとも江藤を論じ切ることが出来るのだということを証明してみせようとしている。

江藤淳氏が語る喪失の物語が際立っているのは、それが三重の喪失になっているからである。

氏の喪失は、ただの一度限りの決定的なものではなく、何度も繰り返し積み重ねられ、そして重なれば重なるほどに、平らになるのではなく陰影とその襞が深くなっていくような喪失である。

氏は、母君を亡くした。それは氏から無条件に融和し親しみうるような世界との調和、親和を奪った。

さらに氏は、父君、あるいはさらに父祖に由来するような、国家的な秩序とその保護を失った。そのために氏は、甘やかであるべき青春の日々を、何ものにも頼らずに生活していくという事を念頭に置いて過ごさなければならなかった。

そしてさらに氏は「故郷」を、「大切なもののイメイジ」を失った。それは仮初に獲得した、あるいは回復したと信じてもすべてが無意味である、自分はあらゆる獲得にもかかわらず、失いつづけているのだ、という認識として結実した。

これらの三重の喪失、つまり第一の「母」／触感的世界の喪失、第二の「父」／意識的世界の喪失、第三の「故郷」／本来的世界の喪失のなかで、最も重要なものが第三の喪失であることは云うまでもない。江藤氏を論じるにあたって常に強調されるのが第一の喪失であるが、江藤氏の批評性はまぎれもなく、第三のそれに、あるいは第三から第一と第二を照射している点に存する。

（「江藤淳氏と文学の悪」）

福田は江藤の「喪失」を三段階に整理したうえで、「本来的世界＝故郷の喪失」こそが本質なのだと指摘する。この観点に立つなら「母」も「父」も「故郷」のある側面をそれぞれに示すものということになる。だがそもそも「喪失」とは、どのような状態、いかなる行為を指すのか。何かを失う／喪《うしな》うためには、まずはそれを得ていなくてはならない。あるいは少なくとも一度は、それを獲得しようとする能動的な振る舞いに及んだり、獲得したという錯覚を抱いたことがなければならない。だが江藤には、そのようなものがないのだと福田は断じる。「氏は、はじめから獲得の幻影を追わないのである。氏は喪失と直面しつづけ、我が身を喪失に結びつけている。云わば江藤氏の「喪失」には、主体性がないのである。自ら獲得の夢に憑かれて失ったという経験がなく、救いがたく一方的に貴重なものを剝ぎ取られていくばかりなのだ」。江藤にとって「喪失」とは、いわば先験的な、であるがゆえに逃れ難く、であるがゆえに逃れる必要もない、あらかじめ備えられた受動的な能力のようなものなのである。「だが、一体、「獲得」という幻想が抱かれていないにも拘わらず、「喪失」するなどという事はありうるのだろうか」と福田は問うてみせる。

大きな喪失、何重にも重ねられた喪失によってこそ、日常が、生きることが支えられているという事。解りやすい、釣り餌のような目標によって生が支えられているのではなく、あらかじめ回復できないとされた喪失によって、その喪失の回復不可能性によってこそ生きていくのだと説明する事。

喪失が支えとなり得るのは、その喪失が度重なり無限に続くと語られているように、その喪失された何物かが、きわめて大きな、輝かしく、かけがえのない物だからである。(同)

だから「江藤氏の文章は、批評は、けして人を動員しない」のだと福田は言う。そして「私は喪失感を主張しようとしても、『正義』を主張しはしなかった」(「戦後と私」)という一文を引用したうえで、江藤の批評は「「正義」によって人を参加へ誘わない文章である」と述べる。これは明らかに痛烈な批判である。「氏の「生存」の論理は、人を日常性に止まらせる思想であり、それは多くの「動員」の言葉、左右の「正義」によって夥しい生命とかけがえのないものが失われた後には、もっとも健全であり、善良な論理だった」。

そのような「健全」と「善良」が取り逃がしてしまうものとは、一言でいえば「悪」である。「正義」という一度は向き合うべき欺瞞《ぎまん》からあらかじめ逃れ得た者には、その対極に置かれる「悪」を語ることも出来ない。そう、福田和也の「江藤淳氏と文学の悪」という評論は、「江藤淳氏」の「文学」には「悪」が不在であると主張するものなのである。

だがまた、氏があらかじめ人生を「喪失」の連続として見ており、獲得を求めないとすれば、いかなる敗北にも、「喪失」にも傷つかない事にもなる。このように考えれば、氏が時々間欠的に挙げる「参加」への呼び声は、喪失を確認するための営為であると考える事が出来るかもしれない。ともすれば「獲得」の表情に覆われる、「豊か」な戦後社会において、氏の内部に失われたものへの忠誠を鮮やかに蘇らせるためにこそ、氏は挑戦の雄叫びを挙げるのではないか。（同）

弟子・福田は師・江藤の盲点と限界を鮮やかに描き出す。「江藤氏の「喪失」は、不敗の、必勝の思想であると云い得るかもしれない。あらかじめあらゆる獲得が断念されているとすれば、「喪失」もまた計上済みであり、その点において氏が損なわれる恐れはない」。これはもはや江藤の「喪失」は喪失でもなんでもないと言っているに等しい。

実は「江藤淳氏と文学の悪」には「成熟」だけでなく「治者」という語も出てこない。これも意図的な仕業に違いない。おそるべき批評的野心というべきだろう。加藤典洋によると「あたかも『父』であるかのように生きる」のが「治者」なのであった。これは「あたかも「治者」であるかのように生きる」としても、ほとんど同じことである。「演戯」の系譜。だが福田和也は、そもそもの始まりに置かれていたはずの「喪失」さえ「あたかも」のようなものに過ぎなかったのだと喝破してみせる。

だが、これほどの本質的な批判の刃を師に向けながらも、やがて福田和也はある種の情状酌量の論理を持ち出す。「喪失が連なって行く事は不幸であり、痛みに満ちている。にも拘らず江藤氏の「喪失」が、不敗でなければならないのは、死者たちの、失われた者たちへの忠誠のためである」。「忠誠」は江藤淳のものだろうか？　それともこれは福田和也のことか？　それはともかくとして福田は「同時に一方で、あらゆる傲慢な獲得の試みは、潔癖に排除され、愚劣や悪行は抑圧されなければならない。江藤氏の批評は「健全」なのである」と続ける。この「健全さ」は、先ほどよりはやや遠慮気味に、両義的に読める。

かくのごとき江藤淳の一種独特なクリーンさを、福田和也はこう評してみせる。

江藤氏において、悪のイメージが希薄であるのは、ある意味で当然である。江藤氏の「喪失」に主体性がなく、すべてが「他者」に由来する不幸であるとするならば、「生存」においては、ただ生存の維持だけが価値となり、そこで必要とされるあらゆる行為は、生きるためとして合理化されるのであり、悪の概念はただ生存の障害としてのみ把握されることになる。あらかじめ主体性が捨象されているがために、生存にかかわるすべての行為は「善」で

あり、生存の維持は常に善良なものにほかならなくなる。（同）

江藤淳の自死（一九九九年七月二十一日）の直後に書かれた、追悼文を兼ねた評論「江藤淳の文学と自決」――「江藤淳氏と文学の悪」から三年半が経過していた――では、福田和也は「成熟」という語を避けていない。

美から拒まれ、にもかかわらず醜悪な現実とも一体化できず、「崩壊と屈辱と無視」に耐えながら昂然と生きていくと決意し、弛まず続けていく事。それが江藤氏にとっての「成熟」にほかならなかった。甘えるな、同情を期待するな、甘やかなものや美しいものに慰謝を求めるな、油断をせず、慎重に、生き延びるための算段をしろ。（「江藤淳の文学と自決」）

福田はこうした自戒を「庇護する者の道徳」と言い換える。「庇護をする者は、当然のことながら、軽挙を試みるわけにはいかない。健康に留意し、金を蓄え、衣食を保全し、敵と戦うために力を蓄え、庇護する者たちに不安を与えぬように快活にし、その範となるべきスタイルを持たねばならない。このような戒律を、ごく若くして江藤氏は自らに課した」。福田は「江藤氏は、これらの戒律を、「治者」のものとして示す」と記す。ここでの福田は「治者」という語も避けようとはしていない。

『成熟と喪失』の末尾、庄野潤三の『夕べの雲』を論じつつ、氏は書いている。近代思想が、つまりは戦後日本の顕教としての民主主義が実現するのはすべての「被治者」を、「治者」に引き上げる事であるはずだったが、戦後はそれを実現しなかった。国家を声高に批判しながら、その庇護だけは抜け目なく手に入れることが、戦後日本の民主主義だった。日本において民主主義とは誰もが「治者」への尊敬と服従を欠いたまま「被治者」の自由と安楽を享受することになってしまったからである。だが放埒の傍らで、「被治者」たちを覆っていた甘皮は徐々に剝ぎとられて、崩壊してゆき、彼らは何者にも守られていない事を認めざるを得ない「新事態」に直面する。（同）

師の突然の死への動揺を隠しつつも、あらためて江藤淳という存在を歴史的に位置付けようとする真摯な意志が伝わってくる。「氏は誰もが「治者」たろうとしない時代において、唯一人治者たることを決意し、そのために多くの困難に逢着した」と福田は続ける。そして「彼はいったい何を、何の権威によって治めようとしているのであろうか?」と「だがその秩序が根づくべき世界は、果して彼の前に実在しているのだろうか?」という二つの問いを『成熟と喪失』から引用して、次のように述べる。

これらの「難問」は、「治者」として生きる者に強い意志を、つまりは眼前の現実を無視して、意志的に「治者」として振る舞う演技者たることに至る。「彼はあたかも世界が実在するかのように、そして秩序がそこに実現されるかのように、しかもそのいずれをも少しも保証されずに生きているのではないであろうか。」

逆に云えば「治者」は、戒律を自らに課すだけでなく、非在である秩序を自らの存在で、生活で実在せしめる、少くとも実在している「かのように」生きなければならない。江藤氏がその生活の隅々までを、注意深く独自のスタイルで貫いていたのも、「かのように」の要求に忠実に答えるためであろう。氏が自ら保持してきた秩序世界とは、おそらく治者たる自覚の形象化に他ならない。（同）

「演技（演戯）者」としての「治者」、「かのように」を厳しく自らの人生と生活に課す実践者としての「治者」としての江藤淳の肖像。追悼文という性格上、福田の筆致が次第に悲痛さを帯びるのは致し方ないことだろう。福田はこう続ける。江藤は「祖国の敗北と荒廃という事実から眼をそらさなかった。氏が「喪失」にこだわり続けたのは、「自由」と「民主」と「豊かさ」を獲得した、と誰もが語る戦後という時代が氏にとっては、つまり敗者の痛みに忠実であり続ける者にとっては全面的な喪失の時代に他ならないと語り続け、断言し続けるためであった。氏が生きつづけ、「治者」として「かのように」振る舞い続けてきたのは、「喪失」に忠実であり続け、これらの「死者」たちの臨在を確保し続けるためであった。もしも私がいなければ、敗北の記憶は、この死者たちは、この憤怒は、一体何処にいってしまうのか?」。この記述は「江藤淳氏と文学の悪」の「死者たちの、失われた者たちへの忠誠」を踏まえている。ついに江藤も「死者たち」「失われた者たち」の仲間入りをしてしまった。福田の文章は激烈なようでいて優しい。

とはいえ、福田はほんの数年前の江藤淳批判(「江藤淳氏と文学の悪」)を撤回も訂正もしてはいない。

あらかじめ「喪失」しているために、失われた世界のほかに如何なる価値も信じることがなく、さらにその世界が不在であるために裏切られることもなく、また生存を脅かす危険な賭け(例えば三島事件を江藤氏は、その意義を日本的事件として認める小林秀雄にたいして「病気」と一蹴している)を、死者たちへの忠誠によって拒まれる江藤的な世界は、徹底して「信じる」事と「賭ける」事を欠いており、故に悪が不在である。喪失の論理は批評としては（小林秀雄の「自殺の論理」と並置すれば解り易い）不敗の論理であり、その安定と無傷のために、むしろ健全で善良な、小市民的なものになっているのではないか、と指摘したのである。（同）

だが、福田はこの続きを書こうとする。彼はこう述べる。一時期から江藤は「喪失ではなく、滅亡を、それも全的滅亡を語る、というより歌うようになった。しかし、氏の歌う滅亡は、あらゆる事物を、時代を、歴史を破壊し、葬ろうという邪悪な意志によるものではない、むしろ氏にとって滅亡は、一時期以降回復の機会だったのではないか。全的滅亡の繰り返される持続に身体を浸すことで、失われた者たちのための言葉を声を回復すること。（略）その中でついに氏は、忘れてしまった、失われた母君の声を獲得する。それは、死と引き換えにしてでも、氏が聴きたかったものに違いない。だとすれば、やはり、滅亡の只中で喪失は回復されたのだろうか」。これはかなりロマンチックな記述である。「あまたの戦いを勝ち抜き、わが国の文芸と詩心を守りつづけてきた氏は、悲しみの水底で、ついに喪失の論理と決別し治者の任を自ら解いたという事だ」。だが、まだこの先がある。

いや、むしろこのように問うべきではないか。江藤的な治者には、そもそもこのような

「弱さ」が、滅亡と死の誘惑にたいしての抗し難い傾きが秘められており、氏が奏でるあらゆる旋律は『死と乙女』から解かれることはなかった。小林秀雄において、自殺が決意の行為であったのに対して、氏においては死は決意以前の前提であり、むしろ生きることに決断が必要だったのである。江藤氏においては死が自然であり、生こそが人工であった。生きることは氏にとって天衣無縫の自在の経験ではなく、苦く不透明な、どこまで続くとも知れない喪失の体験にほかならなかった。

生きる事は江藤氏にとって、徹底した意識的な営為であり、あの見事な修辞と所作を可能にしたスタイルの完璧は、いかに意識が休みなく隅々まで働いているかの証左であった。ゆえに氏の「弱さ」は生の人工の弱さであり、その表面は極めて硬質だったが、脆かった。

（同）

これは批判でも擁護でもない、これこそひとりの批評家が先行するもうひとりの敬愛する批評家に対してなし得る、精確と繊細とを兼ね備えた、それ自体批評的な描写であり、分析であり、評言である。

福田和也が描き出す江藤淳の「弱さ」、「喪失」と「成熟」の「かのように」を必死に完徹しようとした「治者」としての生き様は、上野千鶴子の言う「ひとり芝居」や、加藤典洋が指摘する「「国家」なしにはやっていけない」「弱さ」とも共振している。福田はそれを江藤淳という一個人の生死の問題に縮減＝還元し、そしてもう一度、個を超えた世界認識と「文学」の問題へと押し開いてみせた。それは今なお、江藤淳という批評家の「可能性の中心」を示すものである。

5　大塚英志の江藤淳

あとひとつだけ、大塚英志による江藤淳論を紹介しておきたい。江藤の没後に編まれた論集『江藤淳と少女フェミニズム的戦後』（二〇〇一年）に唯一の書き下ろし論考として収録された「「ツルリとしたもの」と妻の崩壊」である。大塚は江藤を仮想敵よろしく何度となく論じているが、この評論はその中でも最も切れ味鋭いものだと言える。

「江藤は「国家」を欲望することを隠さないがその欲望とはつまりは「世界を自分のなかに含み、『他人』に絶対に出逢うまいとする願望」に過ぎないと言い切る。ナショナリズムという大衆化された成熟の形に江藤は与しないのであるが、それはイデオロギーに基づく忌避もの《ママ》ではない。エリクソン的に言ってしまえばナショナリズムは「社会化」の達成の手段ではないと江藤が気がついているから」だと大塚は言う。

にも関わらず、やはり江藤は社会化の欲望を断念できない。「社会」が彼には全く見えず、しかしその代替物を断念しているにも関わらず、である。それが江藤の批評の根源的な困難さである。

（「「ツルリとしたもの」と妻の崩壊」）

大塚のこの文章の特徴は、「治者」ではなく「適者」をキーワードとしていることである。これは意図的な仕業だろう。「江藤の社会化への過剰ともいえる欲望は『アメリカと私』において浮上した「適者」という概念に強く現れている印象がある。アメリカに着くや妻が病に倒れ、江藤は住居さえ定まらぬ前に病院との交渉、留学資金を負担するロックフェラー財団への医療費の請求といった交渉事と直面し、それをやり遂げる。その時、江藤の頭の中に浮かんだ「社会化」（「成熟」と言い換えてもいい）の具体像が「適者」なのである」。「適者生存」とは要するに「アメリカ」の原理、論理、条理である。江藤はそれを身をもって体験し、こう書く。「私（引用者注：江藤）は昨夜以来一睡もしていなかった。しかし、妙に冴えた頭のなかに、アメリカ合衆国の社会を現実に支えているひとつの単純な、しかしその故に強力な論理が浮かび上がって来た。それはもちろん適者生存の論理である」。

この適者のみが社会の中で生きられるという「ソーシャル・ダーウィニズム」をアメリカ

で生きることで江藤は逆に「社会」を実感し得た印象がある。しかしそこでは既に一つの倒錯があるのであって、江藤は適者生存という過酷なルールをわざわざ生きることでそこに生じる軋轢を介して「社会」の感触を得て、その実在を立証しようとしている。「社会化」の手段をもってしか「社会」の存在を江藤は立証し得ないのである。だがここで注意しておきたいのはこの適者生存のルールを自らにのみ適用してしまったのが江藤淳という人の人生の態度であるということだ。「自己責任」を自分以外の「国民」に求める今日の保守論壇との決定的な違いはそこにあるのは言うまでもない。（同）

『江藤淳と少女フェミニズム的戦後』が出版された二〇〇一年十一月は、第一次小泉（純一郎）政権の時期に当たる。「自己責任」というワードが流行語大賞のトップテン入りしたのは二〇〇四年のことだが、この頃すでに自己責任論は日本社会を覆いつつあった。江藤が「適者生存のルールを自らにのみ適用」し、そのことによって「社会」を「実感」したのだという指摘は面白い。大塚は「治者」という語を記すのを明らかに避けているが、これもまたひとつの「治者」の定義ではあるまいか。

だが問題は、この続きにある。

江藤の批評の中で江藤が社会的ダーウィニズムを実践する過程で否応なく生じる江藤の「内的現実」と「外的現実」の軋轢を「妻」の身体が一身に引き受けさせられていることは問題としたい。ぼくは先に江藤にとって適者生存という原理は不在の「社会」を適者であろうとする軋轢をもってあるものとして感じようとするふるまいだと記した。だが、江藤の社会化への欲望から生じた軋轢を実際に引き受けるのは江藤ではなく「妻」なのである。(同)

江藤自身が「日本と私」に書いていることだが、彼は妻を殴っていた。大塚は言う。「ぼくが『アメリカと私』そして「日本と私」で不思議に思うのは「妻」が身体の不調を繰り返していることだ。それは現実の江藤夫人が病弱であったこととは別に、「妻」の病は常に江藤が「適者」としての資質を問われていると彼が感じる時にあたかもそのことを象徴するかのように起きることに注目せざるを得ない」「「日本と私」では繰り返し、というか最初から最後まで「妻」の身体は次々と傷ついていくのである。その一番最後に江藤が自ら殴ったことで生じた「あざ」があるのだ」。

軋轢を背負うのがあくまでも「妻」であり、しかも江藤は痛烈に社会化を求める人である以上、「妻」は現実的に「崩壊」せざるを得ないわけで、それが繰り返される身体的不調の原因である。だがこれは断じて江藤の批評が言うような「自己崩壊」ではない。ぼくはこの江藤の「母の自己崩壊」という甘美なロジックを男であるがゆえに肯定的にこれまで言及してきたし、本書に収録した江藤論も全てその延長にある。だがやはりそのことにもはや批評的でなくてはならないとぼくは考える。（同）

これはおそらく江藤淳の「成熟論」に対する、もっとも正鵠《せいこく》を射た、かつ正当な批判だろう。大塚はこの事実を梃子《てこ》として江藤の論を、いわば裏返してゆく。それは江藤が「アメリカ」で「適者生存」に遭遇することによって「社会」を「実感」し得たのだというロジックにもすぐさま適用される。

つまりこの若い批評家にとってアメリカという「現実」は本来、彼が彼の「内的現実」と折り合いをつけねばならない「外的現実」とは違う仮そめの、いわば「仮想現実」だったからに他ならなかったのではなかったか。「適者」であることとの軋轢が不在の「社会」をあるものとして感じさせる仕掛けであることは既に指摘した通りである。江藤が感じた「アメリカ」が「仮想現実」であったのは、そもそもそこが「適者生存」という単一のルールで成り立っている世界として描かれていることからも見てとれるだろう。世界が単一のルールから成り立っているとすればそこはやはり「現実」ではないのだ。だから江藤がアメリカで達成したビルドゥングス・ロマンはただ仮想の世界で「適者」たり得たことの証明に過ぎない。

（同）

「とすれば江藤が「アメリカ」という「仮想の現実」で獲得し、そして彼ら夫婦の「あいだ」をも満たした「日本」もまた、やはり「仮想」である、ということになってしまう。江藤のタームを借りて言うなら江藤にとって「日本」「国家」とは「成熟」と同義である。しかしそれはやはり「仮想の成熟の形」としてしかあり得ないものなのである」と大塚は続けている。なんだか傷つき病んだ「妻」以外は何もかもが「仮想」の正体を露わにして幻と化していくかのような気がしてくるが、ここで大塚は「それでもかろうじて救いがあるのは江藤がそのことに自覚的である、ということだ」と言う。「「国家」なり「日本」は「内的現実」の中にしかない、ということを江藤は知っている」「しかし江藤は殆ど破壊願望とさえいえる「成熟」を、「アメリカ」という仮想の現実ではなく戦後の日本という彼の現実で達成しようとする。それは戦後の日本を仮想的なものとして認識しようとする態度に他ならない」。

これに続く大塚の記述は、加藤典洋が『アメリカの影』で提起していた設問に加藤とは異なる視座から答えようとするものだと言える。「ここに来てぼくはようやく、江藤の「戦後」に対する引き裂かれた態度の意味を理解する手懸かりに至れた気がするのだ。一方では「戦後」の言語空間の虚構性を執拗に暴きつつ、一方ではその虚構が一つの現実と化した時代を描く小説群（例えば田中康夫の『なんとなく、クリスタル』）にかくも寛容であったのか、というその不可解な態度の背後にある江藤の「成熟」の欲望は、「日本」を仮想化することで初めて成り立つものだからだ」。

大塚英志と吉本隆明の対談集『だいたいで、いいじゃない。』（二〇〇〇年）は、むろん結果として、ではあるが、四度にわたる連続対談の真ん中に「江藤淳の死」が存在している。「天皇制の現在と江藤淳の死」（「一九九九年九月三十日」に対談が収録されている。江藤の死からまだ二ヶ月しか経っていない）と題された三回目の対談中、吉本は次のように語っている。

江藤さんの死（一九九九年七月二十一日）については、僕は思いがけないと感じました。衝撃でした。文芸批評家としての江藤さんはちょっと除けておいて、時事評論家としての江藤さんというのを考えると、これからは江藤さんの世の中じゃないのと大雑把に思っていましたから。そういう時に思いがけない自殺でした。江藤さんの自殺は、記憶にあるどの文学者とも似ていない。結局は森鷗外と一番似ている。森鷗外は死んだあとに自殺しているんですよね。つまりあの人の遺言を読めば、俺は裸のままの森林太郎でいいんだから他のことは墓に刻むなと書いてある。死んでから自殺している。

生と死ということについても江藤さんの独特の垣根というか領域があって、そこでは不思議ではないんだろうと思います。江藤さんは社会的な場所に出ることも公職につくこともこれからできたわけで、そういう時に思い切ったことをするなあというのが僕が衝撃を受けた理由ですし、分かりにくいということでもあります。（『だいたいで、いいじゃない。』）

福田和也に言わせれば、鷗外が「死んだあとに自殺し」たというのなら、江藤淳は「自殺したあとに真の死を迎えた」ということになるのかもしれない。

先の発言の前に、吉本隆明は「僕には江藤さんは不思議な人だなと思っているところがあるわけです。古井由吉への評価ということで言えば、純文学系の批評家は誉めるのに、江藤さんはものすごい言葉でくさすわけです。僕は、江藤さんの言う意味もわかるんですが、つまり古井さんの小説は現実を引掻いて爪痕を残すようなところは一カ所もないじゃないか、ということでしょう。しかし、古井さんの小説は古井さんなりの高度さの追求であるわけで、そういう意味でいい作家だし典型的な古典的な純文学作家ですよ」とも述べている。そして自分は「例えば田中康夫はダメ、高橋源一郎はイイというふうになる」などと言って、江藤の評価を不思議がってみせる。

ここにはたぶん間違いなく、加藤典洋が『アメリカの影』で引用した江藤と吉本の対談「現代文学の倫理」(「海」一九八二年四月号)での応酬が影を落としている。対談収録は一九八二年二月なので、吉本の右の発言の十七年半前のことである。そこで吉本は江藤の「占領研究」——主に『一九四六年憲法——その拘束』(一九八〇年)を指す——について、「とてもアクチュアル」ではあるが「江藤淳ともあろう人」が「こんなにつまらんことにどうしてエネルギーを割くんだろう」などと疑問を呈し、「知識人というのは、もっと偉いんじゃないか、もっと永続的なものなんじゃないか」と問いかける。これに対して江藤は次のように答える。

うかがっていて、吉本さんもずいぶん楽観的だなと思いましたね。吉本さんは私の仕事についてつまらぬことにかまけていると言われますが、私のいまやっていることはなんら政策科学的な提言などではありませんよ。そんなものに熱中できるわけがない。私はこれが私にとっての文学だからやっているのです。そうでなければ、こんな身を入れてやりはしませんよ。ぼくは結局自分が言葉によって生きている人間であることを、日々痛感しています。だからこそ、言葉を拘束しているものの正体を見定めたいのです。(「現代文学の倫理」)

加藤に倣って、もう少し引いてみる。

それからいま吉本さんは知識人というものはもっと偉いものなんだといわれたけれども、ぼくは、知識人が果してそんなに偉いものかどうかという点については、もともと疑問を抱いているのです。（略）もしあなたが偉いとお思いだとすれば、それは戦後の日本にすら知識人が偉くなり得る条件が備わっていると、幸福にも信じておられるというだけのことであって、失礼ながら私は幻想だと思います。そんなものはないんだと……。そういう条件が根こそぎになっているのが、戦後日本の言語空間の特徴です。偉そうなふりをしても、言葉の意味がそのはじから消えてしまう。キツネにもらった小判のような言葉を操って、どうして文学ができるのだろう、そういう文学者が、どうして偉いことになるのだろうと、首を傾けないわけにはいかない。だからこそ、意味のある言葉、只の記号ではない言葉を、どうやって取り戻せるかと私は考えている。（同）

この苛烈な発言を読んだうえで江藤の死の直後の吉本の先の発言を見直すと、二人が最後まですれ違ったままだったことがよくわかる。「文芸批評家としての江藤さんはちょっと除けておいて」というところは、無意識ではあろうが意趣返しの感もなくはない。ともあれ、江藤の死が「森鷗外と一番似ている」と言う吉本隆明はやはり鋭い。それはもちろん「かのように」

の鷗外である。だが、鷗外の死（一九二二年七月九日）から七十七年もの月日が過ぎた江藤の死の時点では、日本の近代化の処方であった「かのように」は、吉本が静かな怒りを込めて名付けた「擬制」を通過し、江藤が見抜いた「ごっこ」とも呼ばれなくなり、つまりは「かのように」でさえなくなったあげくに、仮想現実ならぬ仮想としての現実、いや、ただの現実になっていたのである。

大塚英志は言う。

江藤にとっては「ビルドゥングス・ロマン」を達成する場としての「日本」は「仮想」でなくてはならないし、そして「日本」が「仮想」であるのならそこでは彼は「成熟」し得て、かつ、「妻」を「崩壊」させなくとも済むのである。それがぼくの理解する江藤なりの「妻」を崩壊させせないための論理である。江藤が「戦後の日本」の仮構ぶりを立証しようとした仕事が、ありふれた保守論壇が戦後を否定するのと比しても全く異質なのは、江藤が「日本」や「国家」を仮想としてしか欲していないからであり、それは「妻」を傷つけない場であるとともに「仮想の成熟」が保証される場であるからだ。江藤はだから戦後日本の仮想性を立証することで、逆にそこに着地しようとしたのであり、だからこそ、仮想としての戦後日本は「ただ何となくこうなっている」ものではなくて、一つの歴史的必然でなければならなかった。

（「「ツルリとしたもの」と妻の崩壊」）

江藤淳は一九九八年の末に妻・慶子をがんで亡くしてから気落ちすることが多くなり（彼は自分を「形骸」と呼んだ）、折悪く脳梗塞を発症し、命に別状はなかったものの自身の知的能力に疑念を抱くようになった。彼は「文學界」で連載中だった「幼年時代」の第二回を脱稿してまもない一九九九年七月二十一日の夜、自ら命を絶った。遺稿となった原稿を手渡しで受け取った、担当編集者だった平山周吉による評伝『江藤淳は甦える』は、その日のことから書き起こされている。

大塚は、江藤の自死を次のように表現している。

だから「妻」が失われた時、「仮想の世界」――つまり現在の日本への足場もまた失われ、だとすればそこに残るのは「仮構」としての「江藤淳」でしかない自分であり、それを「江頭淳夫」という生身の「私」が「形骸」として決着をつける以外の術は見出されなかったのだといえる。

（同）

これまで書きそびれていたが、江藤夫妻には子はいなかった。江藤淳は碇ゲンドウではない。

江藤は「父」にはならなかった。

これも書いていなかったが、江藤は四歳半ばで実母を結核で亡くしている。「喪失」は現実の出来事だったのだ。この事実をもって『成熟と喪失』を一種の「私小説」として読むことは可能だし、それは実際に何度もなされてきたが、だからこそ今は慎まなくてはならない。

碇シンジは江藤淳ではない。庵野秀明は江藤淳ではない。だが、それでもやはり、ここには何かがある。ここまで長々と見てきたように、江藤淳の「成熟論」には、普遍性と個別性が、真理と特殊が二重写しになっている。庵野秀明が「エヴァンゲリオン」で、実写映画で、「シン」が冠された一連の作品で、要するに彼の全ての営みと試みを通して問い続けてきたのは、「成熟とは何か？」という問題である。庵野秀明が江藤淳を読んだとは思わない。『成熟と喪失』を繙《ひもと》いたことがあるとも思ってはいない。だが、江藤淳と庵野秀明の「成熟」には間違いなく共通点と連続性がある。だがそこには同時に相違点と断続性もあるのだ。

このことを多少とも明らかにして、本書を終えたいと思う。

第六章　庵野秀明と「日本的成熟」

1 「他者」との遭遇

吉本隆明と大塚英志の対談集『だいたいで、いいじゃない。』の第一章は「エヴァンゲリオン・アンバウンド」と題されている。対談が収録されたのは一九九七年十一月二十八日で、同年三月十五日公開の『新世紀エヴァンゲリオン』の総集編としての劇場用長編アニメ映画『新世紀エヴァンゲリオン劇場版　シト新生』に続く、テレビシリーズの最終二話をオリジナルとは異なる結末に語り直した『新世紀エヴァンゲリオン劇場版　Ａｉｒ／まごころを、君に』の公開（一九九七年七月十九日）から約四ヶ月後のことだった。対話の冒頭で吉本は「ＴＶ版のビデオテープは、一応ぜんぶ見たことは見た」と語っている。この年の九月に「日米防衛協力のための指針」（いわゆる「ガイドライン」）が朝鮮有事を想定して改訂されたばかりであり、対談ではそのことも話題にされている。大塚の発言を引こう。

戦争への想像力が、是非という倫理的な方向にではなく、有事を前提にしてその細部を埋めていく方向に向かうというのは、この国の現時点での戦争観とおたく的想像力が妙に一致する点です。じゃあなんでそんなことになっちゃうのかというと、戦争への想像力が実は内側の方に一方的に作用しているんじゃないかという気がします。たとえば『エヴァンゲリオン』の場合、非常に特徴的なのは、まず敵が誰か分からないということ。使徒《シト》というのが攻めてきて、あれは何者か、まあ劇場版の第一作ではそれが一応は説明されるんですけれども、『エヴァンゲリオン』という映画にとっては、そういういわゆるSF的な説明とか落ちはあまり重要じゃないように思う。僕が最初にテレビの第一話を見て斬新だと思ったのは、攻めてくる敵が、何者か分からない非常に不条理なものとして来るという、あのイメージです。

（『だいたいで、いいじゃない。』）

大塚はこう続けている。「いままではたとえば『ガンダム』でも、人類が二つに分かれて国家対国家の戦争になるし、または、宇宙からの侵略者か怪獣が来るみたいな、少なくとも敵が何者であるのかは説明可能だったんだけれども、『エヴァンゲリオン』では、どういう意図でやってくるのか、彼らが何者かがまったく分からない」。

『エヴァ』がそれ以前のSFアニメと一線を画す要素は幾つも挙げられるだろうが、そのうちのひとつがこの「正体不明の敵」という設定であったことは間違いない。そこにはやはり、放映開始の数ヶ月前に起こっていた阪神・淡路大震災と地下鉄サリン事件、未曽有の自然災害と怪しい新興宗教による無差別テロの反響を聞き取らざるを得ないし、たとえ庵野たちが明確には意図していなかったのだとしても、観客の多くはいわば同じ空気を感じ取っていた。だが

「エヴァ」が空前のブームを引き起こし、現時点でいう「旧劇場版」の二本が相次いで公開された一九九七年になると、現実政治の世界では「正体不明」ならぬ具体的で現実的な「敵国」への対応策が取り沙汰されるようになっていたわけである。こうして「敵」をめぐる想像力は、内面世界と外部世界の双方に、互いに侵蝕し合いながら急速に広がり出していった。

大塚は続けて、こう言っている。

月並みな批評用語を使っちゃえば、「他者」みたいなものをアニメなりまんがなりのおたく表現が初めて形象化したな、という印象が最初はありました。

その一方で使徒という圧倒的な「他者」と出会いながら、そこで少年たちが戦い、たしかに戦いの中で負傷する子たちもいるんだけれども、彼らが傷ついていくのは、もっぱら彼らの内面的な葛藤においてなんですね。つまり幼い頃に母親と複雑な関係があったり、父親との屈折した関係があって、そういうことで傷ついていくんであって、「戦争」をめぐって傷ついていくわけでない。（同）

この意味で使徒は実は「他者」ではない。確かに使徒は次から次へとどこからかやってきては理由も目的も明かすことのないまま地上を破壊しようとする。そして碇シンジたちはエヴァに乗ってそれを迎え撃つのだが、どれほど血で血を洗う戦いが繰り広げられようとも、実のところその戦闘はいわば「心の中の戦い」なのである。使徒は「圧倒的な「他者」」として現れるが、それは結局、物語のトリガーというか「口実（プレテクスト）」に過ぎない。実際には「エヴァ」というサーガはあらゆる「他者」を「自己」の内部に取り込んでいくことの悲喜劇を描いていたのだとさえ言ってもいい。

もう少し大塚の発言を読んでみよう。

主人公の少年は、自分はエヴァンゲリオンに乗りたくないという葛藤もあるんだけれども、それにしても乗りたくない理由は、戦争をしたくないとか、戦うことが非人道的だとかいうのじゃなくて、単に自分は責任を負いたくないんだという一点に尽きるわけです。（略）主人公たちは、たしかに怪我を負ったりはするけれども、あくまでも傷ついてるのは敵との戦いにおいてではなくて、内面的なものでいわば自滅していくように傷ついていく。そういう意味で「敵」は不必要なんです。（同）

だからこそ、口実としての「敵」が必要なのだ、とも言えるだろう。要するにそれはアニメファン（おたく）を悦《よろこ》ばせるようなヴィジュアルを備えていれば何でもよかったのだし、戦闘シーンの装飾物でしかなかった。

つまりこういうことである。「エヴァ」には「他者」という主題が存在しない（あるいは存在しなくなっていった）。それはつまり「敵」という主題が存在しないということでもある。そしてそれは「悪」という主題もやはり存在していないということだ。そう、「エヴァ」には「悪」が不在だった。しかし、だとすればそこで「正義」を描くことが可能だろうか？「他者」のいない「自己」、「敵」のいない戦い、「悪」を欠いた「正義」は、果たして存在し得るのだろうか？

あらためて述べておくならば、この時すでに、日本国家は、日本社会は、バブル景気の崩壊から数年を経て、あるいはまた、今から思えばそれ自体が平和と暢気《のんき》の証明だった「湾岸戦争に反対する文学者声明」（一九九一年）から数年を経て（「ポストモダンの左旋回（仲正昌樹《なかまさまさき》）」こそバブル＝ポストモダンの残り香である）、自然災害と無差別テロを経て、八〇年代というあの狂騒の時代、経済が政治を覆い隠してくれていた時代、非政治性のユートピア、永遠に続くかに思われた好況の小春日和からいつのまにか遠く離れて、現在まで続く「終わりなき日常」（宮台真司）としての悪夢――東日本大震災、原発事故、新型コロナウイルス……「非日常」が「日常」化していったプロセスは「他者」が「自己」に取り込まれていく回路と同質である――へと突入していったのだった。

庵野秀明は、この翌年の一九九八年に「実写」による監督第一作『ラブ&ポップ』を撮るが、村上龍の原作小説は一九九六年に刊行されていた。九〇年代半ばには社会問題化していた「援助交際（援交）」をする「ブルセラ女子高生」を論じた宮台真司の『制服少女たちの選択』は一九九四年の出版である。大塚英志は対談で、これらのことについても語っている。

『エヴァンゲリオン』には、非常に吹っ切れたものがある。一方で主人公が非常にうじうじ、うじうじしてる。吹っ切れてないわけです。この吹っ切れてない感じと、吹っ切れてる感じの、極端に切り裂かれた感じ、これが『エヴァンゲリオン』の基調のような気がする。その乖離のしかたには、もはや整合性とか矛盾を問うことさえ成立しない。たぶん宮台真司が——実は宮台君の仕事というのはすごく誤解されやすくて、パンツを売っていいんだ、売春をしていいんだ、援助交際を擁護していると捉えられちゃうんだけど——そうじゃなくて、彼はまさに引き裂かれた感じというのをいちばん分かってて、そういう心の領域に入ってきてほしくない、触れてほしくないのであれば、自分は触れないんだという、そのナイーブさがあった上で、心を批評の対象にしないという、そういうスタイルがあるんじゃないのかって思うんです。（同）

この時点で大塚が、庵野が次に『ラブ&ポップ』を監督することを知っていたのかどうかはわからない（撮影はすでに行われていた。おそらく知っていたのではないか）。しかし、なぜ『エヴァ』の次が『ラブ&ポップ』なのか、という当然の疑問への答えが、ここであらかじめ述べられていたとも考えられるだろう（とはいえ『だいたいで、いいじゃない。』の後半二つの対談は『ラブ&ポップ』公開後の収録だが、特に映画について触れられてはいない）。ちなみに大塚英志（一九五八年生まれ）と宮台真司（一九五九年生まれ）と庵野秀明（一九六〇年生まれ）は一歳ずつ違いの同世代である。彼らは碇シンジと同じ十四歳の息子を持つには、ブルセラ女子高生の娘を持つには、まだ少し若かったが、現実はどうあれ、すでに「親」になっていてもおかしくない年齢だった。ただし庵野秀明には現在に至るまで子どもはいないはずである。

ところで、一九九七年は加藤典洋の『敗戦後論』が出版された年でもあった。よく知られているように、同書で加藤は、敗戦後の日本が長く身にまとうこととなった「ねじれ」を解消するために、国民投票的手段により現行憲法（「戦争の放棄」が明記された平和憲法）を自主的に「選び直す」ことを始め、天皇制や戦争による死者にかんしても根本的に再考することを主張した。この本はイデオロギーや政治的立場を超えて論壇で大いに話題となり、ベストセラーになった。あとがきで加藤は「ここに記したわたしの考えの起点は、遠く取れば、一九八五年に単行本として出した『アメリカの影』にあり、近く取れば、一九九一年冬の湾岸戦争をめぐる日本内外の動きにある」と述べている。この年の一月には藤岡信勝《ふじおかのぶかつ》、西尾《にしお》幹二《かんじ》、小林《こばやし》よしのりらによる「新しい歴史教科書をつくる会」が正式に発足している。戦後五十年の一九九五年から二年が過ぎ、日本人の歴史意識は曲がり角を迎えていた。

『新世紀エヴァンゲリオン劇場版　Ａｉｒ／まごころを、君に』のラストシーンは、賛否両論を巻き起こした、それは「エヴァ」ブームの一因でもあったオリジナル版の奇怪な結末の「語り直し」のはずだったが、ある意味でテレビ版以上に異様なものだった。すべての闘いが終わり（?）、この世とは思えない赤い海の浜辺にシンジとアスカが横たわっている。先に目覚めたシンジがアスカの首を締める（この前に同棲?している部屋でアスカがシンジを罵倒し、彼が彼女の首を締めようとする——おそらくは幻想の?——場面が存在する）。それに気づいたアスカは一言「気持ち悪い」と言う。この映画のエンドクレジットは前半の「Ａｉｒ」の後に流れるので、この台詞が断ち切るようにして映画は終わってしまうのだ。

　この「気持ち悪い」は、当然のことながら公開当時、大いに物議を醸し、その意味するところについて、さまざまな考察や詮索が為されたものだった。それはアスカがシンジに向けたものではあるが、「エヴァ」の女性たちが彼に向けたものでもあり、彼女たちが男性観客に向けたものでもあり、おそらくは庵野秀明が自分自身に向けたものでもあったのだろう。だが「気持ち悪い」と言われたシンジが、どう反応したのか、彼はどんな表情を浮かべ、どんな返事をして（もしもしたのなら）、そしてそれからどうしたのか、映画は何も描くことはなかった。シヨッキングなエンディングではあったが、しかしこれでほんとうに「エヴァ」を終わらせることが出来ると庵野がこの時本気で考えていたのかどうかは、今となってはわからない。われわれが知っているのは、このあと庵野が『新世紀エヴァンゲリオン』に続くテレビアニメシリーズ『彼氏彼女の事情』を手がけ、『ラブ&ポップ』『式日』『キューティーハニー』の三本の実写映画を撮ったあとに、二〇〇六年から「ヱヴァンゲリヲン新劇場版」として三たび「エヴァ」の「語り直し」にトライし、それはリブートから十五年後の『シン・エヴァンゲリオン』（二〇二一年）をもってついに完結したのだという事実である。「新劇場版」が商業的な理由もあって「新たに始めた」ということなのか、それとも「旧劇場版」が「終われなかった」からなのかは見方によるだろうが、しかし「オリジナル版」「旧劇場版」「新劇場版」の結末がまったくと言っていいほど違っており、そして「新劇場版」の終わりこそが真の結末、トゥルーエンドなのだと庵野が（一度は）考えたということは確かだと思われる。そして何度も述べてきたように、その「真の結末」は、あのようなものだった。

『ヱヴァンゲリヲン新劇場版：序』（二〇〇七年）のチラシ裏には「原作／総監督　庵野秀明」の署名がある「我々は再び、何を作ろうとしているのか？」という文章が載っている。その中には次の一節がある。

「エヴァ」はくり返しの物語です。

主人公が何度も同じ目に遭いながら、ひたすら立ち上がっていく話です。

わずかでも前に進もうとする、意思の話です。

曖昧な孤独に耐え他者に触れるのが怖くても一緒にいたいと思う、覚悟の話です。

同じ物語からまた違うカタチへ変化していく4つの作品を、楽しんでいただければ幸いです。

（「我々は再び、何を作ろうとしているのか？」）

あらためて時系列順に並べてみると、

「新劇場版」第一作『序』（二〇〇七年）
「新劇場版」第二作『破』（二〇〇九年）
「新劇場版」第三作『Q』（二〇一二年）
『シン・ゴジラ』（二〇一六年）
「新劇場版」第四作『シン・エヴァンゲリオン』（二〇二一年）
『シン・ウルトラマン』（二〇二二年）

『シン・仮面ライダー』(二〇二三年)

となる。『Q』と『シン・エヴァンゲリオン』はもっと近接して公開される予定だったが、合間に『シン・ゴジラ』が挟まったことで遅れたのだと思われる(『シン・エヴァンゲリオン』が遅れたせいで『シン・ゴジラ』が先になったのかもしれないが)。実際『シン・エヴァンゲリオン』は『シン・ゴジラ』の後に作られたことがほとんど反映されていないように見える。『シン・エヴァンゲリオン』のラストシーンがいつの段階で決まっていたのか私は知らないが、テレビ版とも「旧」版とも完全に変えなくてはならないと庵野が考えたことは確かだろう。「何度も同じ目に遭いながら、ひたすら立ち上がって」「わずかでも前に進もうと」したのは主人公だけではない。これは碇シンジではなく、庵野秀明のことなのだ。

『序』の公開は「旧劇場版」の十年後だった。だが「我々は再び、何を作ろうとしているのか?」には「10年以上昔のタイトルを何故今更、とも思います。エヴァはもう古い、とも感じます。しかし、この12年間エヴァより新しいアニメはありませんでした」とある。「12年」前は「旧」版が公開された一九九七年ではない。最初のテレビシリーズの一九九五年である。庵野は「旧」をなかったことにしている。やはり彼はあれは失敗だったと考えていたのだ。だから「新劇場版」の「新」は「真」でもあり、その両方を意味し得るように「シン」という表記が採用されたのだろう。『シン・エヴァンゲリオン』とは「新」にして「真」の『新世紀エヴァンゲリオン』だったのであり、『シン・ゴジラ』にも『シン・ウルトラマン』にも『シン・仮面ライダー』にも同じく「新」であるとともに「真」でもあるというメッセージが込められている。そこには「くり返しの物語」と言いながら、くり返し＝語り直しは今度こそ終わりにするのだという強い「意思」が感じられる。

庵野秀明が「ゴジラ」にも「ウルトラマン」にも「仮面ライダー」にも長年のファン（おたく）としての強い愛情とこだわりを抱いていることは疑いない。それはそれぞれの作品の設定からディテールまで、あらゆる面に感じられるが、そういうこととは別に、「シン」を冠した三本の作品が、ある種の連続性を有していることは、すでに述べてきた通りである。それはひとつではないが、最も重要なものは「公」という問題系だろう。『シン・ゴジラ』が少なからぬ庵野ファンを驚かせたのは、そこで過去の庵野作品にはほぼ皆無だった「公」的な善の問題が描かれていたからである。言い換えればそれは「正義」のことだ。

そう、庵野秀明は『シン・ゴジラ』ではじめて「正義」を描いたのである。彼はそれ以前には一度として「公」を問題にしたことがなかった、彼がくりかえし描いてきたのは、「個」の物語、「私」の苦悩、いつもそればかりだった。むしろ庵野は「公」の物語を徹底して避けてきた。がゆえに、そこには「正義」が主題化されることもなかったのだ。

だが『シン・ゴジラ』は違った。この挑戦が意識的なものだったということは、「ゴジラ」という物語に必ずしもそのようなテーマがあらかじめ備わっていたわけではないことでもわかる。庵野は「公」について、それから「正義」について、はじめて本気で考えてみることにしたのだ。これが「シン」三部作を貫いているテーマである。そして「公」について考えることは「個」と「私」を考え直してみることに繋がり、「正義」を問うことは「悪」を問うことにもなる。

こうして庵野秀明は、はじめて「他者」と出遭ったのだ。

重要なのは「治者」でも「適者」でもない、「他者」なのだ。「治者」も「適者」も結局のところ「私」という「個」の問題である。だが、ここでいう「他者」とは、「私」の目の前の「あなた/たち」の向こう側にいる「他人」の集合のことであり、それを「公」と呼んでいるのである。得体の知れない「他者」とは知らない「他人」のことであり、「正体不明の敵」は正体不明だから「敵」なのである。それは大塚英志が言っていた「圧倒的な「他者」」とは違う。「他人」性を欠いた「他者」だから「自己」の「内面」に取り込むことが可能なのであり、それはわけなく「私」の一部として消化/昇華されてしまう。あるいはそもそも、そんな「他者」などはなから存在してはおらず、ただ「私」の弱い心が生み出した幻影だったのだ。

真の（シンの!）他者とは、ただの他人のことである。それは「私」ではない無数の「個」、私とは違う、私以外の「あなた（私）」たちのことなのであり、それを「公」と呼ぶのである。

繰り返すが、このような考えは『シン・ゴジラ』以前の庵野秀明には存在していなかった。「エヴァ」の「新劇場版」のリブートの時点でも、まだ「他者＝他人」はいなかった。だからほんとうは「同じ物語からまた違うカタチへ変化」させるのではなく、同じカタチから違う物語を生み出さなければならなかったのだ。

こう考えてみるなら、なぜ『シン・仮面ライダー』があのような物語になったのかもわかってくる。『シン・エヴァンゲリオン』のあのラストは真の結末ではなかった。本郷猛と緑川ルリ子と緑川イチローと一文字隼人の物語が「エヴァ」のシンの「終わり」なのであり、おそらくはまったく新しい「始まり」でもあるのだ。

『シン・ウルトラマン』における「自己犠牲」のテーマについても触れておきたい。それは地球人の「他者」であるところの「外星人」が、彼らにとっての「他者」であるところの地球人の「他人」のための「自己犠牲」を目の当たりにして、地球人のために「自己犠牲」を果たそうとするという物語だった。『シン・ゴジラ』で浮上した「公」の主題とは、より精確には「公の中の個（私）」と「私（個）の中の公」の相互貫入の問題だったと言えるが、『シン・ウルトラマン』ではそれは「地球人」と「外星人」という対立軸によって、より極大化＝抽象化して描かれる。だがそれは要するに「他人を救うために自分の命を抛《なげう》つことが出来るか？」という倫理的な問題だったのだ。この「自己犠牲」という主題は『シン・仮面ライダー』にも引き継がれることになる。

「地球人」と「外星人」は、互いに「他者」なのだが、それは「圧倒的」なものではない。『シン・ゴジラ』の「禍威獣《カイジュウ》」は「使徒」に似ていた。だが『シン・ウルトラマン』の「外星人」は「使徒」ではないし（「宇宙人」ではなく「外星人」なのは「外国人」への連想を示唆するためだろう）、『シン・仮面ライダー』のショッカーも「使徒」とは違う。彼らはいわば理想や理念が異なる他人に過ぎない。これはそれぞれに由緒ある元ネタがあるということとはほとんど関係がない。庵野はむしろ、こういうことをやるために「シン」を始めたのだと考えたくなってくる。

以前、私は「シン」について三つの問いを立てておいた。第一、なぜそれらを語り直す必要があったのか。第二、誰もが知っている物語をわざわざリメイクすることによって、何を語ろうとしたのか。第三、それは成功したのか。これらの問いへの答えは、ここまでの論述で、およそ得られたのではないだろうか。

こうして庵野秀明の世界から「使徒」は去った。あるいはすでに述べたように、そんなものは最初からいなかったのである。

2 「喪失」の喪失と「継承」の獲得

『シン・仮面ライダー』は、「エヴァ」の、「シン」の、そしてそれらを含む庵野秀明のこれまでの作品の、ひとつの「結論」である。それはとりわけ『シン・エヴァンゲリオン』の今一度の「語り直し」なのであり、あのハッピーで滑稽なラストシーンの「撮り直し」である。

何度強調しても構わないが、最も重要なことは、『シン・仮面ライダー』には真希波・マリ・イラストリアスに相当する存在がいないということである。マリを登場させずに、碇シンジの物語を語り直さなくてはならない。それは碇（綾波）ユイと「再会」しない碇ゲンドウの物語を語ることでもある。「妻（＝未来の母）」も「母（＝父の妻）」も召喚しない「エヴァ」の物語を、もう一度だけ語ってみなければならない。もちろん、それはもはや「エヴァ」ではない。だが、だからこそ、それはたまたまのことだったのかもしれないが、仮面ライダーがやってきたのである。

『シン・仮面ライダー』では、何人もの死が、幾つもの「喪失」が描かれる。本郷猛の父も、緑川博士も、博士の妻でイチローとルリ子の母も、イチローも、ルリ子も、そして本郷猛も、みんな死ぬ。あらためて思い返してみれば、主要登場人物のほとんどが死んでしまうのだ。それは「エヴァ」の物語と、やはりよく似ている。だが、少なくとも二つの点において、『シン・仮面ライダー』は『シン・エヴァンゲリオン』とは異なっている。

まずひとつは、たくさんの「喪失」が、回復されざるものとして描かれていることである。『シン・仮面ライダー』では、誰ひとりとして「母」と再会出来ないし、「父」とも和解しない。

「父」も「母」もただ消えていくだけであり、それどころか「息子」や「娘」も消えてしまう。綾波レイはクローンとして何度も再生し（彼女はユイを基盤として造られたヒューマノイドの可能性もある）、最後は自壊したが、それはおそらくクローニングを彼女自身が拒んだからだった。だが、同じ人造人間である緑川ルリ子は何かの間違いのようにあっさりと殺され、泡になって消え去ったあと、二度とこの世では復活しない。ただ遺された者たちに動画でメッセージを送るだけだ。他の死者たちも皆同じだ。彼ら彼女らは、いわば全員が犬死にである。

「喪失」とは生き残った者、遺された者が抱く感覚だが、『シン・仮面ライダー』において「喪失」は、ただそこにそのまま放置され、喪失を味わった者も、やがてすぐ喪失の対象となっていく。それはつまり、そこでは「喪失」が大切にされているということだ。「喪失」がなかったことにされたり、宙吊りにされたり骨抜きにされたり、最後には「喪失」から救われるなどというおめでたい事態は、そこでは一度も起こらない。「喪失」は、ただ「喪失」のまま、「喪失」として、そこに留め置かれ、物語の内に積み重なっていく。

確かに「喪失」は「エヴァ」という物語のエンジンだった。だが実のところシンジもゲンドウも、本物の「喪失」と遭遇することはなかった。彼らが生き延びたのは、悲哀と苦悩に満ちた顔で「喪失」を抱きしめながらも、ほんとうは「喪失」していなかったからである。彼らはただ「喪失」に甘えるばかりで、実は「喪失」と本気で向き合っていなかったのだ。彼らの

「喪失」は、来るべき「成熟」のための方便に過ぎず、だからそこでは、実際には何ひとつとして失われ／喪われていなかったのだ。

だが『シン・仮面ライダー』は違う。複数の「喪失」は置き去りにされたままで、「成熟」であれなんであれ、都合よく何かに役立てられることはない。「喪失」はただ、そこにある。ずっとそこにある。いつまでも、そこに捨て置かれたままだ。

だがそれこそが、シンに「喪失」を受け入れ、「喪失」を慈しむことなのではないか。そこでは「喪失」と「成熟」は、完全に切り離されている。『新世紀エヴァンゲリオン』から始まり『シン・エヴァンゲリオン』で終わった「エヴァ」は、かつて江藤淳が描いた、あの複雑で単純な、単純で複雑なストーリーのように、自分を赦《ゆる》し庇護《ひご》する存在の「喪失」が主人公の「成熟」を導くという物語だった。だが、ヒトとバッタが掛け合わされた怪物が改造バイクに乗って悪と戦う陳腐で奇妙な物語を借りて庵野秀明が語ったのは、「喪失」が「成熟」に利用されることのない、「喪失」がシンにそこに存在する物語、主人公が、ではなく、物語それ自体が「喪失」とシンに対峙《たいじ》しようとする物語、そしてそのことによって、主人公が、ではなく、誰かが、でもなく、長い長い時間を背負った「喪失」という物語の「成熟」を、シンに描き出そうとする物語だったのだ。

もうひとつは、真希波・マリ・イラストリアスがやってこず、その代わりに一文字隼人が現れるということである。さんざん文句を言ってきたが、マリの投入は「エヴァ」を終わらせるためにはどうしても必要なことだった。少なくとも「新劇場版」というトライアルにおいては、おそらくあれしか手が残っていなかったことは認めなければならない。ああでもしなければ、まだまだ物語は続いてしまっていただろう。「喪失」はまたもや、ひたすら引き伸ばされ、その分、ありうべき「成熟」も遠ざかるばかりであったに違いない。「エヴァ」を終わらせるためにはシンジが「成熟」しなくてはならず、そのためには彼が「大人」にならなくては、いや「大人」になったことにしなくてはならず、そのためには「妻」すなわち「彼の未来の子の母」が必要になるのだという逆回しのロジック。だが、その時点で「妻」になり得る候補は、物語の最初からいた女性たちの中にはもはや残っていなかった。だから途中からマリを紛れ込ませておいて、最後の最後に便利に使ってみせたのだ。他に手がなかったのだから、これはもう仕方がない。そう考えた末のあの結末だったのだとしても、まさに仕方がなかった、のかもしれない。

だが、ひとつだけ、そうしないで済む方法があったのではないか。それは、物語を終わらせない、ということである。それはいんちきじゃないか。そもそも「エヴァ」を今度こそ終わらせなくてはならないという難題から話が始まっていたのではないか、そう思われるだろうが、終わらせつつも終わらない、終わっていないのに終わってもいる、という終わり方を、なんとかして編み出すことは出来なかったのだろうか。

そう、それが「継承」である。碇シンジ（と碇ゲンドウ）の物語はここで終わる。だが「エヴァ」という物語は続いていく、シンジとは別の存在を主人公として、という終わり方／続け方は、あり得なかったのか？

実は、この可能性は、他ならぬ『シン・エヴァンゲリオン』の或《あ》る場面で示唆されていた。それは葛城ミサトと加持リョウジの息子リョウジのエピソードである。加持は「サードインパクト」を止めるために命を落としたが、ミサトは彼の子を妊娠していた。シンジが眠っていた十四年間のあいだに、その子は十四歳の少年に成長しており、二人は対面する。シンジは「エヴァの呪縛」のせいで年を取らないので、二人は同い年なのだ。しかも息子には父親と同じ「加持リョウジ」という名が付けられている。これもまたひとつの「継承」の物語である。碇シンジに代わって加持リョウジを「主人公」として「エヴァ」の物語が続いてゆく世界線は、あり得なくはない。もちろんこれは「エヴァ」に本当に続編があるのかどうかという問題とは何の関係もない話だが。

なぜ、仮面ライダー2号が登場するのか。もちろんオリジナルがそうだったからだが、本郷猛が死んで一文字隼人が後を継ぐという『シン・仮面ライダー』の幕切れは、けっして単なるオマージュではない。一文字＝仮面ライダー2号の存在理由はただひとつ、物語を完全には閉じないためである。初代仮面ライダーの物語はここで終わるが、2号の物語はここから始まる。

そうして物語は続いていく。終わったのに続いていく。何度も終わりながら、いつまでも続いていく。これが「継承」ということである。それは実際に『シン・仮面ライダー』に続編があるのかどうかとは何の関係もない。それにそもそも「仮面ライダー」とは、そのような物語ではなかったか。

3　庵野秀明の「成熟」

その昔、私は『未知との遭遇』と題した長編評論（ちなみにこの本は二〇一一年に東日本大震災と原発事故を挟んで書き継がれ、その年の暮れに出版された）において、「セカイ系」のアップデート・ヴァージョンとしての「シャカイ系」なる概念を提示した。物語の枠組み＝世界観が「ぼく」と「きみ」といった極小の関係性と、世界や宇宙の危機などといった極大の舞台装置の両極端に引き裂かれ、そのあいだの「社会」が存在していないとされる一群のフィクションが、二〇〇〇年代＝ゼロ年代初頭に「セカイ系」と呼ばれて流行したが、むしろ私はセカイ系的な想像力のリミットこそが「社会＝シャカイ」への包摂を欲望するのだと考えた。そのメカニズムは同書で詳しく分析したが、本書でも第一章でおおまかにまとめておいた。再び引用すれば、次のようなことである。

はじめに「この世界がこうでなかったらいいのに」という現実否認の欲望がある。自分にとって、今の「この世界」はどうにも望ましくない、ということです。（略）「世界と自分との戦い」というのは、まさにそういうことです。これが出発点。次の段階として、だから「この世界」をわがものにしたいとか、わがものにできる「世界」を誰かに与えてもらいたいとか、あるいは「この世界」とは「別の世界」があって欲しい、などといった欲望が生まれる。ところがもちろん、そんな「世界」など、どこにも存在していない。やはり「現実」しかない。「この世界」しかない。結局はそれを認めるしかない。「この世界」に対する否認、「この世界」の「神」たらんとする欲望、「別の世界」の可能性への欲望、「別の世界」などないことを認めざるを得ないという認識。この一連のプロセスが、最終的に「この世界」を強く肯定する動機を導き出すことになる。

そしてその上で、ならば他ならぬ「この世界」で、いかにしてサバイブするのか、いかにしてサクセスするのか、という動機が生まれてくる。そのためには、まず「大人」にならなくてはならない。「大人」はどこに所属するのか、それは「社会」である。こうして「世界＝セカイ」が「社会＝シャカイ」として立ち現れてくる、というのが、僕の分析です。このようにして、ゼロ年代に「オタク」は「社会化」した。

（『未知との遭遇』）

「成熟せず大人でもなくソーシャルでもないような生き方は、けっして肯定されるべきではないのだろうか？」）。「社会化」ではなく「ソーシャル」という語を敢えて用いているのは、大塚英志の議論を踏まえている。大塚は長年、「オタク（おたく）の社会化」を、単に「おたく＝オタク」と呼ばれる人々の範疇《はんちゅう》に留まらない、一種の日本社会論として展開してきた。彼が二〇一四年に出した『社会をつくれなかったこの国がそれでもソーシャルであるための柳田國男入門』には、次のような一節がある。

「ソーシャル」ということばはＳＮＳ、つまりブログやTwitterやFacebookやニコ動やLINEといった「ソーシャルな」メディアがｗｅｂ上に登場して以降、頻繁に目にするようになりました。

しかし、そもそも「ソーシャル」には「社会的」という訳語が存在するはずです。その訳語がなぜ、嫌われたのだろう、とまず考えてみることは必要です。（略）「ソーシャル」の日本語訳としての「社会的」ということばには責任や義務に連なるような何か面倒なことを参画者に求めてくる、という受けとめ方をする人がいるということは想像ができます。そういう意味での「社会的」というニュアンスをどこか「ソーシャル」ということばは忌避している印象があります。

（『社会をつくれなかったこの国がそれでもソーシャルであるための柳田國男入門』）

このように大塚は「ソーシャル」という英語の日本における独特な用法と流通の仕方を指摘したうえで「日本のソーシャルメディアは必ずしも「社会的」ではない」と述べ、「ソーシャルメディアで政治という社会的な事柄を語ることが「ウザい」と感じられるのは仲々に興味深い」と論じている。大塚の言う「社会化」を意味し（切れ）ない「ソーシャル」という「日本語英語」は、私の「シャカイ系」と深く関係している。

「セカイ系」は、最後には必ず破綻することを、「妄想」が維持できなくなることを運命づけられている。なぜなら「現実」から目を背け続けるためにこそ「現実」を見るしかないからだ。ゼロ年代の終わりくらいから、セカイ系への批判、オタク的自閉性への批判的な言説が相次いで登場してきた。そこで喧伝《けんでん》されていたのは「大人になれ!」「社会に出よ!」というメッセージだった。しかし私には、そのような言説の登場が「セカイ系」の帰結だと思えた。「成熟」し、責任ある「大人」として「社会」に属すことを自らにも他者にも闇雲に求める、すなわち「シャカイ系」こそ「セカイ系」の最終形態なのだと。

『未知との遭遇』では、このからくりをチャートにして整理した。

1 「この世界」の否認
↓
2 「別の世界／セカイ」への欲望
↓
3 「別の世界／セカイ」は存在しない
↓
4 「この世界」を認めざるを得ない
↓
5 「この世界」を強く肯定する

すぐにわかるように、4と5の間には論理的な飛躍があります。「認める」と「肯定する」は違う筈だからです。にもかかわらず、こういった論理の道筋が、最初に否認したはずの「この世界」を強く肯定するという結論を導き出してしまう。「世界」が「セカイ」になり、そして「シャカイ」として回帰してくる。それはじつは「世界」を「社会」へとダウンサイジングしているだけです。けれども「自分（私）」を「社会＝シャカイ」に接続することによって、自己承認（他者承認）も達成される。僕はこれがゼロ年代を席巻した一部の思想（？）

の基本的なメカニズムだと思います。
（『未知との遭遇』）

十二年前の私は、こう述べていた。今も考えは変わっていない。それはつまり、この十二年で——この意味においては——ほとんど何も変わっていなかったということである。『未知との遭遇』を出した時、私は四十七歳だった。私よりも四つ年上の庵野秀明はしたがって五十一歳で、この頃は『ヱヴァンゲリヲン新劇場版：Q』（二〇一二年）の制作中だったはずである。今や庵野は還暦を超えており、私も本書が刊行される時にはその年齢になっている。「シャカイ系」という造語をひねり出した時には、十二年後の自分が「エヴァンゲリオン」について、こんなにもしつこく延々と論じることになるとは、よもや思ってもみなかった。

予告しておいたように、本論は（一風変わった？）庵野秀明論でありながら、それと同時に、十年以上前に出した『未知との遭遇』と、その前に書いた『ニッポンの思想』（二〇〇九年）の「続編」あるいは「語り直し」でもあろうとする野心を持っている。『未知との遭遇』から、そのようなモチベーションにかかわる部分を、リライト／エディットしつつ、以下に記してみる。

私は『ニッポンの思想』で、八〇年代・九〇年代・ゼロ年代の日本の現代思想を、あえて十年ごと、ディケイドに分けて紹介した。大きな構えとしては、次のように整理した。八〇年代の思想は、現実や現状に対して否定的もしくは批判的であった（六〇年代〜七〇年代は、もっとそうだった）。つまり革命とか革新とか変革とか、そういったものへの希求と希望がまだ残っていた。九〇年代には、現実・現状に対して次第に受容的・容認的になってきた。更にゼロ年代に入ると、現実や現状に対する積極的な肯定になった。

この「肯定」は、自らの選択と決断によって認めるというよりも、やはり「肯定せざるを得ない」ということだった。これが現実なのだから、それを根こそぎ変えようなどというのは、端的に無理だし、ナンセンスであって、そのような考え方は、非＝現実的であるだけではなく、非＝倫理的でさえある。なぜならそれは、実現不可能な空論を述べてみせているに過ぎないのだから。むしろ、まずは現実が現にこのようにあるのだという事実から出発して、その中でいったいどうしたらわれわれの生が相対的に良くなるのか、という具体的な修正案を考えていくべきではないか、これがゼロ年代末の『ニッポンの思想』の基調音だった。

ここには「現実を肯定せざるを得ない」が「現実を肯定すべきである」に変換されるプログラムが働いている。この現実否定→現実容認→現実肯定という八〇年代→九〇年代→ゼロ年代の思想の流れは、「おたく」から「オタク」へ、という変化の歴史とパラレルである。そして、この「せざるを得ない」が「すべきである」に、いつのまにかスライドしてしまう回路がなぜ生じたのかは、『ニッポンの思想』では触れられなかったが、もっと深く考えてみるべき問題だったのだ。

だが、私はその後ずっと、この問題を忘れていたのである。いや、忘れていたわけではなかったのだが、常に眼前に山積した他の仕事やら何やらにかまけて「もっと深く考えてみる」ことを、長い間、ほんとうに長い間、怠ってきたのだった。

しかし、『シン・エヴァンゲリオン』を観たことがきっかけとなって、私は「庵野秀明」を論じるという、自分としては明らかに無謀な（と思う理由もすでに何度も述べた）試みを通して、この問題を再考すること、その続きを考えることが、ひょっとしたら可能なのではないかと思いついたのだった。そして、こうして論を書き継いできた。

『シン・エヴァンゲリオン』が大成功したあと、庵野秀明は『シン・ウルトラマン』の脚本を書き、『シン・仮面ライダー』を監督した。私はそれらを観に行き、何度も観て、庵野の過去作品も何度も観直して、並行して江藤淳の『成熟と喪失』を読み返し、他の江藤の著作や、他の論者たちの関連する書物を読み、読み直し、読み返して、あれこれ考えながら、これを書いてきた。

だが、かといって私は、ここまで来てもなお、何かしら明確な結論めいたものを手にしているわけではない。結論と言えるような、はっきりとした姿かたちを取った考えが、もしもここに浮かんでいるのだとしたら、それは嘘だという気持ちもある。だが同時に、結論はもうとっくに書いてしまった、これまで書いてきた数十万字の中に、結論と呼べるものはすでに埋まっている、そんな気持ちもしている。

だが、このことは言えるのではないか。文化的な問題や、趣味性の問題をカッコに括《くく》れば、おたくやオタクやセカイ系やシャカイ系などと呼ばれてきた特質は、一部の人間に限ったものではなく、私たち現代日本人の心性を表しているのだ。セカイがシャカイになる変換回路、現実否定→現実容認→現実肯定という無意識のプロセスが、日本においては「大人」になるということなのであり、つまり「成熟」なのである。

私はそれを「日本的成熟」と呼びたいと思う。それは「未熟」のことではない。それ以外に「成熟」がどうにもあり得なさそうに見えるという意味では、それは立派に「成熟」である。江藤淳の「成熟論」が、その最初からあまりにもあからさまな矛盾や瑕疵《かし》や空虚にもかかわらず、なぜか完全に古び切ってしまうことがなく、何度も復活、いや、一度として葬送されずに現在まで生き延びているのは、そこにはやはり或る種の正しさが宿っているからだろう。その「正しさ」は、心地良さの別名かもしれないが。「どうして、かくも江藤淳の「成熟」は長生きしているのか」という問いへの答えは、日本人と日本社会が、江藤の「成熟」に今なお慰撫され続けているからだと、ひとまずは言うしかない。

だがそれは、江藤淳という批評家／思想家の偉大さのせいではなく、その「弱さ」によるものだった。この「弱さ」こそが「日本的成熟」の正体である。私たちはそろそろ、どうにかしてそこから（ここから）出てこなくてはならない。むろん「治者」になろうとするのではなく。「成熟せず大人でもなくソーシャルでもないような生き方は、けっして肯定されるべきではないのだろうか？」。正直に言って、それは今でもよくわからない。だが、とりあえずは「成熟」や「大人」や「ソーシャル（シャカイ）」などといった言葉の定義を書き直そうとする試みから始めることなら、やってみることが出来るかもしれない。庵野秀明の歩み、その変化変節、その現在は、そのための語彙を与えてくれる。たとえば次のように。

なぜなら「成熟」するとはなにかを~~獲得~~喪失することではなくて、~~喪失~~「成熟」を~~確認~~喪失することだからである。

江藤淳『成熟と喪失―〝母〟の崩壊―』

↓

なぜなら「成熟」するとはなにかを喪失することではなくて、「成熟」を喪失することだからである。

佐々木敦『成熟の喪失―庵野秀明と〝父〟の崩壊―』

おわりに

本書は、季刊文芸誌「小説トリッパー」（朝日新聞出版）に発表した一連の文章をまとめたものである。まず序論に当たるパートが読み切り評論として二〇二一年夏季号に掲載され、同年秋季号から全八回にわたって連載された。新書化にあたって加筆修正を施したが、全体の構成と理路は、ほぼ初出時のままである。

奇妙な本だと思う。いや、奇妙な本ならこれまで何冊も書いてきたが、これは過去の拙著とはいささか異なった奇妙さを持つ書物だと言えるだろう。本文でも繰り返し述べているが、アニメというジャンルにほとんど関心のない自分が一冊の「庵野秀明論」を著すことになるとは、最初の『シン・エヴァンゲリオン』論を書くまでは思ってもみなかった（だが序論を書き上げた時にはすでに覚悟を決めていた）。この本はいろんな意味で、筋金入りのアニメファンやディープな庵野秀明ファンにとってはツッコミどころの多い、ことによると傍迷惑な内容になっているかもしれない（そうでないといいのだが）。これも本文でくどくどと書いたが、本書を読んだからといって「エヴァ」や庵野秀明の作品について、すべてがわかる（気がする）わけではない。これは一種の庵野論であるとは言えるが、読まれるとおり、私がやりたかったのは、一般に言われるような、いわゆる「作家論」や「作品論」とはかなり違うことである。

一言で述べるなら、本書は「成熟とは何か？」という問いをめぐる長編評論である。おそらく私は、このきっかけがなくても、かなり前から自分なりの「成熟論」、より正しく言えば「成熟批判」を書いてみたかった。現代日本において「成熟」とされてきた／いることは、ほんとうに「成熟」なのか？　ニッポンの社会における「成熟」した「大人」というイメージは、はたして正しいのか？　こうした長年の疑問が、『シン・エヴァンゲリオン劇場版』のラストシーンを観た時に一気に噴出し、私は庵野秀明という表現者を通して、本書で「日本的成熟」と述べておいた心性を問い直し、現代日本の「成熟」モデルを更新することが出来るのではないかと思い立った。したがって、ある意味で「庵野秀明」はきっかけに過ぎない。だが庵野という人物がいなければ、私は本書の結論にたどり着くことは出来なかっただろう。これも読まれるとおりである。

そう、序論で問いを提示し、本論では庵野秀明の作品を観直しながら「成熟とは何か？」というテーマを考えていったわけだが、しかし雑誌連載、それも季刊誌の連載だったせいで、ある問題が生じた。連載が続くあいだも当然ながら庵野秀明は活動を続けており、『シン・ウルトラマン』と『シン・仮面ライダー』は連載中に完成、公開されたのである。連載の〆切のタイミングにはまだ観ることが出来ておらず、どんな作品なのかわからないこともあり、こちらはそれなりの見通しを持って論を書き継いでいったのだが、内心どきどきしていたことも確かだった。特に『シン・仮面ライダー』は、時期的にも本論の結論部分に位置することが最初からわかっていたので、正直に言って本書の内容が的外れになってしまうのではないかという心配もあった。だが、そうはならず、むしろ同作によって私の「成熟論」は当初考えていたよりもはるかに遠くまで行くことが出来たと思う。これは僥倖《ぎょうこう》であった。『シン・仮面ライダー』は賛否両論だったようだが（庵野の作品はいつもかもしれないが）、あの映画が物足りなかったひと、気に食わなかったひとには、ぜひ本書を読んでもらいたいと思う。ひょっとしたら、少しくらいは見方が変わるかもしれない。

ところで本書は、庵野秀明論であると同時に、少なからぬ頁数を江藤淳の『成熟と喪失』の再検討に割いている。「成熟」を問い直そうというのだから、これは必然にして不可避だった。私は「エヴァ」とはまったく別に、ずっと昔から同書には引っかかりを覚えていた。庵野の表現に江藤の批評を接続することで、新たに見えてくるものがあるのではないかと考えた次第である。しかしそのせいで、本書はかなり奇妙な本になってしまった。ある意味で歪《いびつ》な本と言えるかもしれない。だが私は、これを書きたかったのだ。要するに私は、江藤淳が『成熟と喪失』で「内向の世代」の作家たちに対してしたようなことを、庵野秀明とその作品に対して行い、且つ、江藤淳に対してもそれをすることを試みた。それがどの程度まで成功しているかは読者の判断に委ねるしかないが、このような経緯で本書が身に纏《まと》うことになった或るまぎれもない奇妙さを、私は好ましく思っている。

しかしそれにしても、なぜ自分は「成熟」というテーマにこだわった、いや、今もこだわっているのだろうか。これにはいろんな答え方があるだろうが、極私的な理由を敢えて記すなら、私には自分がずっと「成熟した大人」になれないまま生きてきた、という自覚／自認があるからなのだと思う。いささか唐突だが、本書が刊行される頃、私は六十歳になっている（これを書いている現在はまだその手前だが）。私は自分が世の中で言われているような意味では「大人」になれないまま、この年齢に至ってしまったという認識を抱いている（ような気がする）。この想いは反省や後悔や恥ずかしさとは違う。むしろ「こんなはずではなかった」という、なんだか騙《だま》されたような感覚であって、しかし同時に、自分はこういう生き方を意志的に選び取ってきたのだという想いも確かにあるのである。

だから私は、自分（の人生）を肯定するために本書を著したのだと――もちろんそれがすべてではないが――言えるかもしれない。だが私は、自分のような者、つまり「大人」になれなかった／ならなかった大人、「成熟」しない／出来ないまま長い時間を生きてきた人間は、実のところたくさんいるはずだとも思っている。それに、いわゆる「成熟した大人」として普段は振る舞いながらも、その内面にもっと違った何かを隠し持ったままのひとだって、実際大勢いるのではないか。そんな気持ちも、私に本書を書かせた動機のひとつであったかもしれない。未熟とかコドモとかいった言葉はネガティブな意味合いで使われがちだが、自分がそうだと、そうなのかもしれないと思って密かに恥じ入っている誰かを救いたい、という希《ねが》いもあったと思う。それはやはり、自分自身を救いたいということなのかもしれないが。

「はじめに」でも述べておいたが、本書は敢えてジャンルを言うならば、やはり「文芸評論」なのだと思う。それはまさに『成熟と喪失』がそうであるのと同じ意味で、私は「文芸評論」のつもりでこれを書いた。奇妙な「文芸評論」ではあるかもしれない。だが、かつて「文芸評論」と呼ばれたジャンルが、日本においてはしばしば「時代論」や「精神史」の役割を果たしていたことを考えるならば、本書の著者の野心もまた、その遠い末席に連なろうとすることであった。

「小説トリッパー」連載時からこのたびの新書化まで、朝日新聞出版の池谷真吾氏にお世話になった。池谷氏とは思えば長い付き合いだが、一冊の書物をともに作ったのは今回が初めてである（私は二〇一六年に『例外小説論』を朝日選書から上梓したが、その時は彼は直接の担当というよりプロデューサーのような立場だった)。テクストを入念かつ精緻に読み込んだうえで、その余白や伸び代(?)を的確に見抜いて提示する数々のサジェッションには大いに助けられた。ありがとうございました。

池谷氏からの指摘で気づいたことだが、『シン・エヴァンゲリオン』の最後に「EVAに乗らない幸せ」というセリフが登場し、実際に「エヴァのいない世界」が現出するのに似て、本書は「喪失の要らない成熟」を模索し、「成熟を問わない幸せ」を提起して、最終的には「「成熟」という言葉(概念)が必要ない世界」を立ち上げたいという欲望に支えられている。煎じ詰めれば、「エヴァ」とは、さまざまな意味での、あらゆる意味での「生きづらさ」の象徴のごときものだと思うのだが、いわば私は「EVAに乗ったまま」の幸せの追求を、相変わらず「エヴァがいる世界」で生きていくことを肯定する術《すべ》を書いてみたかったのかもしれない。なぜなら、それが真実だからである。

二〇二四年五月五日、こどもの日に。

佐々木　敦

初出　「小説トリッパー」二〇二一年夏季号から二〇二三年夏季号、二〇二二年冬季号から二〇二三年秋季号

＊本書の引用において「気違い」という語が使われています。差別的な表現ですが、本稿の論旨に必要な引用のため原文ママとしました。

JASRAC 出　2403616-401

佐々木　敦 ささき・あつし
1964年生まれ。思考家、批評家、文筆家。音楽レーベルHEADZ主宰。映画美学校言語表現コース「ことばの学校」主任講師。文学、映画、音楽をはじめ、芸術文化の諸領域で横断的に活動する。主な著書に『「教授」と呼ばれた男』（筑摩書房）、『ニッポンの思想 増補新版』（ちくま文庫）、『未知との遭遇【完全版】』（星海社新書）、『それを小説と呼ぶ』（講談社）、『ゴダール原論』（新潮社）、小説『半睡』（書肆侃侃房）などがある。

朝日新書
961

成熟《せいじゅく》の喪失《そうしつ》

庵野秀明と〝父〟の崩壊

2024年7月30日第1刷発行

著　者　佐々木　敦

発行者　宇都宮健太朗
カバーデザイン　アンスガー・フォルマー　田嶋佳子
印刷所　TOPPANクロレ株式会社
発行所　朝日新聞出版
〒104-8011　東京都中央区築地5-3-2
電話　03-5541-8832（編集）
　　　03-5540-7793（販売）

Published in Japan by Asahi Shimbun Publications Inc.
ISBN 978-4-02-295273-8
定価はカバーに表示してあります。

落丁・乱丁の場合は弊社業務部(電話03-5540-7800)へご連絡ください。
送料弊社負担にてお取り替えいたします。

朝日新書

直観脳
脳科学がつきとめた「ひらめき」「判断力」の強化法

岩立康男

最新研究で、直観を導く脳の部位が明らかになった。優れた判断をしたいなら、「集中すること」は厳禁。直観力を高めるためには、むしろ意識を「分散」させることが重要となる。これまであいまいとされてきた直観のメカニズムを、脳の専門医が解説。直観を駆使し、「創造力」を発揮するための実践的な思考法も紹介する。

宇宙する頭脳
物理学者は世界をどう眺めているのか？

須藤　靖

宇宙物理学者、それは難解な謎に挑み続ける探求者である。奇人か変人か、しかしてその実態は。宇宙の外側には何があるか、並行宇宙はどこに存在するか？　答えのない謎に挑む彼らの頭の中から科学的なものの見方まで、物理学者のユニークな思考法を大公開！　筆者渾身の文末注も必読。

民主主義の危機
AI・戦争・災害・パンデミック——
世界の知性が語る地球規模の未来予測

大野和基／聞き手・訳

中東での衝突やウクライナ戦争、ポピュリズムのさらなる台頭が世界各地に危機を拡散している。社会の変容は未来をどう変えるのか。今、最も注目される知性の言葉からヒントを探る。I・ブレマー、F・フクヤマ、J・ナイ、S・アイエンガー、D・アセモグルほか。

朝日新書

何が教師を壊すのか
追いつめられる先生たちのリアル

朝日新聞取材班

定額働かせ放題、精神疾患・過労死、人材使い捨て、クレーム対応……志望者大激減と著しい質の低下。追いつめられる教員の実態。先生たちのリアルな姿を描き話題の朝日新聞「いま先生は」を再構成・加筆して書籍化。

米番記者が見た大谷翔平
メジャー史上最高選手の実像

ディラン・ヘルナンデス
サム・ブラム
志村朋哉／聞き手・訳

本塁打王、2度目のMVPを獲得し、プロスポーツ史上最高額でロサンゼルス・ドジャースへの移籍が決まった大谷翔平。渡米以来、その進化の過程を見続けた米国のジャーナリストが語る「二刀流」のすごさとは。データ分析や取材を通して浮かび上がってきた独自の野球哲学、移籍後の展望など徹底解説する。

うさんくさい「啓発」の言葉
人〝財〟って誰のことですか？

神戸郁人

「人材→人財」など、ポジティブな響きを伴いつつ、時に働き手を過酷な競争へと駆り立てる言い換えの言葉。こうした〝啓発〟の言葉を最前線で活躍する識者は、どのように捉えているのか。そして、何がうさんくさいのか。堤未果、本田由紀、辻田真佐憲、三木那由他、今野晴貴の各氏が斬る。

ルポ　若者流出

朝日新聞「わたしが日本を出た理由」取材班

新しい職場や教育を求め日本を出て海外へ移住する人々の流れが止まらない。低賃金、パワハラ、日本型教育、男女格差、理解を得られぬ同性婚など、閉塞した日本を出て得たものとは。当事者たちの切実な声を徹底取材した、朝日新聞の大反響連載を書籍化。

エイジング革命
250歳まで人が生きる日

早野元詞

ヒトは老化をいかに超えるか？　ヒトの寿命はいかに延びるか？「老いない未来」が現実化する今、エイジング・クロックやエイジング・ホールマークスといった「老化を科学する」視点をわかりやすく解説する。国内外で注目を集める気鋭の生物学者が導く、寿命の進化の最前線！

損保の闇　生保の裏
ドキュメント保険業界

柴田秀並

ビッグモーター問題、カルテル疑惑、悪質勧誘、レジェンド生保レディの不正、公平性を装った代理店の手数料稼ぎ……。噴出する保険業界の問題に向き合う金融庁は何を狙い、どう動くか。当局と業界の「暗闘」の舞台裏、生損保の内実に迫った渾身のドキュメント。

朝日新書

平安貴族の心得
「御遺誡」でみる権力者たちの実像

倉本一宏

大河ドラマ「光る君へ」の時代考証者が描く平安時代の天皇・大臣の統治の実態。「御遺誡」と呼ばれる史料には権力の座に君臨した人物たちの帝王学や宮廷政治の心得、人物批評が克明につづられている。嵯峨天皇、宇多天皇、菅原道真、醍醐天皇、藤原師輔の五文書から描く。

仕事が好きで何が悪い！
生涯現役で最高に楽しく働く方法

松本徹三

ソフトバンク元副社長が提案する、定年後の日々新たな生き方。悠々自適なんかつまらない。日本的サラリーマンの生き方は綺麗さっぱりと忘れ、一人の自由人として働いてみよう。82歳で起業した筆者によるシニア&予備軍への応援の書。丹羽宇一郎、伊東潤推薦！

地政学の逆襲
「影のCIA」が予測する覇権の世界地図

ロバート・D・カプラン／著
櫻井祐子／訳
奥山真司／解説

ウクライナ戦争、パレスチナ紛争、米国分断……。政治的基盤が足元から大きく揺らぐ時代における「地理」の重要性を鮮やかに論じ、縦横無尽かつ重厚な現場の体験と歴史書との対話で世界を映し出す。〝地政学本の決定版〟が待望の新書化。

50代うつよけレッスン

和田秀樹

50代は老いの思春期。先行きの見えない不安からうつ病になる人が多い世代だ。「考え方のクセや行動パターンを変えることでうつは防げる」という著者が、「思考」「生活」「行動」から始める〝自分の変え方〟をリアルに伝授。読むだけでココロの重荷が消える処方箋！

朝日新書

成熟の喪失
庵野秀明と〝父〟の崩壊

佐々木　敦

ひとは何かを失わなければ成熟した大人になれないのか？　江藤淳が戦後日本の自画像として設定した「成熟」と「喪失」の問題系について、庵野秀明の映像作品を読み解きながら、「成熟」による父性の獲得が普遍的な問いにないことを明らかにする、日本人の成熟観を刷新する批評的実践。

始皇帝の戦争と将軍たち
秦の中華統一を支えた近臣集団

鶴間和幸

秦が中華統一を成し遂げた理由は、始皇帝（嬴政）の人間力と、特異な登用方法にあった！　李信・王騎・桓齮など、漫画『キングダム』に登場する将軍も解説。「兵馬俑展」や映画「キングダム」の監修も務めた始皇帝研究の第一人者が、『史記』や近年出土の史料をもとに解説。

賃金とは何か
職務給の蹉跌と所属給の呪縛

濱口桂一郎

なぜ日本の賃金は上がらないのか――。日本の賃金制度の「決め方」「上げ方」「支え方」の仕組みを、歴史の変遷から丁寧に紐解いて分析し、徹底検証。近年の大きな政策課題となっている問題について、今後の議論のための基礎知識を詰め込んだ必携の書。